U0565471

国家社科基金后期资助项目
出版说明

　　后期资助项目是国家社科基金设立的一类重要项目,旨在鼓励广大社科研究者潜心治学,支持基础研究多出优秀成果。它是经过严格评审,从接近完成的科研成果中遴选立项的。为扩大后期资助项目的影响,更好地推动学术发展,促进成果转化,全国哲学社会科学工作办公室按照"统一设计、统一标识、统一版式、形成系列"的总体要求,组织出版国家社科基金后期资助项目成果。

全国哲学社会科学工作办公室

国家社科基金
GUOJIA SHEKE JIJIN HOUQI ZIZHU XIANGMU
后期资助项目

白色神话：
近代西方历史哲学的谱系

Essentials of Western Modern Philosophy of History

郝春鹏　著

上海三联书店

志扬老师的回信(代序)

春鹏:

我想从你的《白色神话:近代西方历史哲学的谱系》整书结尾最后四段的坦诚说起,其中用楷体字着重强调的是我最为欣赏的"知性真诚"[①]:

"说得更明白点,政治与哲学的张力是施特劳斯和西方人自己的问题,它们对现代性病症的检测和开出药方未必是我们的对症良药。中国自身的问题还没有找到,更莫要谈与西方的对话是否业已展开。这一切都需要我们首先找回自己,找到中国自身的文化。

本书没有能力解答这个问题,因为它始终是从西方的立场,尤其是借助政治与哲学的张力,来呈现(西方)历史与哲学的问题。而中国自身的问题,尚待来者。"

(括号是我加的)

据我所知,国内绝大多数有关西方"历史哲学"与"政治哲学"的论著根本没有这样的"知性真诚"。从北京到上海广州,大学大抵如此。

一个最简单直白的常识:西方的"政治哲学"与"历史哲学"是直接为西方的历史行为与现实利益服务的(不管它愿意不愿意)。远的不说,从资本主义兴起发展到全世界殖民侵略扩张的最近四百多年历史与现实——极尽文过饰非之能事,我们看到读到的全是"力量即正义"之掩盖与伪善,理所当然成为"自然权利与历史",成了最典型的"文化殖民"工具。结果竟是"被侵略被文化殖民者"俯首臣服,全盘照收。像意大利葛兰西"文化殖民论"说的那样,把主人的"主体意识"变成自己的"主体意识"而自觉自愿跟

[①] 西方哲学家大概只有康德能坦白承认"知性"(也包括"自己的知性")认识是有限度的。可惜他没有始终如一地坚持。至于"新康德主义者"更是大胆僭越,以致康德有知也会说:"如果你们是康德主义者,那我就不是康德。"

随照办。

书中提到了"政治与哲学的张力是施特劳斯和西方人自己的问题"还不尽然如此。需再进一步看,施特劳斯是犹太人,特别要注意施特劳斯作为"美国公民"和作为"犹太人"的本质区分。尽管他写了《西方政治哲学史》,还写了《自然权利与历史》,基本符合"美国公民"身份为西方或美国式西方"张目"。这是"显摆"着的姿态:二战后,逃到美国的犹太人"现实的路"必须取得"卓越贡献",否则别人会骂你"忘恩负义"。另一面仍要坚持犹太人的"犹太性",所以,晚年施特劳斯毕竟做了一次演讲以明心志:《我们为什么仍然还是犹太人——犹太信仰与犹太历史仍然能够向我们言说吗?》

只有从这个真实的犹太人施特劳斯底心灵深处"犹太性"出发,回到"现实的路"才能理解"表面的冲突":施特劳斯为什么把对古希腊"自然理性"尤其是柏拉图在"对话篇"中展开的"城邦与人"的"自然权利与历史",突显出"苏格拉底道德"("向神的智慧学习,向人的苦难学习")缺失——作为"西方政治哲学史"的开端?再对照施特劳斯另一次演讲《旧约创世纪》:第四天创世的"自然之光"低于第一天创世的"神性之光"。它暗含着被歧视中的"犹太性"其实是比"自然理性"更高的"神性",使得施特劳斯终于在最后的演讲中公开宣言:"希腊诸神是不洁的""基督教一神是无能救赎的""救世主没有来"。

太多中国现代学术人,经历"百年启蒙"受文化殖民洗礼,很难有从本性上划清"中国文化"与"西方文明"的基本界限了。(请参阅《地球人类历史第一档案》作为"尾注")

西学中最大的问题,是西学中贯穿其历史的命脉——形成如"前四世纪古希腊知识功能主义——17 世纪英国工业资本主义——21 世纪美国金融科学主义"的轨迹——那潜在的"动因"当作唯我独尊的"天赋人权"或"强力意志"与口头禅的普世价值"民主平等自由"双重标准怎么可能"自圆其说"? 除了极少数独断专行操纵者,大都是不清不白人云亦云的。

我想借这封信把它点出来,作为背景,使我上面说的话有根据,也稍稍弥补书名"白色神话"所以"白色"底根本虚假。

"把哲学带到其形而上学的边缘状态"并作"技术追问"是海德格尔上世纪"三四十年代"就开辟了的"道路"。基本成型的《哲学论稿》(全集65 卷)也完成在这个年代。同样在这个年代中完成的《黑皮书》直到2014 年才问世(全集 94、95 卷)。

也就是说，上世纪三四十年代，海德格尔已经用上述思想开辟着"本己的道路"，明确指出以柏拉图、亚里士多德为开端的西方历史其"知识功能"—"计算模式"—"技术座架"标志其"开端就是没落"（"天命"）。并发现，犹太人的"计算思维"也参与到"希英美"道路的固有模式中——注意，犹太人毕竟不同于西方人，他是"顺应性否定"，推动"进化论"作"末日清算"。

即便如此，海德格尔的"技术追问"始终未触及"非功能性非对象化'善'"。虽然海德格尔意识到"存在与存在者"非同一性，即所有柏拉图式（最高存在者"本相"）、亚里士多德式（"技术存在高于自然存在"）底"存在者本体论同一"都是"对'存在'的遗忘"。

【按：所谓"对'存在'遗忘"，归根结底就是对"无"遗忘，即"只知其有不知其无"。遗忘"无"也就遗忘"善"的非存在界限，因为"善"是非功能性非对象化的"人之为人属性"，与"物"与"神"两端区别开来"化极中和"方成其为"仁人"（非神非物）。在这个意义上，宇宙中凡"智能星球"皆混淆"人-物"不分者，不知其界限乃"无"焉。地中海区域所谓"希腊诸神-基督教一神"（有名有极有形有性），"不洁、不能救赎"不足为"救世主"。施特劳斯晚年已经指出！】

海德格尔虽否认这种"本体论哲学"中有"伦理学"存在位置。但他仍不能明确达到"善"与功能性底思想划界，从而根本性地使"善"与西方执念的"存在者"进而"存在"分道扬镳。不触及这个根本，西方"功能性存在"就会理所当然地在光天化日之下处心积虑明目张胆地取代"善"以殖民世界。这在西方早已习以为常，在非西方比如在中国就沦落为"启蒙（西化）"而堕入"不启蒙亡国，启蒙忘本灭种"之"连环劫"深渊，由此才彻底暴露西方更深的"启蒙救赎连环劫"即愈"功能性知识进化论"愈"变末世论作末日清算"命运。

至于地平线下非"计算性"底"存在之神"，终究还是笼罩在冥冥中"有形有性有名有极"的最高存在者"一神"中。总之，"技术追问"追问不到"善"反停留于"存在"界限上！海德格尔期待的"唯有一个神能救渡我们"无非一个习惯性的"祷告词"而已。即便如此，这个"神"绝对不是"希腊诸神"或"基督教一神"式的"计算之神"。海德格尔心中是否还想把"犹太神"也当作"存有之神"排除在"计算神"外？不得而知。这个"疑点"非常耐人寻味。以致海尔曼在《〈黑皮书〉的真相》中不断举例引证海德格尔与犹太人情感上的渊源。

顺便提示一个佐证。玛莎·纳斯鲍姆《善的脆弱性——古希腊悲剧和哲学中的运气与伦理》这本书很有意思，是犹太人纳斯鲍姆的白人夫人玛莎写的。她依据"希腊悲剧"中的"运气"注意到"善"的"脆弱性"，没有像柏拉图、亚里士多德、尼采以及西方大家习以为常地用"好（善）"一概而论。至少已经敏感到与通常的"功能性好"游离开来的"脆弱性善"才具有"伦理性"价值取向——实为"罕见"。但事实上在西方没有谁认真把"脆弱性善"的伦理学取向当一回事，因它独立不出来与"功能性好"平分秋色，更谈不上接受一个"非功能性非对象性善"。古希腊悲剧中的"运气"在"自然神力量"面前根本就是一个"悲剧性"因素：索福克勒斯的"俄狄浦斯王"运气如何？

后来到了资本化技术物化人，"运气"就完全功能性了，"破物取力"连神的诅咒都不放在眼里：殖民侵略屠杀视为"自然正当"。依据金融资本和科学技术的美国霸凌世界，到处挑起战争，哪里有一点"善"的影子？

【尾注】

《地球人类历史第一档案》	（空间结构）
西方历史轨迹"启蒙救赎（救亡）双重连环劫"	（时间轴心）

空间结构："地球人类历史第一档案"

地球人类历史第一档案：世界地形、文化板块、宇宙层级（图示）

....

（世界地形）

西低◄————————————中————————————东高

（海）			（河）		（山）
大西洋西	大西洋东	地中海	中东两河流域		远东高原两河流域
美国	英国	古希腊	叙利亚神系		高山仰止以观沧海
21世纪	17世纪	前4世纪	犹太历5778年		???

（文化板块）

基督教（5—15世纪）	希腊诸神	犹太神		道
	（前9世纪）			
神人同名同极同形同性	同名同极同形同性	有名有极	无形无性	无名无极无形无性
神灵授孕	神人受孕生子	耶和华		负阴抱阳、知白守黑
基督偶像三位一体				永执厥中，以为人仁
最高一神	最高神宙斯	最高一神		大化无极，以致中和

(中世纪千年王国)

(意大利文艺复兴乃近代史开端)*

(宇宙层级)

宇宙第一层级	宇宙第二层级	宇宙第三层级
万有引力论	相对论、量子论	大化无极　以致中和
本体论、一神论、粒子论	一神论、粒子论	无中生有，有无相生
(20世纪之前)	(21世纪上半叶)	(21世纪下半叶)①

└──只知其有不知其无──┘

"附释"略。

时间轴心：以古希腊为开端的西方道路带给世界"启蒙双重连环劫"

【轨迹】

"历史事实"轨迹　　　　　　　　　历史趋势

(前4世纪希腊	17世纪英国	21世纪美国)	
知识功能主义	工业资本主义	金融科学主义	——进化论变成末世论
(人是政治动物	人是机器	人是基本粒子聚合物)	(机器人第三型文明)

【信仰】

最高"意识形态"　　　　　　　　　总体特征

哲学本体论	神学一神论	科学粒子论	——只知其有不知其无

【命途】

西方　　　　　　　(套)　　　　　　东方

启蒙(救赎)连环劫	启蒙(救亡)连环劫
功能知识物化启蒙救赎	不启蒙亡国，
救赎彻底物化过滤人类	启蒙忘本灭种
(自作孽)	(陪葬)

"附释"略。

---

① (21世纪下半叶)不是"记录"，而是"预测"——立此存照。

  两个"图表"中的每一个字，都是天知、地知、人知，显是知，藏也是知，唯独趋向的结果——是好是坏，是死是活，不是谁想怎么说就能怎么说的。

  但谁都能"拭目以待"。

墨哲兰

2023 年 5 月 7 日 15:40

目　　录

第一部分:历史哲学的孕育

第二部分:历史哲学的诞生

第五部分：总结

前　言

　　本书并不是哲学史式的梳理,即通常意义上的观念史或思想史一类的脉络体系研究,而是对历史哲学在纵向维度的考察。这当然不是说,前后相继的历史哲学家们没有彼此的影响或传承——甚至反驳也是另一种关联,毋宁说,是历史哲学本身触发了学者头脑中的问题意识,从而在横向的时间线上,呈现为某些彼此的关联。但是,正如本文所想要呈现的,这类作者们真正所关注的并不是彼此的意见与观点,而是对"历史是什么"这类问题的思考。所以,他者在这里不过是对该问题不同切入角度的关照,而历史哲学问题本身则需通过内在发生结构得到揭示。

　　因而,本文虽大致沿着时间的顺序,撷取不同的人物思想进行评述,但是思想并不总是同时间保持一致,有时甚至会倒行逆施。正如黑格尔所说,密涅瓦的猫头鹰只会在傍晚起飞。[①]**时间是哲学思考的一个问题,它并不能反过来规定思想本身**。哲学研究是一种超时间或者说是超历史的研究。特别是在近代乐观的历史统一性下,以谱系学(genealogy)的方式切入,能够有效地把这种表面的前后时间关联打断,深入到历史哲学问题的实质(essentials)。在这种意义上,本书是一种"谱系"研究。

一、谱系学的研究

　　"谱系学"一词源自古希腊语的 γενεά(genea),指"家谱,家系"(词根为"生育,生下",衍生为:生殖、家族及部落群体)。[②]再加上-logy(词根为

---

　　① 黑格尔:《法哲学原理》,范扬、张企泰译,北京:商务印书馆,2021年,序言第16页。

　　② 与之相关的还有一个常用的英文词汇:genesis,意指"起源、创造、世代"等。古希腊文为 γένεσις,当初古希腊语翻译希伯来语《圣经》第一章的"创世记"(bereshith)时就用的该词。在希腊文中,它来自 gignesthai "出生",与 genos "种族、出生、血统"相关,词根是 gene- "生育"。今天的英语就取其"起源、创造"之义。

1

λόγος，logos)后缀，意即"家谱学"，是"关于家世关系以及由此产生的各种法律的、历史的、社会的和自然法上的关系的学说"①。

关于本文所用的"谱系"之含义，可借维特根斯坦"家族"概念来试析一二：

在《哲学研究》②中，维特根斯坦曾用"家族相似"的说法，借以论证诸游戏的**共同性**不存在。他指出，各种游戏如某一家族中的A、B、C、D等诸成员一般，A与B相似，B与C相似，C与D相似，但是A与C、D等之间就没有如此的共同性。维特根斯坦借此来否定形而上学的共同性，认为并不能在一个普遍的意义上说这些人都是一个"游戏"家族。

维特根斯坦的这个例子比较符合谱系学的样貌，用以解释游戏也是可以的，但在家族问题上却并不非常贴切。因为：首先，维特根斯坦并不旨在分析"家族相似性"的问题，而是用"家族相似性"来否定诸如棋类、纸牌、球类、奥林匹克竞赛等游戏之间，存在着所谓的共同的"游戏"性（《哲学研究》，第67条）；其次，他所着眼的"家谱"，无非是现在还健在的几代人的彼此相似和差异。他说得对，如果只从外表去看，确实"看"不到有什么全体所共同的东西。家族成员的各种相似之处，如体形、相貌、眼睛的颜色，步态、性情等，都不以"共同"，而是以互相重叠、交叉的方式才相似的。

但是如果我们从另一个角度分析就会发现，家族之为家族，并非因其表面的面貌之相似，而是在于内里的血缘。**维特根斯坦否定的其实是"共同的相似性"，而非"家族的谱系"**。他强调"不要去想，而是要去看！"这种绝对经验主义的视角的确只能得出："经验中不存在共同性"这样的结论。但是，就像引力、空气、细小的分子、病毒等都难以被"看"到一样，家族共同拥有的血缘同样是肉眼看不到的。因此，家族之为家族，并不是一种类似蒯因所说的只建立在人们有意或无意间约定的"本体论许诺"③。血缘本身就是实在，家族就是建立在实在基础上的祖辈传递下来的血脉关系。任何一个家族都是由一支大宗确立的，它可能是从另一个家庭中分家出来，但是一旦开宗立代，那么这个家族就有了家谱。几代之后，纵然先人作古，现存的那些七房六户仍旧归属于该家族，族谱上也清晰地写明了各代成员的辈分关系。而这一切的本源，皆是秉承了初代这位虽已亡故但始终都被放在宗庙中的始祖。

---

① 具体参看尼采《道德的谱系》，Pütz版编者附注。
② 维特根斯坦：《哲学研究》，李步楼译，陈维航校，北京：商务印书馆，2000年，第47—48页。
③ 《论何物存在》，收录于蒯因：《从逻辑的观点看》，江天骥、宋文淦、张家龙、陈启伟译，上海：上海译文出版社，1987年。

维特根斯坦的例子对游戏的解释很有效，因为游戏没有"父辈"与"谱系"；但家族不同于"游戏"，成员之所以能被称为某一"家族"，其相似的根源来自家族长的血脉，**是血脉让成员间相似，而不是以相似来决定血脉关系**。当维特根斯坦声称，"游戏"形成一个家族的时候（《哲学研究》第 67 条），他就已经模糊掉了家族与游戏的本质区别：血缘。

我们在此剖析这个例子，不是要讨论人类宗族的定义，而是说，很多时候看上去彼此相关或不相关的"共性"，出发点不过是单向的，或者说是横向的。他们只看到了现世这种表面而直接的关联：或者是父子，或者是兄弟，未能真正意识到，这些人之所以被称为父子、兄弟，皆是因为同属于一个宗祖的血脉。从这层意义上说，通常哲学史所考察的哲学家与哲学家的关系，就像活着的这些家族成员一样，看上去确实也有亲密疏远的关联。但哲学问题并非由这些表面的关系所决定，真正的哲学乃是一种纵向关系，是哲学家与自己的"血脉"的关系，即哲学家与自己所研究的问题之间的关系。①

二、历史—哲学

（一）历史

历史学不同于数学、物理学、生物学等自然学科。自然科学研究的是恒久不变的规律或定理，历史则是对过去的重建，是活着的人讲述的有关死去的人的故事。为什么人要讲述过去，重温那些今天已然不在的人和事呢？一般会说，这是出于求知和好奇。但是，对历史的好奇与对自然的好奇不同。自然对人来说具有外在性和对象性，而历史既是人所研究的对象，同时也是人自身。它既把人的同一性分化为主客（过去与当下），也要将主客再次融合成一体（对过去的人和事的理解）。因而，对历史的研究来自另一种好奇，这种好奇不单是一种客观化的科学研究，更是对人自身的回忆与反省。正如哲学是认识自己一样，历史是认识人类自身，它是一门隶属于自身的自我认识的学科。探究人类过去的行为和习惯构成了历史的好奇心，它是历史认识的起点。

---

① 这种区分也类似于海德格尔在《存在与时间》中，对存在与存在者的区别。存在者之间的（横向）关系并不能真正揭示存在问题，甚至存在者整体都不代表存在。存在本身是每个存在者之为存在的内在（纵向）本质。相关解读，可参看拙作：《理解与建构——雷蒙·阿隆的历史哲学》，天津：天津人民出版社，2021 年，第 88—90 页。

与自然科学的另一个不同是:人**发现**自然,但人**创造**历史。每一个人既属于历史整体,同时又是历史的创造者。①历史中的人是自由的,他的自由在于能创造其他不同的新历史。虽然在自然本性上,斯巴达人与雅典人都是希腊人,但斯巴达的历史与雅典的历史就不相同。自然具有神都无法改变的本性,人只能认识或利用自然,却不能改变或创造它;历史则不同,它来源于每一个有主动行为的人的实践活动,是行动造就了历史。可以说,**没有人类就没有历史;但是,没有人类,自然依旧是自然**。所以,同自然科学相比,历史具有某些不确定性。我们当然可以说,历史**中**有规律,但若谈**历史的规律**则为时尚早。因为人就生活在历史中,并且仍在不断地创造历史。若要对历史做出一个总体的规律判断,首先必须要跳出历史,抑或者,历史已然终结。

同时,历史还可分为历史事实与历史叙述。章学诚在《文史通义》中将二者概括为:作与述。但历史的作与述并非截然对立。历史即是事实之所作,也可以被理解为后人对所作之记述。有时候历史的作就是述,是为立法或立德;而述又是一种作。历史故事虽为述,而非事实的作,但这述又是一种真实的"以说为作",根本上仍是"作"。史学或说治史,初看是针对历史事实的删评论注,但后来观之,同样是一种"著书立说"的作。这里作与述的融合所体现的就是历史整体与历史主体的张力,同时也是历史的活力。

(二) 历史哲学

正如哲学是探究问题而不一定可以解决问题一样,历史哲学与其说是研究历史,不如说是发现并构造历史,或说,构造人的历史、历史的人。近代以来,个体性逐渐成为一种区别于古代哲学的整体性的思想,"这个性"(thisness)已经不单局限于个人之思想和政治权利,甚至外延到一切有关人之日常生活。在这种"道术将为天下裂"的大势下,似乎重提大"历史"有点"不识时务"。然而,即便在这种张扬个体(individual)的时代,其所标榜的仍旧是一种"不可分割"(in-divide)的整体性,即任何一种分裂性的观念本身必然以另一种整体性的存在为前提。如此,历史哲学并非简单地以"普遍历史"或"宏大叙事"为对象,其本质乃是与"个体"相一致的"整体性"。也就是说,历史本身是以一种不可分割的整体才能得到认识的,这正如人必然以一种整体而非手、脚、身、脑的分裂方式去研究一样。探索这种

① 维柯:《论意大利最古老的智慧》,张小勇译,上海:三联书店,2006年,第12页。

整体性,或者说部分之间不可分割的联系,也正是历史哲学研究的主要问题。

同时,历史也呈现为历时性或时间性。"历史是最接近时间的哲学问题……历史哲学不止是一种'关于历史的哲学',同时也是一种关于无穷意识的形而上学,即关于无限性问题的形而上学"①。透过时间,我们似乎看到了历史的哲学本质:无限性。但时间真的是无限的吗?它是像基督教的有始无终的射线一样?还是一条直线,抑或是一个循环?还是说时间根本就不存在?——如果如胡塞尔、海德格尔的考察,物理时间不过是一种内时间的体现,那么时间之根本在于一种时间性或说历时性,是一种前后相继的感受。那么,历史无限的形而上学问题,就再次还原为了时间或说历史的主体——人。此外,历史具有历时性,但历史哲学的研究对象始终是哲学问题,在这一点上,它具有超时间的形而上特质。这种形而上区别于传统的形而上学的本体论。毋宁说,哲学是提问,是关于"人"的追问("认识你自己"),但正如人具有历史一样,这个人又非某个固定不变的对象。对人这个问题的终极追问,同时又是以不同研究者的具体性与历史性而被揭示和呈现的。

在历史与哲学二者之间,不同的思想者对历史哲学的定位是不同的。历史哲学中的一个主要问题就放在历史与哲学这对概念,特别是二者的张力上。所以"历史—哲学"这样的表述或许更能体现在这一问题上学者们不同的思想谱系。在文末关于"历史哲学"的翻译上,我们也尝试讨论了二者在语词构成上的结构关系。以上两种不同的侧重,分别体现在了当代历史哲学的两种——思辨的历史哲学与批判的历史哲学——的纷争中。②

三、近代西方与历史哲学

最后再来看一下"近代西方"。

严格说来,"近代"这个概念在中文里是有两重含义的,即近代中国与近代西方并非指的同一时期。单独来看,"近代"在中国指的是从 1840 年到 1919 年这段时间。这种定位严格说来是一种意义划定,而不是物理时

---

① 赵汀阳:《历史之道:意义链和问题链》,载于《哲学研究》2019 年第 1 期。
② 这种划分也带有太多黑格尔和新康德主义的色彩。我们或许应该让它们松弛一下,例如从中国的治史来看——如经史关系等,或许就更丰富地理解"历史哲学"。

间的划定,它是一种以西方历史观的视野,来定断中国的历史。正如日本人将自己的战国对标中国的三国时代一般,中国也是以西方的"近现代精神"来对标自己的。因而才有"我们比西方晚了三百多年才进入现代化"之类的说法。今天所谓的中国的现代化,某种意义上仍接洽的是西方,是以西方的现代化为标准的。①

而西语所言的"近代",或说近代西方,与之对应的似乎是 early modern(近代早期)②,这乃是本书落实的主要研究时间节点,即关于历史哲学问题的出现,基本落脚在从文艺复兴到黑格尔这一时期的哲学家。当然,作为必要的前言和后语,古希腊和基督教哲学以及尼采和韦伯的滥觞也是不可或缺的。

如果从本书所不使用的学术史的角度来考察,历史哲学诞生于西方近代,也终止于近代。更早的希腊人不会把历史和哲学放在一起:历史是经验世界中最为经验和现象的,而哲学则是超越于经验之上的形而上学;基督教的思想只能是神学,或者说历史仍旧是上帝意志的体现。唯有到了基督教被世俗化了的时代,这种意志和力量才逐渐转交到了人的手中,历史才成为启蒙哲人借以彰显人之天赋和能力的体现。历史哲学不仅是人类过去成就的象征,同时也被寄予未来之美好的希望。甚至以往的过失和弯路,也成为人类反省并完善自我的必要台阶。所以,乐观的历史哲学不是说人类历史就是如自然规律一般被规定的——这并不体现人的意志——上升;毋宁说,人的意志的自由才是未来美好的保证,人要做的是把这种自由以及完美的意志付诸现实。乐观的历史哲学不是在预测历史,而是在规划历史。它的规划能力与付诸实现,就是人类自由意志在目的论的框架下的实现。

严格意义上的"历史哲学"据说来自伏尔泰,也就是诞生于启蒙运动,所以历史哲学天生就带着一种乐观和自信,这种积极的态度一直到黑格尔那里到达了顶峰。然则"成也萧何,败也萧何"。黑格尔之后,整个系统大厦崩塌,乐观历史主义的覆灭为它的反面——悲观的历史哲学和相对主义——所承接,一直绵延到了后现代的思潮中。

---

① 关于中西的这种关系,以及现代中国的问题,目前是学者们最为集中研讨的主题之一。为何是西方发展出了现代性?其他文明除了被卷入其中外,是否仍有其他的可能?特别是新中国的建立,在何种意义上走出了一条具有中国特色的新道路?……所有这些问题,都取决于我们对自身文明的考察与阐释。这是目前学界仍在不断思考和推进的热点问题,它不仅事关中国思想内部,同时也是世界范围的问题。可以说,当下的中国,既在总结历史,同时又在创造历史。

② 关于近代早期的说法,学界目前仍有争论,以往这段时间常被定义为区别于中世纪思想的文艺复兴到 19 世纪初这段时间。

历史哲学的危机肇始于黑格尔体系的崩塌,但这不过是表现和结果,近代以来的这种历史的乐观主义本身就已蕴含了裂隙,只不过长期被忽视罢了。批判哲学从某种程度上推进了这一过程:新康德主义者们将 Geschichte 的历史视为物自体而丢弃,继之 Historie 以一种批判的形式出现。所以历史理性批判的结果,就是要重建一种新的历史解释,只是这种解释所关涉的已不是历史自身,而是认识历史和解释历史的方法。但是这种建构本身所可能带来的相对主义和虚无主义,是至今都难以彻底摆脱掉的。

如开篇所提到的,谱系研究并不是研究西方近代历史哲学家们的思想和其中之关联的,而是研究被问题所激发出的思想火花。这些火花和光亮才使其被称为思想家的相似本质。在西方近代这一段模糊的时间里,涌现了大量的思考者,这同样会让我们思考另一个问题:为何是"近代",西方集中出现了如此众多的"历史哲学家"? 历史和哲学彼此作为非常古老的研究,是如何在人类主体性觉醒的时代,开始成为了一种认识自己,认识自然的新视角? 可以说,诸多学者对这一问题的思考,始于古老的哲学追问,而落脚于当下的政治、经济乃至思想观念之转移。所以,相较而言,学者之间的传承关系远小于学者对问题的"传承"。或者说,学者之间的传承,恰恰以问题本身的存在为基础。因此,通常认为,历史哲学中尤为重要的思想当属黑格尔的历史哲学,本文虽并未舍弃,但所用篇幅远小于通常。取而代之的则是分配给似乎并不被人视为是有"历史哲学"思想的某些不被人关注的人物与观点。或者更直白地说,本书就是要解构传统的哲学史,解构将近代西方历史哲学视为某一总体或说"普遍"历史的研究。也许借着这种新的视角,我们能更好地看到历史哲学问题本身,而不是简单的一部时间上的哲学史梳理。

当然,本文在写作时不会无视那种直接的关联,例如卢梭之于康德、黑格尔之于马克思……无论这种关联是继承抑或反对,都不能被抹杀。但谱系学会让我们更深地看到,他们真正的关联不是表面上的先后,而是同处于一个血脉,即对同一问题的思考。所以,本文会有意挑选一些不那么熟识的哲学家,或熟识的哲学家中不那么被熟识的观点,这种挑选绝非标新立异,相信读者阅读之后,定能发现作者之用心,若能由此激发一些新的思考,则是作者最大的欣慰。

第一部分：历史哲学的孕育

君子居易以俟命，小人行险以徼幸

——《中庸》

第一章 历史与神话:史诗中的天命与人为

荷马笔下的时代,人类与诸神生活在一起,那时历史以一种诗的方式流传。在诸神与人类共同生活的英雄时代,命运与神意是神人之间重要的连接。与哲人去神化地将命运等同于宇宙的秩序或理性不同,在荷马的世界里,命运始终同神意交织在一起。在人世,无论英雄或凡人都要遵守命运与神意的安排,而在奥林波斯山上,命运以公正的形式代表着宙斯与其他众神的关系。毋庸置疑,宙斯时代的本质是强力与意志,但维护其统治的形式却是代表公正的命运与礼法。凡人位于"宙斯—众神—英雄—凡人"四等级的最低端,但这种低下的地位和有限的生命又恰恰是其超越自身、实现不朽的始基。正是在必死命运的笼罩下,人之功名才能在同命运的抗争中,彰显出其超越历史的不朽和伟大。

第一节 神意与命运

《伊利亚特》①以阿喀琉斯的"忿怒"(Wrath)开篇,似乎奠定了伊利昂之歌颂扬的主题。阿喀琉斯的忿怒不仅给特洛亚人,而且也给自己所属的希腊联军带来了无数苦难。从字面上看,"忿怒"比一般的"愤怒"更强烈,它是由不公正的对待而引发出的巨大怒气,"把战士的许多健壮英魂送往冥府,使他们的尸体成为野狗和各种飞禽的肉食"(《伊利亚特》,I.3—5)②。一方面,忿怒代表了半人半神的阿喀琉斯不同于常人的特征;另一方面,它

---

① 荷马:《荷马史诗·伊利亚特》,罗念生、王焕生译,北京:人民文学出版社,2006 年。外文版参考:(1) Leob 希英对照古典丛书:*HOME THE ILIAD*,with an English Translation by A. T. Murray, Ph. D. in two volumes. Cambridge, MA., Harvard University Press; London, William Heinemann, Ltd. 1924.(2) *THE ILIAD OF HOMER*,translated with an introduction by Richmond Lattimore, the University of Chicago Press, 1961。

② 由于本节主要所引来自《伊利亚特》,以下如不说明,皆出于该书之章节行句。

也凸显了阿喀琉斯遭受到的极大不公。这个不公来自阿伽门农剥夺了他通过战功（Aristeia）所获得的名誉（Kleos）。

Aristeia来源于Aretê（德性），德性不单指美德，还指品质的卓越，其特质主要涉及本性。因而，不单人有属己的德性，事物也有。如身体的德性在于健康，灵魂的德性在于才智，马的德性在于奔跑，剑的德性在于锐利……而人之德性在于卓越和优秀，"贵族"（Aristocrat）本意就是指"优秀的人"。在古希腊，优秀的人常常指伟大的政治家或战场上勇猛的将领，与之相配的则是等量的名声与荣耀。荣誉不单是物质方面的战利品（Timē），更重要的还有千古流传的美名。战功是战士在战场的拼杀换来的，它代表着自身的优秀品质。一份与之相等的荣誉作为回报可说是"实至名归"。而不予嘉奖甚或无端夺去这份荣誉，就意味着对其战功和本人的否定与侮辱。阿伽门农不义地夺取阿喀琉斯的荣誉之物，既是对其战功与卓绝品质的否定，也是对后者的莫大侮辱。

因此，无论阿喀琉斯抑或阿伽门农，甚或在特洛亚战争中同样英勇的赫克托尔、两位埃阿斯、埃涅阿斯、狄奥墨得斯、萨尔佩冬、墨涅拉奥斯……为赢取功名，他们都在战斗中不惜牺牲生命。同样，阿伽门农之所以去抢占阿喀琉斯的战利品，也是为了补偿自己所失去的荣誉（I.119）。只是阿伽门农的荣誉与阿波罗的祭司产生了冲突，这才引怒了阿波罗。

因而，功名不单纯是人类政治社会所追求的东西，它同时也关涉到神意问题。同时，功名的成就也与个人的命运联系在一起。所以，要理解阿喀琉斯的忿怒，就必须搞清忿怒与功名的关系；而要理解功名，则必须理清交织在其中的命运和神意问题。

一、命运的两种

命运的本意是"份额"（moira）：对人来说，份额就是指一个人所获得的生命；对有生无死的众神来说，份额不是生命，而是权能或力量，表现为其所掌管的领域。如宙斯掌管天、波塞冬负责大海、哈迪斯掌管冥府等（XV.190—193）。命运对人的意义重大，它高高在上，掌握它的不是人而是诸神。负责大地上所有人类命运的女神有三位①，分别是克罗托、拉凯西和阿脱罗波。柏拉图在《理想国》中曾这样描述：

> "必然之女神"的三个女儿，三个默埃拉（moira），命运之神们，穿

---

① 荷马：《荷马史诗·奥德赛》，罗念生、王焕生译，北京：人民文学出版社，2006年，第123页。

着白袍,头上戴着花冠,拉凯西和克罗托和阿脱罗波,他们和着那个塞壬们的和声咏唱,拉凯西歌唱过去,克罗托歌唱现在,阿脱罗波歌唱未来。同时,那克罗托伸出右手帮着转动那纺锤的外面的一层,间歇地每过一时转一次,那阿脱罗波伸出左手转那些里面的圆环,也是以同样的方式;那拉凯西轮流地伸出两手用一手转动一者。①

克罗托纺织的就是每个人的生命之线,拉凯西搓线来决定其长度,阿脱罗波则负责切断它。

对凡人来说,命运就是他的大限;而对半人半神的英雄来说,虽然他同凡人一样有生有死,但其重要性远超前者。《伊利亚特》与《奥德赛》同为荷马所著,但二者有很多不同。②在人物方面:《伊利亚特》里的主要角色是众神和英雄,《奥德赛》的主人公则是奥德修斯。同时,在阿喀琉斯与奥德修斯之间也存在诸多差异:比如前者代表了勇敢,后者代表了机智;前者代表了青年的好斗,后者代表了中年的沉稳……在这些差异中,有一个最为本质的不同,即阿喀琉斯是一个半人半神的英雄,而奥德修斯却是个凡人——虽然其功绩甚至不亚于阿喀琉斯。赫西俄德说,人类与众神有同一个起源③,但从直系关系上看,半神的阿喀琉斯还是与奥德修斯这样的凡人有很大不同,这个不同,就体现在命运问题上。

(一) 凡人的命运

对凡人来说,命运在其出生之时就已基本确定。即便如阿伽门农、赫克托尔这样杰出的国王或王子,在其出生之时,"那不可抗的命运就是这样在我生他时为他搓线"(XXIV.209)。在《奥德赛》中,奥德修斯的大命运也是被确定的,这是连怀恨的波塞冬也不能违逆的。④普通人如果不去求问神谶的话,是不可能知道自己命运的⑤;而作为凡人的领袖或人民的国王,

①　柏拉图:《理想国》,顾寿观译,吴天岳校,岳麓书社,2021 年,第 494 页。译文稍有改动。

②　荷马是否真有其人,或说即便有,是否为同一人抑或是一群盲诗人,至今尚无定论。有学者甚至认为《伊利亚特》和《奥德赛》的作者是两位,两部作品代表了两种不同英雄的竞争,而一些较为温和的学者,也会将这两部作品区分为荷马早期与晚期的不同作品。但无论真实情况如何,都足以表明两部史诗具有不同的风格和取向。

③　赫西俄德:《工作与时日　神谱》,张竹明、蒋平译,北京:商务印书馆,1991 年,第 4 页。

④　关于波塞冬对命运的服从,参看《奥德赛》I.20,V.289,IX.532;关于奥德修斯的命运,参看《奥德赛》XI.104—137。在冥府,虽然特瑞西阿斯指出了奥德修斯未来的两种可能:"如果你们不伤害畜群,一心想归返,你忍受艰辛后仍可返回伊塔卡;如果你抢劫畜群,那会给船只和伴侣们带来毁灭"。但这种看上去选择的"运",其实并不能影响他最终平安抵达故土的"命"——这是众神的意愿。

⑤　《荷马史诗·奥德赛》,第 28—29 页。

虽说命运也是确定的,但因他们得到了众神的格外偏爱,所以能通过不同的方式来获知自己的命运。

但这种获知也并不意味着"幸运",因为对于依然确定的"命数"来说,对命运的认识并不代表能将其改变。甚至,对命运的知晓有时反而会促发他们产生僭越的欲望,并由此引发巨大的灾难。如俄狄浦斯对自己命运的获知就带来了人间最大的悲剧。无论俄狄浦斯抑或其父母,在命运实现前都已知道弑父娶母的结局,但恰恰是俄狄浦斯和他的父母有意躲避这一命运的行动,反倒促成了这一命运的实现。①

(二)英雄的命运

对于介乎神与人之间的英雄来说,他们不同于凡人,也不同于不朽的神明。他们虽与常人一样被命运所掌控,但"命运"对他们来说不是单数,甚至还能做选择。

比如赫拉克勒斯。他是宙斯的儿子,母亲是阿尔克墨涅(XIV.323)。在他成年的过程中有一次分岔路口的选择。②一条路走来的是花枝招展、娇态毕露的恶行;另一条路走来的是面貌俊美、举止大方的德行。前者许诺他可以获得各式各样的欢乐与享受;后者则告诉他,唯有辛勤的劳作,才能体验到神所赋予的美好。赫拉克勒斯选择了后者,也因此,他的一生充满了艰辛,但同样也创造了伟业,并在死后成为了奥林波斯的一位神明。阿喀琉斯同样有两种命运:要么坐船回故乡,从此默默无闻而终其一生;要么留下牺牲,成就自己一世英名为人传唱。可以说,促成赫拉克勒斯辛劳的一生以及阿喀琉斯战死特洛亚的结局,皆为他们自己的选择,而他们做出的决定,都是为了获得比生命更值得追求的荣耀。

英雄神圣的出身使他们拥有两种不同的命运,并能通过选择来决定最终结果。然而,这两种命运似乎也并非当下就是明朗的。每条命运都还笼罩着一些迷雾,需要随时间的推移才会渐渐清晰。并且,其最终的决定是否能带来最佳的结果也同样值得商榷。③

以下通过阿喀琉斯的例子,借以揭示英雄的命运是如何在选择中逐渐明朗和实现的:

(1)在与阿伽门农发生争执的开始,阿喀琉斯是知道自己会短命的(I.352)。但这种预知并不明晰,他的母亲忒提斯也只提到"因为你的命运短促,活不了很多岁月,你注定要早死"(I.416)。这所谓的"短促"并没有

---

① 《荷马史诗·奥德赛》,第204页。
② 色诺芬:《回忆苏格拉底》,吴永泉译,北京:商务印书馆,1984年,第47—51页。
③ 《荷马史诗·奥德赛》,第213页。

一个明确的时限。

(2) 在忒提斯请求宙斯并得到允诺之后,阿喀琉斯的愿望达到了:阿开奥斯人受到特洛亚人的强烈冲击。为此阿伽门农不得不派埃阿斯、福尼克斯和奥德修斯前来同阿喀琉斯和解。这时阿喀琉斯道出了自己的两种命运:"我的母亲、银足的忒提斯曾经告诉我,有两种命运引导我走向死亡的终点。要是我留在这里,在特洛亚城外作战,我就会丧失回家的机会,但名声将不朽;要是我回家,到达亲爱的故邦土地,我就会失去美好名声,性命却长久,死亡的终点不会很快来到我这里。"(IX.411)

在宙斯实现了其请求后,阿喀琉斯也由此明朗了自己两条不同的命运:一条是获得名声,但为希腊人战死沙场;另一则是平安回家,失去美名。此刻,阿喀琉斯总体上还是倾向后者的,即不愿同阿伽门农和解。因而他对福尼克斯回复道:"我不要这种尊重,我满足于宙斯的意愿,只要我胸中还有气息,膝头还强健;那就是我在我的有弯顶的船上的命运"(IX.608—610)。言下之意,"我胸中还有气息"(活着)"就是我在我的有弯顶的船上的命运"。

(3) 帕特罗克洛斯的死是阿喀琉斯命运转折的主要原因。

虽然阿喀琉斯也曾允诺,只有战火烧到他的船边才会出兵,但那其实是指当敌人已经威胁到了自己的生命时,他才会出手。

涅斯托尔劝说帕特罗克洛斯身披阿喀琉斯的铠甲出战(XI.794),而帕特罗克洛斯在面见阿喀琉斯时,担心阿喀琉斯是顾虑自己的命运而不出战,故主动请缨代为出战。为此阿喀琉斯愤懑地说:"我即使知道什么预言,也不会放在心上,更何况母亲没向我泄露宙斯的天机。……我曾说过要我平息胸中的怒火,只有等战斗和喧嚣达到我的船只前"(XVI.50, 62)。在这里,阿喀琉斯仍在说自己不知道"宙斯的天机",同时他也不知道帕特罗克洛斯的出战将以死为代价(XVII.404)。所以他答应了同伴出战的请求,还将自己得自父亲的铠甲送给他,并嘱咐"当你把敌人赶离船只便立即回来……你可以屠戮特洛亚人,但不要贪恋战斗和厮杀,率领军队追向伊利昂,从而惹得奥林波斯的哪位不死的神明下来参战"(XVI.87, 91)。

但当帕特罗克洛斯得胜却继续冲击特洛亚人,并最终导致战死沙场的结果时,阿喀琉斯已有所预感,并自言其母曾不明确地预言:"米尔弥冬人中最优秀的人将在我仍然活着时在特洛亚人手下离开阳世"(XVIII.11)。而在他确证了帕特罗克洛斯的死讯后,忒提斯也已经知道"不可能再见他返回到可爱的佩琉斯的宫阙"(XVIII.60)。因为阿喀琉斯此时已坚定了信念,做出了高尚的决定(XVIII.128)。可以说,此时死对他已无足轻重了,对阿伽门农不义的忿怒已转化为替帕特罗克洛斯复仇的怒火:"那就让我立即死吧,既然我未能挽救朋友免遭不幸。……我随时愿意迎接死亡,只要宙斯和其他的不死神明决定让它实现。……如果命运对我也这样安排,我愿意倒下死去,但现在我要去争取荣誉。"(XVIII.98,115,120)

可以说,帕特罗克洛斯的死使阿喀琉斯改变了自己早先的选择,或者至少是将此前的犹豫转化成了赴死的决心。死亡对阿喀琉斯来说不再重要,他已经"清楚地知道自己注定要死在这里"(XIX.421)。但是,以什么样的方式,在何时何地以及如何死去,这个命运具体的结果仍未完全清楚。

(4)只有当阿喀琉斯带着新的大盾和铠甲走上战场后,他的命运才最终清晰。

在杀死吕卡昂前,阿喀琉斯说:"有人会在战斗中断送我的性命,或是投枪,或是松弛的弦放出的箭矢"(XXI.112);在力战河神时,他也曾埋怨自己差点命丧其手,不能实现功名,提到母亲曾说他"将在戎装的特洛亚城下,丧命于阿波罗飞速流逝的箭矢"(XXI.277);赫克托尔在死前最终道出了阿喀琉斯的命运:"帕里斯和阿波罗把你杀死在斯开埃城门前"。然而,这一结果对阿喀琉斯来说已不重要了,因为他已早有觉悟:"你就死吧,我的死亡我会接受,无论宙斯和众神何时让它实现"。(XXII.365)

(5)在杀死赫克托尔后,阿喀琉斯对同伴交代了自己的后事。(XXIII.246)

总结一下:在命运问题上,凡人与英雄有很大不同。凡人在命运面前没有选择的能力,甚至只有他们的佼佼者或求问过神谶的人,才能知晓自己的命运。但是,对命运的知晓并不能改变其命运中的不幸,甚至有时候反而会为他们带来更大的痛苦。而半神的英雄则可以选择自己的命运,但他们是逐渐认识和接受自己的命运的。

此外,凡人与英雄在对待命运上还有一个最大的区别,即凡人既不能改变命运,有时也不接受命运,而英雄对命运做出的选择,可以说是一种接受。

比如面对死亡的命运,赫克托尔说的是:

"帕特罗克洛斯,你怎么说我死亡临近?
谁能说美发的忒提斯之子阿喀琉斯
不会首先在我的长枪下放弃生命?"[1]

---

[1] 《荷马史诗·伊利亚特》,第393页。

但阿喀琉斯说的却是:

"你就死吧,我的死亡我会接受,
无论宙斯和众神何时让它实现。"①

二、 与命运交织的神意

在特洛亚战争中,除阿喀琉斯外还有两位神人所生的英雄,他们分别是埃涅阿斯和萨尔佩冬。

埃涅阿斯是阿佛罗狄忒与安基塞斯所生,他的战功不及阿喀琉斯,但出身却很高贵(XX.105)。萨尔佩冬亦是如此,他的父亲是宙斯,母亲是拉奥达墨亚。根据上文,半人半神的英雄的命运有两种。那么,埃涅阿斯和萨尔佩冬的命运也该如此。事实上在《伊利亚特》中,荷马并未细致地讲过这两人的命运,他们也不是史诗的主角。但是,从众神对埃涅阿斯和萨尔佩冬的保护来看,两人的命运确实与凡人不同,他们都因直系神脉的原因而受到了特别关注,命运也因此具有了不确定性。

埃涅阿斯曾多次得到母亲阿佛罗狄忒、阿波罗和波塞冬等神明的帮助:一次是同狄奥墨得斯的对决。被雅典娜鼓舞的狄奥墨得斯战无不胜,甚至能刺伤阿佛罗狄忒与战神阿瑞斯。与这样可怕的对手交战,死亡必然会扑向埃涅阿斯。但是,当他被狄奥墨得斯的投出的大石头砸伤而跪倒在地,"黑暗的夜色飞来,笼罩着他的眼睛"(V.310)的时候,阿佛罗狄忒与阿波罗保住了他的性命(V.315,345);而当他第二次面对阿喀琉斯的时候又为波塞冬所救(XX.293—339)。波塞冬直言:"以后一碰上阿喀琉斯便立即退却,免得违背命运提前去哈德斯的居所"。埃涅阿斯的本来命运不是在特洛亚终结,宙斯安排了他来统治特洛亚的子孙(XX.307)。但是,如果他选择继续同阿喀琉斯战斗,无论是否受了阿波罗的唆使(XX.108),他都将以死作为终结。②可见,作为半神的埃涅阿斯,其命运也有相似的选择,当然这种选择也包含了波塞冬的成分(XX.311):继续为了荣誉与阿喀琉斯战斗到死,抑或退却而未来成为特洛亚子孙的王。

如果说埃涅阿斯的命运还不够明显的话,那么萨尔佩冬的两种命运则更为清晰。一次是宙斯保护了他免遭透克罗斯箭矢的伤害(XII.401),另一次则是在命运所赋予的帕特罗克洛斯的荣耀下,萨尔佩冬将成为他的牺

---

① 《荷马史诗·伊利亚特》,第512页。
② 对照《奥德赛》IV.499—511,小埃阿斯本可以逃避死亡,但他背逆天意,得到了死亡的结果。

牲品。

在这里,宙斯对赫拉说的话尤为重要:

> "可怜哪,命定我最亲近的萨尔佩冬将被
> 墨诺提奥斯的儿子帕特罗克洛斯杀死。
> 现在我的心动摇于两个决定之间:
> 是把他活着带出令人悲伤的战场,
> 送往他在辽阔的吕西亚的肥沃故乡,
> 还是让他被墨诺提奥斯之子杀死。"①

宙斯的话里有两个重要的主题:一个是"命运",另一个是"意愿"。正是这两个主题决定了萨尔佩冬的生死。

前面提到了凡人与英雄的命运,可以说,命运是掌握在神的手里的。即便是英雄,也不过是多了一种而已,始终不能逃脱编织在一起的双股绳索,就像他们注定是会死的生命一样。但是,众神与命运的关系又是怎样的呢?命运可以作用于神吗?命运与神的意志相比,是像人类一样被命运所决定,抑或是神意规定了命运?

对人来说,命运就是他的生死;对有生无死的神来说,命运并没有"生命"的含义。如果说众神也有命运的话,那就是指"份额"方面的,即它代表的是神的权能与力量的大小。权能与力量虽不能影响众神的"死",但是却能影响他们的"生"。

荷马史诗里描述神命运的地方并不多,但赫西俄德《神谱》中有一些故事可作参照:阿特拉斯用头颅和双臂来支撑天宇,这是宙斯安排的命运②;赫拉克勒斯解救被束缚的普罗米修斯,也不无宙斯的意愿;而宙斯也曾被普罗米修斯预言过自己的一些命运,但大都被他最终用强力和智慧规避掉了。③

通过宙斯的例子可以发现,似乎对神来说,他们的命运(份额)并非确定不变。改变命运的是智慧和力量,但就像众神的力量有大小区分一样,众神对命运的影响也有区分。拥有最大力量和权能的是宙斯,如果愿意的话,他不但可以轻易决定和改变凡人与英雄的命运,甚至还能改变自己的命运。对众神来说,有些命运是必须去遵守的。或者若想改变,也需得去

---

① 《荷马史诗·伊利亚特》,第378页。
② 《工作与时日　神谱》,第42页。
③ 《工作与时日　神谱》,第53页。

祈求力量更大的宙斯来实现,而人类也可通过祈求宙斯或其他神的方式来
实现意愿。

所以,如果根据对命运施加的影响来排序的话,"宙斯—众神—英雄—
凡人"将是一个递减序列。这样的命运四等级与人神的力量和权能相关。
正因为宙斯具有至高无上的力量和权能,所以才可影响和改变命运。
(1)从某种程度上说,宙斯的意志直接影响命运,无论这命运是众神的还是
人类的;(2)众神虽弱于宙斯,但在一定程度上也可以影响人的命运。比如
他们会通过用浓雾来保护自己喜欢的人,或用语言和勇气来鼓励其斗志。
在其中,阿波罗、雅典娜、阿佛罗狄忒、阿瑞斯表现得尤为突出。但是,除阿
波罗之外,没有任何一个神会直接插手终结人类的生命,他们对人更多使
用的是保护和防御,攻击方面只有鼓舞其斗志。①这说明众神并不能对命
运为所欲为;(3)对于英雄与人类来说,前者至多只能选择命运中的一种,
后者则只有接受命运,没有改变的力量;(4)对末端的凡人来说,他们连自
己的命运都不能掌握,只能遵从,而大多数人甚至终其一生也不知晓自己
的命运。

总体来看,似乎决定人类和众神命运的只有至高无上的力量了。事实
也确实如此,在这个神明与人类共存的世界,最高的统治者就是宙斯。他
之所以能够统治众神与人类,也是因为靠力量推翻了他的父亲克罗诺斯。
而克罗诺斯的统治又是通过推翻其父乌兰诺斯来实现的。可见,整个神谱
就是一部在暴力驱动下政权更迭的历史。在此前的统治者那里,命运只在
克罗诺斯那里实现了,因为乌兰诺斯和盖亚告知,他注定要被自己的一个
儿子推翻,而这个命运就是宙斯用计谋和武力实现的。

如果用人的标准来衡量,宙斯无异于一位僭主:他通过暴力推翻前任
统治者(推翻克罗诺斯),然后凭借自己的权能与力量维持统治(掌控着最
大的权能和力量),同时他也担心自己会被另一些力量所推翻(赫拉、波塞
冬、雅典娜等奥林波斯的其他神都曾想要把宙斯制服②),因而时时刻刻防
范着新生的力量与预言中的威胁(吞噬墨提斯)。这都是为了继续维持他

---

① 在《伊利亚特》中,阿波罗是除宙斯外,唯一一位动手杀人的神。从最开始的射向阿开奥
斯人的弓箭(I.50),再到亲自推翻阿尔戈斯人的堑壕与壁垒(XV.355—361),再到用掌猛击帕特罗
克洛斯的大盾(XVI.704),甚至在最后,亲自出手攻击帕特罗克洛斯从而造成了他的死亡……需要
注意的是,即便这些主动攻击也都是在宙斯的授意之下完成的。在《奥德赛》中,波塞冬也只有在
小埃阿斯违抗天意时才制造了他的死亡(IV.505—510)。而雅典娜即使在气愤无比时,也未亲自
动手杀人(XXII.224—240)。

② 《荷马史诗·伊利亚特》,第17页。

天上地下唯我独尊的统治。①

但问题也出现了，宙斯作为一个权力最高的统治者，完全可以凭借自己的意志去改变命运，那么为何他又会对自己儿子的命运保持犹豫，并最终选择了一个不符合自己意志的命运呢？他为何要遵守这个自己可以改变的命运之规呢？赫拉是这样回答的：

> "可怕的克罗诺斯之子，你说什么话？
> 一个早就公正注定要死的凡人，
> 你却想要让他免除悲惨的死亡？
> 你这么干吧，其他神明不会同意。
> 我还有一点要说明，请你好好思量。
> 倘若你把萨尔佩冬活着救出送回家，
> 其他的神明那时难道不会也从
> 激烈的战斗中救出自己亲爱的儿子？
> 许多神明会怨恨你，他们都有儿子
> 在普里阿摩斯的巨大城池下参加作战。"②

这段话表明，并不是宙斯没有能力去改变萨尔佩冬的命运，只要他想，随时可以。但是，赫拉提醒他必须考虑后果。奥林波斯众神一直都遵守着命运的安排。而一旦作为最高统治者的宙斯随意按自己的意志改变它，那么，命运的权威就被破坏了。宙斯改变的将不只是萨尔佩冬的命运，同时还改变了命运所象征的"公正"。这样一个公正秩序的破坏，随后就将导致众神的效仿，"同样可以去救出自己亲爱的孩子"。其实，奥林波斯山上的众神并不是完全没有能力改变命运的，他们也曾尽力保护一些人。但他们之所以不去改变总体的大命运，毋宁说是自己情愿去遵守的：因为命运代表着一种恒常与稳定的公正。所以宙斯最终违背了自己的意愿，选择了尊重先定的命运。

表面看来，萨尔佩冬和赫克托尔的例子呈现了命运与神意的对立。但换个角度，二者又是宙斯意志的统一。作为一个僭主，倘若宙斯完全凭靠

---

① 无论波塞冬、赫拉、雅典娜、阿瑞斯都不能与宙斯的力量匹敌，即便他对众神行恶，他们也必须忍受（XV.109）。在众神之战中，唯一一没有参战的就是宙斯，可以说，他反倒是鼓励众神进行战斗的唯一的一个神（XX.155），"宙斯高踞奥林波斯山顶听见呐喊，高兴地大笑不已看见神明们争斗"（XXI.389），这情形就像众神鼓励人类去战斗一样。

② 《荷马史诗·伊利亚特》，第378页。

自己的强力来维护统治，那么公正无从谈起，决定统治的将是宙斯的意志而不是恒常的秩序；同样，一个纯粹的命运，倘若没有必要的强力作为支撑，那也不过是一个脆弱的花瓶，随时可被打碎。在强力的保护下命运才能被尊重与实施，同时，命运又是强力任性的最好约束。强力者必须足够明智地发现，自己对公正的践踏，将导致新的无序，整个世界将重新退回到混沌状态。所以，为了维持和平与秩序，力量必须隐退，而代表公正的命运必须得到所有神和人的尊重。第三代神的崛起出于力量，但其维持则需要秩序。因而，唯有将宙斯的意志与命运统一起来，一表一里，将强大的意志用以维持命运之秩序，才能最终获得众神的尊重与服从。

在赫克托尔被阿喀琉斯追得绕城三圈时，宙斯也曾对其产生怜悯，雅典娜当即反驳道：

> "掷闪电的父亲，集云之神，你说什么话！
> 一个有死的凡人命运早作限定，
> 难道你想让他免除可怕的死亡？
> 你看着办吧，但别希望我们赞赏。"[1]

为此，宙斯不得不取出那杆代表公正的黄金天秤，把阿喀琉斯与赫克托尔各放一边，提起中央。赫克托尔一侧下倾，滑向了哈迪斯。于是阿波罗立刻就把他抛弃了。

三、 余论：神之意志与人之功名

命运之于众神，类似于法律之于人类。人间秩序的建立依靠法律或礼法。没有习俗和法的世界是一个自然的混沌世界，礼法是人类文明和秩序的象征，它使自然人具备了共同生活的政治属性，在多方面维系着人类社会的稳定与和平。习俗不同于自然，它根植于古老的传统，经由时间和历史而逐渐形成。故而，不同的习俗因其产生的地理、环境和历史的基础不同，彼此之间也有差别。哲人正是在众多习俗的不同中，发现了自然，因而也就对习俗的根基提出质疑。自然的发现使习俗成为了一种人为或约定，它的构建就意味着它毁灭的可能。在自然面前，礼法成为一种不再是根基的东西，这类似于强力对命运的威胁。当法不再是必然和必需的时候，它就失去了神圣与永恒。而一旦命运之根被强力掘断，一切就又会重回混沌与争斗。

---

① 《荷马史诗·伊利亚特》，第506页。

13

在去神化的今天，法律就是一种约定的产物，维持它的基础不再是神，而是强力。在众神消失的世界，人成了众神，而命运则以法的面相出现。如果回到开始，回到荷马的世界。就会发现，其实不是命运类似于礼法，而是礼法摹仿了命运。因而，柏拉图在《法义》的开头就提到："法的起源是神"(624a)。这种说法并非修辞，法本来自于 nomos(习俗，礼法)，而它与 nemein(份额)同源。前文也曾提到，命运(moira)本就有份额的含义。宙斯不单有代表公正的黄金天秤，还有两个土瓶，一个装祸，一个装福，每个人的运气就由此分配(XXIV.526)。人就活在命运与神意交织的双重绳索之下。

阿喀琉斯的忿怒源于代表其功绩的荣誉的丧失。功名似乎是人类超脱命运束缚的最好方式。但是，这也并非单纯只通过个人的卓越和战功就能一蹴而就。"功"得益于自己的拼搏与牺牲，"名"则需要他者的承认与传唱。[①]战功之于荣誉类似于德性之于幸福。幸福不仅需要德性的生活，同时还要机运的垂怜。所以，阿伽门农不公正地剥夺阿喀琉斯的战利品，就代表了对其功绩的磨灭，阿喀琉斯对此束手无策。人之功绩，既要有自身不断地努力，还要有后天被他人和众神的承认，荣誉同样被笼罩在了命运与神意之下。阿喀琉斯的忿怒表面原因是阿伽门农对其荣誉的剥夺，但它深层的原因却是命运与宙斯的意志(I.6，7)。

那么我们不禁要问，作为有朽的人类，面对标榜"公正"的命运和众神的意志，还能做什么？我们没有众神的力量，没有改变命运的能力，更也没有源自半人半神的英雄双重命运，甚至在获得美名上也要依托机运的垂怜。是否这就意味着，在食物链的最底端，人只能接受那无形命运的安排和最高统治者的意志呢？

或许，面对无法改变的命运与神意，人唯一能做的就是像西西福斯那样接受它。但这种接受不是认命，而是将人的有限转化为对不朽的追求，转化成为获得更长久的荣誉和英名做出的必要牺牲。因而，恰恰是人的死，才使其可能以这种有死性来换取英名。[②]人对有死的命运的接受同时

---

① 英雄的荣誉依托诗人的传唱才得以彰显和流传。所以在《伊利亚特》里可以看到，因与阿伽门农产生争执而退出联军的阿喀琉斯，会与帕特罗克洛斯在营帐中传唱其他英雄的荣誉来安抚心情(IX.189)；同时，也可以在《奥德赛》里发现，当奥德修斯听到诗人传唱他在特洛亚留下的"英名"时，会忍不住流下泪水，并最终向阿尔基诺奥斯王说出自己的真实身份(VIII.533)。

② 在神女卡吕普索(本意是"隐藏")那里，奥德修斯可以选择长生不死，永远不朽，但得到的结果会是隐姓埋名。以及，阿喀琉斯在冥府对阿伽门农说的话："可惜你怎么没有在当年一身荣耀时，就在特洛亚地区遭到死亡的命运，那样全体阿开奥斯人会给你造陵墓，你也可给后代子孙赢得伟大的英明"(《奥德赛》XXIV.30—34)。

也是实现不朽的开始。荣誉作为政治生活追求的最高目的①，从某种程度上说是人超越个体有限性的最好方式。作为一个有死者，他的大限即是生命的终结。在有限的生命里，一切都会随时间的流逝而被磨灭，但以功绩所确立的巨大美名却可以使一个亡故之人仍旧保持他生前获得的最大光荣。荣誉是一个有朽者接近不朽的最好方式，它是对人有限生命和必死结果的超越，是从对有朽到不朽的奋争。

凡人赫克托尔就这样做出了与半神的阿喀琉斯②一样的决定：

> "我无法逃脱，宙斯和他的神射儿子
> 显然已这样决定，尽管他们曾那样
> 热心地帮助过我：命运已经降临。
> 我不能束手待毙，暗无光彩地死去，
> 我还要大杀一场，给后代留下英名。"③

第二节　命运与礼法

古希腊的西蒙尼德曾有一首诗：

> 悲歌
> 古代诸神的那些儿子们，
> 都是半神的英雄人物，
> 他们一生到老也不能不
> 受辛苦，遭嫉恨，经风险。④

对诸神和凡人来说，命运与苦难的关联并不明显。虽然诸神同样须遵从命运的安排，但由于他们的权能与力量较大，故并无特别苦难之命运；而凡人本对自己的命运无知，大多数情况下不过随波逐流、听天由命，故也不会对之产生不满，从而激起愤怒或悲苦之情。唯有英雄，这种了解自己命运并能做出选择的半人半神的种族，才会在命运的十字路口犹豫彷徨，并

---

① 亚里士多德：《尼各马可伦理学》，廖申白译，北京：商务印书馆，2006年，第12页。
② 《荷马史诗·伊利亚特》，第425页。
③ 《荷马史诗·伊利亚特》，第510页。
④ 荷马等：《古希腊抒情诗选》，水建馥译，北京：人民文学出版社，1988年，第63页。

在非此即彼的取舍中产生懊悔、愤怒、痛苦和悲伤。英雄是神人相爱结合的结果[1]，他们比常人卓越，甚至能够匹敌诸神，知晓天命。但也正是这样的身份，使他们饱尝了命运选择后的苦难。

一、《埃涅阿斯纪》：战争背后的命运

史诗传唱的是英雄们的荣誉，古希腊有《伊利亚特》和《奥德赛》，前者以阿喀琉斯的"忿怒"开篇，呈现其在命运的选择中所实现的功名；后者以奥德修斯归家为主题，展现了另一种新的英雄形象。[2]罗马同样有自己的史诗《埃涅阿斯纪》[3]，即以特洛伊城流亡出来的埃涅阿斯为主角，通过他一路上的艰辛以及最后同图尔努斯的战斗，展现罗马英雄的功名。

《埃涅阿斯纪》与荷马史诗有很多相似之处，开篇同样点出了主题：《伊利亚特》的第一个词是"忿怒"，《埃涅阿斯纪》的第一个词是"战争"[4]。阿喀琉斯的忿怒与公正相关，埃涅阿斯的战争与命运相连。《伊利亚特》通过两种不同命运的抉择来呈现阿喀琉斯的功名，而《埃涅阿斯纪》则通过命运的完成与实现来开启罗马的历史，它凸显了更为宏大的历史和命运，而非个人的战功和荣誉。可以说，《埃涅阿斯纪》以一种民族的角度来重新定义功名。[5]这其中不无诗人对命运和神意的信仰，与那个时代的大多数人[6]一样，对维吉尔来说，相信命运就是希望未来会更好；个人只需努力向善，其余皆顺从诸神与命运的安排，这样灾难自会消弭。

埃涅阿斯的总体命运是注定的，他要经历诸多险阻，在特洛伊覆灭之后遭受丧妻亡父之痛、悲伤地离开狄多之后同拉丁人和图尔努斯开战，与迦太基的推罗人结下世仇……这些苦难都是命运的使然。甚至进一步说，

---

[1] 柏拉图在《克拉底鲁》(398c—d)中，曾经指出 heros(英雄)源于 erotos(爱欲)，虽语境不乏戏谑，但亦非全无道理。柏拉图：《克拉梯楼斯篇》，彭文林译注，台北：联经出版事业公司，2002年，第 54 页。

[2] 《奥德赛》的主人公奥德修斯严格来说并不是半人半神的英雄，与阿喀琉斯甚至赫克托尔相比，他武力不高，但智力过人。荷马的两部史诗塑造了两种对英雄的理解。前者为正统的英雄，尤以勇敢和力量见长；后者属于人类，但以计谋和冷静见长。

[3] 维吉尔：《埃涅阿斯纪》，杨周翰译，南京：译林出版社，1999 年。

[4] "Arma virumque canō …"Arma 本意为"武器"，这里引申为"战争"。

[5] 《伊利亚特》的主题在于忿怒与功名，而《埃涅阿斯纪》虽以战争开篇，却始终围绕"命运"展开。埃涅阿斯的一切行动主要都不以个人为主导，他肩负的是一个民族的责任，旨在建立一个新的特洛伊人的城邦。他不是阿喀琉斯那样为个人荣誉而战的勇士，而是一个领袖，因而他不及阿喀琉斯勇武、嗜血甚至凶残。但他虔敬、敬神、对家庭和民族有责任感。与阿喀琉斯不同，埃涅阿斯属于民族英雄。

[6] 如西塞罗在《论神性》(3.5)中说的那样："我们的共和国之所以能够像今天这样伟大，完全是因为我们竭尽全力取悦于不朽的神祇的原故"。

不单埃涅阿斯,连其后代及整个罗马之命运都是注定的。面对命运,英雄与诸神都不得不低头。埃涅阿斯是命运的服从者,因此他甚至可以抛弃强烈的爱欲——尽管也曾犹豫过——最终仍决定服从命运的安排[①]。而即便是朱诺(赫拉)[②]或狄多神女——她们比一般的人类和英雄更为强大,因而总想改变命运或者阻止命运的实现——若是违反也会受到严重惩罚甚至死亡。[③]并且,纵然在第三代神的时代,命运出于强大的尤比特(宙斯)的决定,但作为以公正和秩序为代表的主神,理论上他虽可凭借意志与力量改变命运[④],但却更须把公正放在首位[⑤]。

与阿喀琉斯相似,宙斯也为半人半神的埃涅阿斯准备了两种不同的命运:他固然可以如实际情况那样遵从宙斯的意志,在罗马建立特洛伊人的新城;但同样也可以像阿喀琉斯那样,为个人的荣誉战死特洛伊,抑或在迦太基与狄多安度余生。阿喀琉斯是命运的抗争者,正是通过选择死亡才成就了他的功名;埃涅阿斯却是命运的履行者,正是通过隐忍、接受与虔敬,才使他成为罗马"种族的缔造者",获得了另一种意义上的功名。

命运许诺给埃涅阿斯的是当罗马人的始祖、后代为王。"命运"本意为"分配",在人这里,主要指其所获得的生命之大数;在神那里,主要指获得权能之份额。然而,命运的分配并非全然僵化,"命"只是在一个大的限定和最终结果上的规定,其中夹杂着很多小的变数,这些变数可以称之为"运"。[⑥]在古希腊语中,指称"命运"的常常有两个词,即 moira 与 tychē,但

---

① 《埃涅阿斯纪》,第 95,132 页。

② 鉴于《埃涅阿斯纪》为罗马史诗,为保持一致,本节各诸神之名暂以罗马习惯称呼。首次出现会用括号注明希腊名称。

③ 命运注定的谁也不能更改。狄多、维纳斯、朱诺、以及图尔努斯的姐姐茹图尔娜,都试图改变命运,不单皆以徒劳告终,并且还遭受到了惩罚。在命运的安排中,狄多本不该死掉。但是由于受到维纳斯和朱诺的诱惑,令她试图阻止埃涅阿斯的离去,最终导致了自己未到寿限而死的结局。《埃涅阿斯纪》,第 2,22,84,105 页。

④ 尤比特确曾变更过某些英雄或凡人的遭遇,但这其实乃是在天命的根本大限之下的一些气运。无论是尤比特的子女、其宠爱的朱诺抑或是自己的母亲,他都未曾改变命运之大限。

⑤ 《埃涅阿斯纪》,第 9,68,232,348,351 页。

⑥ 现代汉语常连用"命""运"二字。在中国传统思想中,命与运并非同义。命来自天,《说文》训"命"为"使"也。"从口令。令者,发号也。君事也。非君而口使之。是亦令也。故曰命者、天之令也"。可见,"天命"说的不是"天的命",而是天降下来给人的"命",是谓"人的天命"。同时,虽然《说文》将"命"解为"令",但二者略有不同。命者,任命,具有赋予权力或职能之义。因而,领命者具有一定的自由度。而令则不同,令要求听取,领令者是执行者,没有领命者那般自由。所以有"任命"而非"任令"某人为大将军,且有"将在外君令有所不受"之说,因为将军领的是代表命的"虎符",在执行时有自己的裁决权。人是活着的自主的人,虽然他有自己的定数或大限,但在具体的生活中却又有相对的自由,因而,人从天那里获得的是"天命",而不是"天令"。这其中就隐含着"命"的分配含义。故而,这里用"命"来翻译 moira,指人生的大限,而用"运"来翻译 tychē,表示在人的一生中所遇到的气运。

二者略有差别:前者近于中国的所谓命数,原义是一个人所分得的份额;后者乃是气运(从动词 tynkhanein"击中","碰着"),指人生中随时碰着的境遇。严格来说,命运女神关涉的是命数,是确然的,而气运则指偶然和不测。①命(运)是三个女神,她们是宙斯与忒弥斯的女儿。②气运也有人格化的形象,她是个手上掌舵的女神,"表示指导人生的命运,又或拿一个圆球,则是说世事的不固定,大抵她所管的还是偶然多于必然"③。命神与运神都是被抽象后的人格化的女神。运神是神们的下属,而命神所管的定数"不但凡人,即便众神也无法违拗,这即是说众神也有他们的天命"④。

在《埃涅阿斯纪》中,埃涅阿斯的命虽已确定,但在具体实现时又有灵活性。比如狄多在被埃涅阿斯抛弃后,临死前的诅咒虽不能改变他的大限,却能让其饱受痛苦,并结下了世代之仇。⑤其实若以常人的眼光来看,除了半神的英雄或非常优秀的王者外,一般人并不知道自己的命与运,因而这二者对他们来说都是不确定的。他们既然无缘得知自己的命与运,故就只能是培养自己的德性,把当下做好。希腊罗马人的德性不单指道德层面,它更多的是功能性的,意即身体、灵魂以及才干上的卓越。德性的培养与幸福(eudaimonia)的生活相关,福德应当匹配。倘若一个人所得的幸福超出了他的德性,过分幸福或过度自夸就会被神所妒忌而遭受灾难。故气运虽同样来源于神,但具有"偶然"的意味。因而,幸福不只是需要有良好的品质与德性,同时还要有神的垂怜,即得到神(daimonia)的福祉(eu)。

所以,幸福关涉德性与气运。在希腊人那里,气运与卓越并非毫无关联。诗人阿伽通有句名言,"技艺爱恋着气运,气运爱恋着技艺"。这无疑成为后来马基雅维利的先声,在去神化(特别是去天命化)的范式中,他说命运是个女子,用强力就可以征服她。这种说法不无道理,但只适用于气运,而非天命。甚至即便气运也只是侍从,不是奴隶,它听人使唤,但非惟命是从。⑥

二、 意志与正义:从克罗诺斯到宙斯

虽然气运也影响着人和英雄,但范围有限。或者说,恰恰由于天命的

① 周作人:《周作人译文全集》(第二卷),止庵编订,上海:上海人民出版社,2012 年,第203 页。

② 关于命运女神,赫西俄德的《神谱》有两种不同的描述,下文将尝试进行解释。

③ 《周作人译文全集》(第二卷),第 578 页。

④ 《周作人译文全集》(第一卷),第 515 页。

⑤ 《埃涅阿斯纪》,第 102 页。

⑥ 《古希腊抒情诗选》,第 212 页。

存在,气运才能在此之下发生作用,在大命之中出现偶然。并且,气运常出现在对天命无知或难以把握自己人生的凡人身上,很少用于诸神①,制约诸神的只有宙斯的意志和分配的天命,而对于有生无死的神来说,天命就是一种用来约束天神们的没有死刑的法律。在人间,除先知外,鲜有知命者,因而凡人不知"命",视"运"为偶然。

在天上,决定诸神的是天命与主神的意志;在人间,制约人却又可见的不是命运,而是人法。那么人法的来源是什么呢?这是柏拉图《法义》第一句就提出的问题。克里特老人毫不犹豫地回答:"是神。"因为克里特人的祖先是米诺斯,他是宙斯的儿子,其城邦之法来源于宙斯,且每九年都会再去父亲那里请教。②故而,天上没有法律,只有命运。地上命运难明,但依法行事。那么为何法的来源是宙斯,而不是克罗诺斯抑或更早的乌兰诺斯呢?

根据赫西俄德可以知道,宙斯之前有两代神族,第一代天神乌兰诺斯,在他统治下地母该亚苦于"广阔的大地因受挤变窄而内心痛苦,于是想出一个巧妙但罪恶的计划"③,与他们的儿子狡猾的克罗诺斯一起推翻了乌兰诺斯的统治,建立了第二代神权。但克罗诺斯的统治同样让诸神们痛苦不堪,因为他曾被乌兰诺斯和该亚预言,自己会被一个儿子推翻,故而开始吞噬自己的孩子。为此感到悲痛不已的妻子瑞亚通过计谋欺骗了克罗诺斯,把宙斯保存下来,最终宙斯联合他父亲的兄弟们,推翻了克罗诺斯的统治,成为新的主神。

天上三代更迭,地上的人类也经历了五个时代。④乌兰诺斯的时代还没有人,人类第一个时代由克罗诺斯直接统治,被称为黄金时代,他们活着的时候充满快乐,死时如熟睡般安详,被埋葬后成为大地的精灵,是凡人的守护者;其后的四个时代(白银、青铜、英雄、黑铁)归属于宙斯的统治,这些时代中的人类远不及黄金时代的人类幸福,甚至每况愈下,充斥这四个时代的是愚蠢,暴力,厮杀,不知畏惧。

有趣的是,克罗诺斯的统治虽然充满了罪恶和紧张,但地上的人类却生活得最好。这样一个直接由最高力量统治的时代是最幸福的黄金时代,而宙斯创造但不直接统治的四个时代却充斥着各种冲突与战争,其中原因值得琢磨。

---

① 《周作人译文全集》(第二卷),第54页。
② 柏拉图:《米诺斯》,林志猛译疏,北京:华夏出版社,2010年,第32页。
③ 《工作与时日 神谱》,第31页。
④ 《工作与时日 神谱》,第4页。

(一) 两个命运女神

与前两代神相同的是,宙斯的统治同样需要力量。只不过,这种力量以某种新的方式转化成了命运与礼法。在乌兰诺斯和克罗诺斯的时代,人间没有礼法,天上却有命运。但克罗诺斯时代的命运与宙斯时代的命运不同,赫西俄德在描写命运女神时,曾道出她们的两种来源:他最先说命运三女神是夜神的女儿,但是后来又说是宙斯和忒弥斯的女儿。[1]乍看其中似乎有矛盾,但这恰恰反映了两个时代更迭的现实。夜神是第一代的天神,克罗诺斯只是推翻了乌兰诺斯,并未改变统治的方式和命运的秩序;宙斯则不同,在推翻克罗诺斯之后,他重新分配了诸神的权力,也即是安置第三代神的职能与使命。[2]总体上看,主宰命运的是力量,但宙斯本人并不是一个如乌兰诺斯(天)和克罗诺斯(时间)一般的强大统治者,他并非单独获得政权并进行统治,同时还依靠着其他诸神的帮助。因而在战争结束后就需要给这些神分配职权与荣誉。正是因为宙斯不再具有克罗诺斯般的绝对的统治力量,所以才需要一个更为公正的新秩序,即与诸神共同来统治。因而,秩序与命运也随着权力的更迭发生了变化。

新命运女神的诞生意味着宙斯为奥林波斯确立了新秩序,同时,人类也相应地拥有了礼法。忒弥斯名字的本意即是"礼法",她是三位命运女神的母亲[3],命运与正义和礼法有着天然的血脉联系,其根源同样来自宙斯。

通过《神谱》可以发现,除乌兰诺斯合乎自然的统治外,克罗诺斯和宙斯都是通过暴力而僭越为王的。如果从古希腊人的眼光看,克罗诺斯与宙斯都属于僭主一类。其实,僭主的生活并不像人们想象中那般幸福[4],由于他们靠暴力夺权,故每时每刻都生活在恐惧与紧张[5]中:一方面因自己的所作所为而抱有罪恶感,另一方面也担心自己会被同样的暴力推翻。所以明智的僭主会想办法改变这种状况。如果说克罗诺斯作为第一代僭主没有经验的话,那么宙斯无疑是看到了其父的前车之鉴,深知自己得来的权力并不正当,并且也如其父一样被预言将要为子女推翻,因而他一方面骗过代表智谋的墨提斯将其吞噬(比智谋更智谋),以防预言实现,另一方面重新建立一种众神信服的统治秩序,这种秩序不再唯力量至上,而转以公正。

---

[1] 《工作与时日 神谱》,第 33,52 页。
[2] 《工作与时日 神谱》,第 51 页。
[3] 《周作人译文全集》(第二卷),第 384 页;《工作与时日 神谱》,第 30,524 页。
[4] 施特劳斯、科耶夫《论僭政——色诺芬〈希耶罗〉义疏》,古热维奇、罗兹编,何地译,北京:华夏出版社,2006 年,第 7 页。
[5] 乌兰诺斯责骂克罗诺斯这代神为泰坦(紧张者),因为他们犯下了可怕的罪恶而处在紧张之中。

　　宙斯彻底变革了克罗诺斯及之前的统治方式。在乌兰诺斯与克罗诺斯的时代，最高统治者通过意志和力量直接统治宇宙，力量就是秩序；在宙斯时代，奥林波斯山以代表公正的命运来统治，在人间以法律的形式来代表公正。①可以说，恰恰是以公正为代表的新秩序的建立，使得宙斯改变了自己的命运（更迭了旧命运女神），运用智慧躲避了上代流传下来的命定的预言（吞掉墨提斯，比智慧者更智慧），最终建立其第三代的统治（法治）。当然，正如宙斯是联合众神一起推翻克罗诺斯的统治一样，在法制时代，法同样需要力量的维护和支持。②然而此时任何独夫都不再有绝对的力量来改变它，奥林波斯也已经进入了一个类似人间的贵族制甚至民主制的法治时代，因而，只要宙斯依据公正的天平而非自己的意志行事，那么他的统治就不会被推翻。

　　（二）礼法

　　柏拉图《法义》前三卷探究法的起源问题，在讨论过程中，三位分别来自雅典、斯巴达和克里特的老人从克里特的克诺索斯走向宙斯洞。克诺索斯是克里特的城市，是宙斯的儿子米诺斯的王宫③，而宙斯洞则是当时该亚藏匿宙斯来躲避被克罗诺斯吞噬命运的场所。从米诺斯到宙斯的这条路，其实就是追寻法之起源的道路。

　　法的起源无疑是神，但这个神不是克罗诺斯④，更不是乌兰诺斯，而是宙斯。与命运一样，法与神的意志相关，它首先代表的是神的意志和力量。但是，如前所述，第三代神的命运与前两代不同，宙斯在命运里面还加上了秩序与公正。在命运的定数下，宙斯也不会随意更改⑤，因为命运中除宙斯外还包含了诸神的意志，或者说，它是诸神共同达成的决定。⑥

　　这也就意味着，法律不单有强力、代表统治者的意志，同时还有新的属性：公正。因而克里特老人在说了法的起源之后，又补充道：米诺斯的兄弟拉达曼提斯最为公正。"我们克里特人可以肯定，拉达曼提斯在那些年代

---

　　①　《周作人译文全集》（第一卷），第 383 页。
　　②　可以发现，法律和命运背后运作的动力都是力量。没有力量，法律只是一纸空文，没有力量，面对命运只能服从。也正是由于力量的不同，诸神—英雄—凡人才会呈现出命运的差异（参看上一节内容）。
　　③　米诺斯文明大致对应于人类的青铜时代，也就是宙斯已经大权在握的时代。此前第一代的白银种族是宙斯所抛弃的种族，因为他们不敬奥林波斯的诸神（《神谱》，139）。青铜种族终结于黑死病，用自己的手毁了自己。《米诺斯》，第 31 页。
　　④　克罗诺斯的时代，没有礼法，神直接牧养人和动物。
　　⑤　《埃涅阿斯纪》，第 276 页。
　　⑥　《荷马史诗·奥德赛》，第 4 页；柏拉图：《厄庇诺米斯》，程志敏、崔嵬编译，北京：华夏出版社，2013 年，第 18 页。

正确管理了审判事务,而赢得了这个称颂。"①

　　虽然在《法义》的开始,三位对话者讨论的问题是"法的来源"。但在得到毫无争议的结论后,就开始转为讨论什么样的法才是最好的问题。这也就意味着,法的正当性并不重要,关键在于最好的法是什么。所以,《法义》讨论的起点是宙斯开始的法治时代,核心却是用什么样的法以及如何进行统治。

　　在宙斯的时代,宙斯虽强大,但倘若众神联合同样可以将其制服。②宙斯并不像乌兰诺斯或克罗诺斯那样拥有绝对的力量,可任意妄为。诸神之所以听命于他,恰因为宙斯代表了正义。在命运的公正安排下,每位神都得到了自己应得的部分,并不觉得缺少。命运一旦确定,所有诸神就共同遵从。③倘若有神僭越了这个尺度,就会受到责骂与惩罚④,甚至凡人都可因此进行指责。⑤

　　同样,与天上的宙斯相似,地上的巴西琉斯(王)也不是专制的暴君,他同样以公正为尺度。⑥命运只对神和英雄开放,凡人很少知道自己的命运⑦,因而,人间最好的统治不是僭政,而是法律。虽然法律与命运一样需要力量(这种强大有时也表现在智慧方面)的保证,在命运的层级上也对应着法的层级。⑧当然命运与礼法也存在些许差异:命运与力量直接相关,它使得对命运的遵从并不需要凭靠多少智慧,但对法的理解则需要智慧,特别是在立法者那里——宙斯兼为力量与智慧的代表。⑨人间的立法者同样

---

①　《柏拉图〈法义〉研究、翻译和笺注》第二卷,林志猛译,上海:华东师范大学出版社,2019 年,第 1 页。

②　《荷马史诗·伊利亚特》,第 17 页。

③　《埃涅阿斯纪》,第 13 页。

④　《周作人译文全集》(第一卷),第 319 页。

⑤　《周作人译文全集》(第二卷),第 21 页。

⑥　《米诺斯》,第 22,27 页。

⑦　中国古代也曾经历了"绝地天通"的转变。初期人与神是生活在同一个世界中的,这就像克罗诺斯的时代,人与神共同生活,神照料人类;但是到了宙斯时代,神不是直接与所有人保持这种关系,而是通过一些特殊的人,如先知、英雄、君王等,同时也通过与神相关的法律,来间接地与凡人维系这种关系。从克罗诺斯到宙斯的时代,也可以视为西方意义上的"绝地天通"。

⑧　在宙斯—诸神—英雄—凡人四个层面上,命运呈现为不同的层级。宙斯的力量最大,因而更能主宰命运,诸神的力量次于宙斯,但他们可以影响英雄与凡人的命运,英雄介乎神与人之间,因而他们的命运并不单一,自己可以做出选择,只有力量最弱小的凡人,他们甚至大都不了解自己的命运,即便少有的比较优秀的王者,在得知自己的命运时往往想要改变它,但最终也会遭到命运的惩罚。凡人在法律面前其实也并非完全平等,类似的差异同样存在于王者—贵族—平民—奴隶之间。

⑨　智慧的代表是宙斯,他是智慧与权力的结合者。赫拉,阿波罗、阿瑞斯等神也各有不同的品质,同时也有不同的追随他们的灵魂(《斐德若》,247a5,252e)。

需要智慧，《法义》就是在三位代表智慧的经验丰富的老人之间展开的对话。在《理想国》中，最正义的城邦需要哲人当王。之所以如此，不是由于智慧易于统治，哲人王的政治才最正义，相反，正是因为城邦需要正义，智慧才应统治。这也是为何，柏拉图和色诺芬笔下的苏格拉底，在讨论时都不区分智慧与政治实践中的德性明智①。政治生活中的明智可以等同智慧，而政治的最高德性则是公正，它是诸德性之首。

三、 战争与和平

荷马与赫西俄德是古希腊精神的起源，两人都吟唱神与人的故事。后人因此饶有兴趣地常把他们放在一起比较，其中有一篇《荷马与赫西俄德之间的辩论》②流传了下来：

> 据说在一次赛会上，荷马与赫西俄德参加了一场诗艺比赛，在比赛过程中，面对赫西俄德的质疑荷马都非常漂亮地应答自如。几乎所有人都认为荷马理当获胜。最后，国王潘纳岱斯请两位诗人各自吟唱最优美的诗句：赫西俄德吟唱了《工作与时日》的第 389—392 行；荷马则吟唱了他的《伊利亚特》的第十三卷的 126—134 和 339—344 行诗。但正就是这最后的吟唱，使得赫西俄德技高一筹，国王把桂冠赐给了他。**因为赫西俄德颂扬农业与和平，胜过描绘战争与屠杀的荷马。**

战争需要的是强大（德性），和平需要的是公正（秩序）。从克罗诺斯到宙斯，就是一个从混沌战乱到秩序和平的转变。

从方式上看，宙斯与克罗诺斯一样都凭借着暴力非法地获得了王位，这与人间僭主的所为无异。然而宙斯与克罗诺斯最大的不同是，其维护秩序的方式有所区别：克罗诺斯一以贯之，他凭借强力夺权，也通过强力维持，因而结局必然是被更强大的力量所推翻。这种统治方式类似于乌兰诺斯，但乌兰诺斯天然就是王，克罗诺斯却是后天的僭主；克罗诺斯的暴力源于第一代神的习俗，所以在第一代和第二代的政权更迭中，代表秩序的命运女神并未改变，其预言也皆成现实；第三代宙斯翻转了这种统治，他依靠强力夺权，但凭借智慧和公正来统治。这种方式不同于前（旧秩序下更迭

---

① 色诺芬在《回忆苏格拉底》(III, 9.4)直接指出这点；在柏拉图的《理想国》中，从第二卷苏格拉底开始构造城邦，到第四卷构造完成。苏格拉底都在混用 sophia 与 phronēsis，不加区别。

② 无名氏：《荷马与赫西俄德之间的辩论》，吴雅凌译，载于《经典与解释：康德与启蒙——纪念康德逝世二百周年》，刘小枫、陈少明主编，北京：华夏出版社，2004 年，第 294—305 页。

的方式是力量,新秩序下维持的方式是公正和智慧),新秩序的建立带来了新的命运女神。虽然代表公正的命运的背后仍是力量,但在宙斯时代,单凭力量不足以在新秩序下维持统治,所以根据乌兰诺斯与盖亚的预言,推翻宙斯统治的将是代表正义与智慧的墨提斯的子女。而宙斯通过智慧更改的新秩序,也使得这古老的命运发生了转变,在新命运女神的秩序下,经历了四个人类时代的宙斯都稳坐宝座。

天上的更迭使人类世界发生了相应的转变。从前直接为克罗诺斯统治的黄金种族,在天地的逆转中被大地埋葬,成为大地上的精灵。天上的革命开启了地上完全不同的秩序,此后白银种族与前代完全不同[①]:由于神与人不再发生直接关联,因而他们孩子气十足,长大了也依旧愚昧无知,同时他们"又不愿意崇拜神灵和给幸福神灵的祭坛献上祭品",始终与悲伤为伴。于是最终被宙斯所抛弃。之后几个时代的人类生活在同样的秩序下,因而他们一代比一代不幸和悲苦。但缺乏诸神直接照料的人类并未灭亡,因为宙斯虽然不再如克罗诺斯那样直接照管人类,却用代表公正的法律来保持着人类群体的生存。这种统治的方式也对应于奥林波斯山上的命运:在天上命运最高,在地上礼法最高。法来源于神,神遵从命运。命运与礼法背后同样依托力量,所以,如果面对一个更为强大的力量,命运和礼法都会发生改变,这类似于宙斯推翻克罗诺斯、僭主推翻王政的革命。但是,宙斯作为明智的僭主,为避免重蹈覆辙而重建了一套新的范式系统,在这个系统中,包括所有的神与人都要遵从公正的秩序。凡是触犯命运或法律者,都将受到公正的惩罚(人可能因此死亡,有生无死者则接受无尽的惩罚)。

力量代表着混乱与抗争,礼法代表着秩序与稳定。从力量向命运再到礼法的转变,意味着一种从战争向和平的进展。立法的目的不是战争,而是和平。但是,为什么旨在以命运和礼法来建立人间和平的宙斯的统治,人类却从白银时代一路下滑到最糟糕的黑铁时代[②],这或许就是礼法自身的限度了。

天上新秩序的形成影响着地上人类的变迁。人类从克罗诺斯直接统治的时代转变为宙斯的礼法和政治时代。前者直接统治不但关涉人类的

---

① 《工作与时日 神谱》,第 129 页。

② 其实这种从白银到黑铁的时代更迭也未必是直线下滑的。宙斯抛弃的是白银种族,因为他们不敬神(《工作与时日》,139)。而青铜种族死于自身:黑死病(《工作与时日》,155);英雄种族除了战死于忒拜及特洛伊的英雄外,其他人都获得了光荣(《工作与时日》,169)。只有黑铁时代是诗人所说的最糟糕的时代。

身体，还关涉他们的心灵。所以这样的人类正如牧群一般，为牧羊人所照料：

> "在舵手的引导下，宇宙滋养了在它自身之内的动物，产生大量的善举而罕有无益之事。但一旦离开了舵手，在刚被放开的时刻，宇宙尚能以最美的方式引导一切。而随着时间的流逝，以往在其自身中滋长，古老的不和谐的影响占据了支配地位。在这一时代的末了，这种不和谐迸发并达到极致。"①

因而在宙斯的时代，"人只能自己来安排生活方式，与作为一个整体的宇宙一样，自我照料，共同摹仿并且追随我们生于斯、长于斯的宇宙"②。人间的礼法所摹仿的就是整个宇宙中人与神都遵从的命运。

但法只是"（方）法"，不是人的目的。法治提供的是和平的保证，却没有照料人灵魂的成长。法的着眼是整体、普遍城邦的和平与秩序，但不关涉个人。克罗诺斯时代的直接统治，关涉每个人的成长，这些人没有内心的悲伤，也没有劳累和忧愁；而在宙斯的时代，人类照看自己。所以，与上个时代相比，人处于一种被抛弃的状态，人的自由并不意味着他的幸福，没有神的关照，人必须学会自我教育。但真正能通达的却少之又少，所以人类仍旧生活在愚昧、僭越和纷争之中。

不懂命运者才想改变命运；真正的智慧者不会想要改变而只会遵守它。能够做到这样"从心所欲不逾矩"的只有宙斯，尽管他也曾多次深处犹豫和矛盾之中。缺乏智慧的凡人、力量巨大但智慧微弱的英雄，从来不乏对命运抗争。任何秩序和大限都是一种圈定和划界，或者正是这种限制，反而激起了他们一次又一次的抗争，恰如始终相信"命运女神帮助的是勇敢者"的图尔努斯，即便到了大限之时仍旧说道：

> "现在，姐姐，现在我意识到了，命运的力量比我大，你不要阻拦我了，天神和无情的命运女神召唤我们到哪里去，我们就到那里去吧。我已经决心和埃涅阿斯交手，我已经决心承受死亡，不管它是多么残酷，姐姐，你是绝不会看到我把荣誉抛到脑后的。但是我首先求你让

---

① 柏拉图：《政治家》，洪涛译，上海：上海人民出版社，2006年，第34页。
② 《政治家》，第36页。

我在死以前再干一件疯狂的事。"①

从阿喀琉斯到赫克托尔、图尔努斯……这样的抗争一直没有间断,或许这就是有死者与不死神的本质差异。

---

① 《埃涅阿斯纪》,第347页。

第二章　历史与政治:柏拉图的政制秩序

古希腊有句名言:"城邦教育人"(πόλις ἄνδρα διδάσκει)①。城邦的出现代表人类文明的开始,从前个体生存的方式基本都保持着生物性的轮回重复,它们没有积累,没有传承。卢梭曾设想过人类文明之前的那种无历史状态:

> "在这种状态下,既无所谓教育,也无所谓进步,一代一代毫无进益地繁衍下去,每一代都从同样的起点开始。许多世纪都在原始时代的极其粗野的状态中度了过去;人类已经古老了,但人始终还是幼稚的。"②

家庭与城邦的出现使这种单一重复的生活方式发生了转变。上辈的经验得到了积累,后代在传承中教育成长,最终作为整体的人类文明得以延续与发展。可以说,城邦的出现代表了人类已经成为一种具有历史性的群体。在柏拉图和亚里士多德等古代哲人来看,人的历史,就是人类的文明史,即人的城邦和政治的发展史。

第一节　《法义》中的政制史

政制,或说城邦形式、政体形式,是柏拉图政治哲学的核心。无论在《理想国》、《法义》或《政治家》等作品中,柏拉图所描绘的历史始终围绕着政制这一恒久的主题。在《法义》的第三卷(676a—692b),来自雅典的异乡人专门讨论了"城邦政制的起源"问题,或者说,是把视角放"在一段无限长

---

① 西蒙尼德:残篇90。
② 卢梭:《论人类不平等的起源和基础》,李常山译,北京:商务印书馆,1997年,第107页。

的"这一历史时间中，来审视"诸城邦转向德性和邪恶的进程。"①

一、 历史上的第一种政制：父权制或君主制

在许多古老的传说中，就曾出现过成百上千个城邦，而在相当漫长的时间里，也有不计其数的这类城邦毁灭了，它们的出现与消亡如潮汐般往复。在这些传说中，一些今天还能听到的诸如大洪水、瘟疫等许多灾难，被极少数幸存下来的人记录并流传开来。②这些幸存者几乎都是居住在山上的牧羊人，他们没有精巧的技艺，特别是城邦居民所发明的用于相互攻击的武器和工具——这些发明来自超出本性的欲望③。而那些坐落在平原和沿海的先进城邦却都被毁灭了，他们所发明的技艺、工具乃至政治制度也都随之消亡。

这场浩劫后，大地一片荒芜，动物也几乎都死掉了，只留下一些牛和山羊幸存，从而也得以成为牧羊人的生活资料。首先，那时由于人烟稀少，他们因孤寂而相互喜爱，彼此充满善意。倘若能彼此遇到，大家都会格外高兴。而此前与之后那些在文明社会中出现的内讧、冲突和战争等都不会发生；其次，人们无需为食材争夺。因为那时的人以放牧为生，草木繁茂，所以也不缺少牛奶和肉类。此外，打猎所获得的食物数量也十分可观；再次，他们自己也还有充足的斗篷、被褥、房屋、炊具以及无需用火的器具。所以整体来看，他们的生活并不艰难，故而也不会因贫困而陷入纷争。文明世界的金银也毫无用处，他们也不会因此变得富裕。

以上就是那些被我们今天称为出生在反转时代④的原始人的处境。一个过得不富不贫的家庭，通常会出现最好类型的性情，傲慢、不义、嫉妒、恶意都没有生长的土壤。比起现代人，他们更不熟悉一般的技艺，尤其是政治和战争术，以及城邦中的诉讼、内战和各种用以相互伤害的诡计。事实上，他们生活得非常淳朴、勇敢，也明智，所以并不像我们今天这样需要一个立法者和法律的管理。他们凭天性就可以生活得很好，只需按照习惯去生活。

这种承袭祖辈们的传统生活的方式一般就被称作"父权制"。 荷马在《奥德赛》（第九卷，行112—115）中提到圆目巨人库克洛普斯家族时，就曾

---

① 《柏拉图〈法义〉研究、翻译和笺注》第二卷，林志猛译，上海：华东师范大学出版社，2019年，第44页。

② 可对观《蒂迈欧》和《克里底亚》中对大洪水的描述。

③ 可对观《理想国》（372e—373a）。

④ 即《政治家》中提到的永恒反转的宇宙的故事，见下文。

这样说过：

> "他们没有议事的集会，也没有法律。
>
> 他们居住在挺拔险峻的山峰之巅，
>
> 或者阴森幽暗的山谷，各人管束
>
> 自己的妻子儿女，不关心他人事情。"①

如此生活的人分散在各家庭或氏族中。最年长者凭借传承下来的权威进行统治，其他人就像鸟儿们聚成一群，受父亲的法律统治，这就是君主制中最为公正的形式（《法义》，680e）。

二、 第二种政制：贵族制

之后，随着人口增加，人们逐步聚集成一个更大的群体。那些住在山上的人开始回到平原，他们建造居所，从事农耕与种植，并在周边垒起防护的石墙，以防御野兽的侵袭。随着这些原本较小的居所逐渐扩大，小小的家族便逐渐形成了氏族。

但因为他们的祖先和文化各有不同，既有最年长的统治者，又有特殊的风俗，每个群体又都天然地最喜欢自己的习惯，这就导致了一些矛盾。为解决这些矛盾，他们一起选出了若干代表，由这些人共同来审查氏族的那些风俗习惯，从中挑出那些最适合的，再征得各家族首领和酋长们的同意。这些人就被后人称为"立法者"，由此也便形成了一种不同于父权君主制的、任命了行政官的贵族制（681d）。

三、 达尔达尼亚的政制

荷马在《伊利亚特》（第二十卷，行215）中曾提到过这种政制制度：

> "集云神宙斯首先生了达尔达诺斯，
>
> 他创建了达尔达尼亚，当时神圣的伊利昂
>
> 有死的凡人的城市，平原上还没有建起，
>
> 人们还在多泉的伊达山坡上居住。"②

---

① 荷马：《荷马史诗·奥德赛》，王焕生译，北京：人民文学出版社，2005年，第156页。

② 荷马：《荷马史诗·伊利亚特》，罗念生、王焕生译，北京：人民文学出版社，2006年，第466页。

当幸存的那些人从山上下来,回到平原后便建立了伊利昂。它坐落在一座小山上,有许多河流倾泻下来——这已经是在洪水过后很多年了,对那场灾难,他们几乎忘得一干二净。这一时期,许多人也在下游建立起了城市,并且不断发展壮大起来。或许也就是这些城邦中的一些人,即阿开奥斯人(Ἀχαιοί),对伊利昂进行了军事远征。他们从海上出发,因为那时候,造船术等都已恢复到了从前的水平,他们可以无所畏惧地利用大海了。这场战争持续了十年,最终他们攻陷了伊利昂。

然而,战争之后,许多不幸降落到了这些胜利者身上。当这些人凯旋回到家后,迎接他们的不是鲜花和善意,而是大量的处决、屠杀和流放。当流放者们卷土重来时,他们改了自己名字,将阿开奥斯改作多里斯(Δωριῆς)——因为他们在流放时,是多里欧斯(Δωριᾶ)这人把他们聚集起来的。[1]这便形成了第四种城邦。

四、 第四种城邦政制

这种城邦也被称为"民族"。当时,不仅拉克岱蒙,就连阿尔戈斯、迈锡尼等其他附属地,都为斯巴达人所统治。随后他们决定把军队分为三支,并建立了三个城邦,分别是阿尔戈斯、迈锡尼与拉克岱蒙。忒墨诺斯是阿尔戈斯的王,克瑞斯丰忒斯是迈锡尼的王,普罗克勒斯和欧律斯忒涅斯两人共同担任拉克岱蒙的王。

这三个城邦彼此宣誓,若有人要推翻其中一人的王位,其他人都会给被推翻者以帮助。而三位君王以及三个受君主制统治的城邦也都面向公法相互起誓,他们日后的统治不会加重;被统治的平民则宣誓,统治者若遵守誓言,他们也不会反过来推翻王权,同时也不会允许其他人这样做。在这一点上,公法保持了公正的品质:君主们会帮助蒙冤受屈的君王和平民,平民们也会帮助其他蒙冤受屈的平民或君王。

五、 多种权力混合的拉克岱蒙政制

第四种城邦一直持续到了柏拉图生活的时代,但阿尔戈斯和迈锡尼这两个城邦的政制和礼法都已经败坏了,唯有拉克岱蒙岿然不动。

之所以如此,原因首先在君王自己身上。在大多数情况下君王有一种通病:他们常常生活高傲放荡。阿尔戈斯与迈锡尼这两地的君王最先受此

---

[1]　关于这些内乱,荷马的《奥德赛》、埃斯库罗斯的《阿伽门农》以及修昔底德的《伯罗奔尼撒战争志》第一卷12.2都有提及:"希腊人过了很久才从伊利昂返回,他们的返回引起了许多变化,城邦普遍发生了内乱,一些人由此被逐出,他们建立了新城邦。"

病侵袭,欲求享用多于法律所规定的更多利益。这就造成了德不配位的情况,而君王们却洋洋得意,对其僭越行为自以为智慧。正是君主们的这种无度与骄狂,败坏了阿尔戈斯与迈锡尼。

受神恩典,拉克岱蒙的君王却幸运地避过了这种病症。因为他们的君王恰好是同母的孪生兄弟,这就避免了单个人可能倾向的自大与放荡。而在这之后,拉克岱蒙人又出现了英明如神的昌库古,他看到了这种统治体制仍有不稳定的因素,因而便设置了二十八位长老的议事会,把老年人的节制品德与家族的凝固力混合起来,使之均衡了君王的权力。此后,拉克岱蒙的第三位救星即忒奥彭珀斯出现了,他进一步平衡了君主与贵族的权力,设立了五位监察官,用以限制前两者。根据这三方面,拉克岱蒙的君主制就变成了各要素的混合体,取得了和谐稳定的体制,从而保存了自身。

以上就是柏拉图从历史的角度,梳理了希腊人从大洪水之后的诸种政制。可以看出,这样的政制嬗变并没有什么价值评价或优良对比,不同政制所依循的乃是人类生活环境的不同,也就是说,政治制度对应了当时的具体生活环境。随着地理、经济、人口等因素的变化,政制也在随之发生着改变。从大洪水到柏拉图所生活的时代,人类经历了父权制、贵族制、达尔达尼亚式的政制、民族政制乃至拉克岱蒙的混合政制。在这些政制中,雅典的异乡人只对拉克岱蒙的混合政制表示了赞许(部分原因是对话者之一墨吉罗斯为斯巴达人),这一政制体现了双王的君主制、元老院为代表的贵族制以及平民的监察官的三权分离,这是一种类似之后亚里士多德所提及的混合制或说共和制政体,共和时代的罗马政制也可视为对其的摹仿。

在此之后,来自雅典的异乡人又分别研究了波斯与雅典的两种政体制度。他提到,各种政制都有两个母本,分别是"君主制"与"民主制"。波斯的政制是君主制的顶峰,而雅典则是民主制的顶峰,其他一切政制都是这两者的混合。倘若有城邦不分有这两种政制的任何一种,就不会有良好的政治生活(《法义》,693d—693e4)。

第二节 《理想国》与《政治家》的政制嬗变

一、《理想国》中的五种政制退变

《理想国》原名为"Πολιτεία"(Politeia),可译为"公民身份"、"公民的生活"以及"全体公民",也可以指"政府"、"国家"以及广义上的"国家体制"、

"政体制度"等。这个词来源于"Πόλις",指"城邦"、"国家"、"全体公民"等。①与中文流行的"理想国"、"共和国"等含义稍有区别,柏拉图这本著作的主旨,首先在于探讨"何谓正义"的问题。②正义首先关乎人的品性,而非城邦。只是,作为一种"大写的人",城邦可以作为人之参照,通过考察"正义的城邦",就可以更清楚地看到"正义的人"(《理想国》,368d—369b)。因而,从第二卷开始,全书就开始围绕"何为正义的城邦"的主题进行探讨。而在这一过程中,正义被定义为"一人一事、各司其职",所以正义的城邦也就是每一个人都能"各尽所能,各尽其长"的分工合作的城邦。如此,在第七卷探讨完最正义的城邦之后,全书可以说已经达到了其想要答案。后面关于从君主制或贵族制,过渡到不正义的城邦,诸如关于克里特斯巴达的爱荣誉政体、寡头、民主乃至僭主政体的讨论,其实都是"最正义城邦"的变化形式(《理想国》,543e3)。

严格说来,只有第一种城邦的政制才被称为真正的"Πολιτεία",特别是该书标题使用的是这个词的单数形式,这也就意味着真正的城邦只有一种,后面四种错误或有缺陷的政体不过是第一种的病态变化。正如一个犯错的医生不是真正的医生、一个犯错的政治家不能被称为政治家一样(《理想国》,340d—341a),后面四种坏政体也不是真正意义上的政体。

但关于败坏城邦的讨论也是必需的,正如构建城邦需要看它是如何形成的,同样,关于完整的城邦考察还要看它是如何一步步朽坏的(369a—369b)。这样的研究就是对"城邦"完整历史的考察。

曾有人认为,柏拉图在这里对政体的考察不够全面,不及亚里士多德在《政治学》中的总结——他在五种政体的基础上增补了另一种。亚里士多德借鉴了柏拉图在最好政体的人数上的区分(《理想国》,445d—e),从而列出了三种好的政体,与之相对的则是三种退变的政体。在好的政体中,根据统治者的人数,可以分为:君主制、贵族制与混合或说共和政体,与之相对的三种坏政体分别是:僭主制、寡头制和民主制。

与柏拉图相似,在亚里士多德看来,错误的或者有缺陷的政体并不算严格意义上的政体,因为它本身不够稳定,隐藏很大的倾覆可能性。因而,虽然亚里士多德认同君主制是最好的政体制度,但他更认同于好政体中的

---

① 罗念生、水建馥编:《古希腊语汉语词典》,北京:商务印书馆,2014 年,第 700 页。

② 正如"Respublica"(英文即 Republic,"共和国")是"Πολιτεία"的拉丁文意译一样,"理想国"是中文的意译。这个翻译据说最早是日本人木村鹰太郎 1906 年用汉语词汇翻译的。1921 年,我国学者吴献书翻译时沿用了该名,遂持续至今。

第三种，即他所填补的混合或说共和政体。因为与前两者比较，后者更为稳定，且实现的概率更大。为此，他甚至直接用了柏拉图的"Πολιτεία"这个词来称呼这种政体。

根据这种看法，似乎亚里士多德比柏拉图看得更全面些，一方面他扩展了政体的数量，使之更符合好坏政体的对应，另一方面他将最好政体的标准丰富化，以"可实现性"作为另一个重要的衡量指标。但是，如果我们离开一般公民生活的政治城邦（《理想国》），转到更为宏大的宇宙视野（《政治家》），那么就能发现，柏拉图不仅早已提到亚里士多德这里列举出的六种政体制度，他甚至更多地提到了七种政体。并在此之后，又一次地强调了政体制度的唯一。

二、《政治家》中的七种政制

公民生活于城邦，城邦的运转则离不开它的大脑——统治者。《理想国》讨论的是何为最好城邦的问题，《政治家》则讨论的何为最好统治者（政治家）的问题。在这篇对话中，"异邦人"区分了两类统治者：一个是自私自利的专制君主，另一个是为了民众的政治家。这类似于《理想国》第一卷中苏格拉底与色拉叙马霍斯的争论。如此，根据统治者的不同，其政体制度可以分为三类，共七种：

第一类政制只有一种，它乃是真正的政制，其形式为神直接进行统治。这是人类的"黄金时代"，克罗诺斯与诸神直接统治人类。之所以被神来统治更好，乃是因为"人的自然本性根本不可能掌控自己的事务，当他拥有主宰一切的权威时，就必然会出现放肆和不义之举。"①人是一种不可自控的生物，他们难以自持，需要被神来安排和照顾。或许这样看上去人就像神的玩物或牵线木偶（《法义》，644d5—645c5），但这样的安排却是对人类最好的。因为牵引人自身的是欲望和快乐，而神的那根线却是神圣的黄金。

除掌舵整个宇宙的运行外，克罗诺斯还在人类的城邦中设立了君王与统治者。这些人虽被赋予了这样的名字，但他们不是人类，而是精灵，是一种区别于人的更神圣的种族。②服从克罗诺斯安排的精灵种族，他们的统

---

① 《柏拉图〈法义〉研究、翻译和笺注》第二卷。第77页。
② 在赫西俄德的神话中，黄金时代死去的人类就变成了大地的精灵。这一时期对应的是人类的第二个时代，即白银时代。根据《工作与时日》（134—140），宙斯消灭了白银时代的人类，因为他们不尊敬奥林波斯的诸神。这似乎暗指白银时代的人类本是克罗诺斯统治下的，当宙斯推翻克罗诺斯的统治后，才会有白银时代的人类不尊敬宙斯的可能。关于白银时代的创造者，《工作与时日》并未提及，但结合以上柏拉图的相关文本，似乎白银时代的人类仍然生活在克罗诺斯统治的时代，或者至少是，在天上发生了宙斯推翻克罗诺斯统治的事件。

治就如同我们对待牛羊那样，不让它们自己来统治，而是交由牧羊人去负责。因为人好过牛羊。克罗诺斯也是这样，他让精灵这个更好的种族来管理和照料人类。而这些精灵们也是名副其实的政治家，他们毫不吝惜地为人类提供和平、敬畏、善法与正义，使人与人之间没有内讧和纷争，生活幸福。但如果这个统治者不是神或精灵，而是普通的人类，即便他使用了同样的方式，但因与神比，人的灵魂天然具有缺陷，那么这人就只会沉湎于自己的欲望和快乐，一旦掌握了统治的力量，他就只会为自己牟利。

黄金时代神话的背景来自赫西俄德的《工作与时日》。在那里，诗人回溯了人类所经历的五个时代：黄金时代、白银时代、青铜时代、英雄时代和黑铁时代。在这个神话中，人类的历史就是一个逐渐堕落衰败的历史，黄金时代由克罗诺斯和诸神直接统治，但自白银时代开始，宙斯改变了统治人类的方式①，从前直接由诸神和精灵来照料的人类被放手，转交由"法律"来负责统治。人类进入了第二类的政治生活。

严格说来，第一类的生活是动物性的，因为他们是被照料的对象，由神来负责。而后两类的生活方式则是政治性的，也就是人类统治自己。在这种政治性的生活里，根据是否遵循法律，就可以区别出第二与第三类的政制：

第二类的政制是在法律的统治下，共分三种，分别是君主制、贵族制，以及遵循法律的民主制；与之相对，第三类政制是不遵循法律的制度，他们是僭主制、寡头制和无法的民主制。

第二类和第三类政体虽然都是人自己统治自己，但他们又分别模仿了神。

第二类遵循神的法律。也就是说，神虽然不直接管理人类了，但代表神的法律却存在。一方面，与神的统治相比，法的统治并不那么优秀，因为被统治者的情况千差万别，法律不可能面面俱到，为所有人提供最好且最正义的处理（《政治家》，303b）。但另一方面，法的起源又是神（《法义》，624a），人类只要继续遵循法律，就仍可以生活在幸福中。因为法的设立同样是为了人类，即最大多数的人的利益（《政治家》，295a），在这一点上，它又优于直接被人所统治的第三类政制，因而它是仅次于神的直接统治。

第三类的三种坏政体摹仿的是神的直接统治。正如前面所说，在没有代表神意的法律的限制下，人治的后果就是统治者偏向自身之利益，其行为皆是为了自己而非被统治者。

---

① 可参看本书第一章第二节"命运与礼法"部分。

综上，在《政治家》中，柏拉图列出了这样七种政体制度：即第一种是有智慧的国王（如神一般）的统治、中间三种是君主制、贵族制和有法的民主制，最后三种是僭主制、寡头制和无法的民主制。而在这七种政体中，

> "那卓绝之正当政体，就是可以发现其中统治者真正依照技能而不仅仅在表面上拥有它们的唯一政体，而不管其统治是否依照法律、是否（出于臣民之）自愿、统治者本人是穷人还是富人，因为依照正确性，所有这些东西都不必备当做要素来考虑。
>
> ……至于我们所谈论的其他政体，我们认为，它们不是真正的（正当的）政体，就它们的存在而言，它们不是，但是，它们是这一种政体的摹仿，那些我们认为具有优良礼法的政体摹仿得漂亮一些，其他的则摹仿得难看一点。"[1]

在这一点上，《政治家》与《理想国》是一致的，即都认为唯有第一种才是真正的政体制度，此外都是它的摹仿。

第三节　政制之上的宇宙秩序

在《城邦变形记》中，皮埃尔·马南曾不点名地批评了洛维特对古希腊人历史观的看法：

> "曾有论者认为希腊人不晓得历史，他们对时间的理解只是循环性的，而历史的线性时间始于基督教或者现代历史哲学。这并不成立。希腊人非常清楚政治历史之不可逆的时间。亚里士多德就像托克维尔一样，能够观察到民主是他那个时代依然可能的唯一政体。"[2]

这一评判是非参半。在城邦的更迭问题上，无论柏拉图抑或亚里士多德，都没有特别明显的政制历史方面的循环论，只有到了波利比乌斯那里，政体循环论的看法才被明确地提了出来。亚里士多德只提到了几种政体相互转化的可能，而好的民主制乃是最稳固、最不易变化的一种形式；在

---

① 柏拉图：《政治家》，洪涛译，上海：世纪出版集团，2006年，第73—74页。

② 皮埃尔·马南：《城邦变形记》，曹明、苏婉儿译，桂林：广西师范大学出版社，2019年，导论第5页。

《理想国》中,苏格拉底给出的是城邦退化的历史;《法义》中来自雅典的异邦人描绘的同样是城邦从神话传说发展到当时的历史,与亚里士多德类似,他只对当前的拉克岱蒙人的混合政体表示了赞许,除了决定政制的生活方式(历史背景)外,并没有一条明晰的政制史发展规律。即便在《政治家》中,城邦同样反应的是克罗诺斯统治之后的不同变化,在是否有将法律作为指导原则下,异邦人与亚里士多德相似,区分了好坏共六种政体形式。这样来看,似乎历史确实如混沌般没有规律。

但是,当我们把视野从人类政治提升到更宏大的宇宙方面,马南所批评的那种循环论就会再次出现。这种宇宙观就是《政治家》中,异邦人所描绘的永恒反转的宇宙神话。这个神话出现在七种政体提出之前,其主题是关于太阳、星辰、地球乃至宇宙整体运转改变的故事,而人类就生活在其中的一个"翻转"时代。

在当今之前的一个时代,一切生物都与今天不同,它们都不是变老,而是与今天完全相反,会从年老变为年轻,进而变得和孩童一样稚嫩;老人的白发逐渐变黑,长满胡须的脸颊也会变得光洁;年轻人的身体一天天变得纤弱瘦小,最后变成了新生儿的模样,无论肉体还是心灵,都越来越像婴儿;而婴儿则会进一步萎缩,直至彻底消失。生物的繁衍也不像今天这样。人直接从大地诞生,一方面老人逐渐会变成小孩,另一方面,大地掩埋的死者会重新爬起来复活。一切都与今人的生老病死过程相反。

那时的人由神直接统治。那个神不是宙斯,而是他的父亲克罗诺斯。其他的神也是人类和众多生物的守护神,就像牧羊人去关心羊群一样。在牧群中间,没有野蛮的弱肉强食,既没有战争,也没有内讧。树上和林子里都有食之不尽、种类繁多的水果。他们也不需要农耕,植物都从地上自发生长出来。人类不需要衣服取暖,因为那时没有四季,气候宜人,故而没有湿热寒暑;他们也不需要睡床与房屋,因为大地生长的丰茂草原就是最好的床褥。生活在这个时代的人有大量的闲暇,且不单能与人交往,还能与兽类沟通。他们在这些交往沟通中共同研究哲学和知识,并通过对世间万事万物的探究积聚增长了智慧。

那时的人类比今天的人幸福千倍,但因为所有人都是一次次地由大地上获得生命,所以他们没有关于过去和历史的经历与回忆。至今一些残留的古老记载是我们这代人类祖先的记忆,他们当时就生活在上一次神的统治和翻转的那个时代,所以才有机会留下了这些记录残片。

在上个时代的末期,神像舵手一样,放开了对宇宙的控制,悄然离去。

于是宇宙按照与此前相反的方向,开始自行倒转。这个过程就像给机械钟表上发条那样,当发条上满之后,它就会向相反的方向自行运转。与此同时,那些照顾我们的其他诸神也一样,他们纷纷离去,地球便也开始了反向旋转。由于这种反向,大地发生了持续不断的震荡,巨大的力量推动并震撼着它,导致了近乎所有动物的灭绝。

一段时间后,这些震动才逐渐稳定下来,一切重新变得风和日丽,宇宙在新的秩序下步入了新的轨道。这时的宇宙不再由克罗诺斯直接操控,而是根据其固有的秩序和法则去运转,万物也都自己照料着自己。于是就像我们今天看到的,那些曾经微小甚至将要消失的动物,开始长大成熟,那些曾从大地中诞生的孩子开始变成青年,之后日渐老去,垂死并重归大地。其他所有的一切生物也都发生了这种变化:从怀胎、出生、养育到死亡,都是这一过程的模仿。

没有了守护神的照料,许多兽类也逐渐不再温顺,开始变得野蛮。人也没有了守护,在最初的年代,他们还不曾有任何的发明和技艺,因而非常虚弱,无力自卫,常常被野兽吃掉。于是人类陷入了无能为力的巨大困顿中,这就是另一个流传已久的传说:一个关于人的天赋才能来自普罗米修斯和雅典娜的传说。而自从人类开启了智慧,有了技艺和发明后,他们才逐渐能够自我照料,模仿和学习整个自然世界的运转规律,从而逐渐变成了我们今天的文明的模样。

但是,宇宙的运转并不就是这样结束了。这个时代的开始来源于宇宙的反向运动,其终结同样也来源于再一次的反转。在这个时代的开始,万事万物都还崭新初创,宇宙尚能以最美的方式,按照其固有的秩序运转,但时间长了,它就不免有些迟钝,不和谐的影响开始慢慢占据支配地位。因而,在这个时代的末期,当一切的不和谐与混乱达到了顶点,神会重新垂怜宇宙,担心这种混乱会致使整个宇宙的瓦解,这样祂又会重回舵手的位置,扭转这个自我旋转的世界,使之得到校正,从而由神所直接统治的新时代会再次到来,就像我们这个翻转时代之前的时代一样。

这就是《政治家》中所提到的宇宙循环的神话。这个神话将政制和人类的历史纳入其中,以一种更为宏大的视野来呈现人类历史和文明的渺小短暂。因而,柏拉图的历史哲学,从政治层面来看似乎具有马南所提到不可逆性,但在宇宙论层面,则仍是如洛维特所提到的,具有某种循环论的特质。

马南的历史观是政治的,因为在他看来,"西方运动的开端是希腊城邦的运动……以后的历史似乎是对政治形式不断更新的追求。"但洛维特的观点更宏大,是从高于人类生活的宇宙和时间层面的思考,这一视角自然带有基督教的色彩——政治的或说世俗的世界在基督教思想中的处在非常低微的部分——因而更为宏大的神意和宇宙的秩序远远超越了城邦的视域。城邦只是这种宇宙秩序的摹仿,是它的部分呈现。正如《政治家》神话提到的,人类所生活的时代不过是第一次反转宇宙的一个开始,它开始于神的放手和静观;而在这个时代的结尾,神会重新操盘这个宇宙,以一种反转的形式再次掌舵一切。

作为对话,柏拉图的作品是多样的,其中不乏循环论,例如在《蒂迈欧》与《克里底亚》中提到的举世无双的亚特兰蒂斯、勇猛抗击它的古雅典、一直幸存的埃及、随后崛起的波斯、强如帝国的新雅典、伯罗奔尼撒战争中的斯巴达……这些往昔的强国都在历史中浮沉消亡,一些弱小的国家也从弹丸之地变成了强大的帝国,在这些斗转星移的变幻中,那持续永恒的是什么? 探究这个问题是历史哲学家的主要目的,而在柏拉图看来,永恒的乃是宇宙的秩序,在《法义》、《政治家》以及《蒂迈欧》等对话中,他都或隐或显地将这种循环论呈现出来,而作为地球上的人类,他们要做的就是让自己的生活符合自然,尽可能地摹仿这种秩序。因而,城邦或说良好政治制度的问题,就是柏拉图所致力的实际工作。

第三章　历史与哲学：探究的智慧

> 因为"惊奇"这种感受确实是哲学家特有的。除了惊奇之外，哲学没有别的开端。

> ——《泰阿泰德》155d

　　强调哲学源于惊异（θαῦμα）或惊异之感（πάθος，pathos）并非断言哲学为何，亚里士多德《形而上学》①里的描述也非定义。哲学源于惊异，并不意味着惊异即是哲学的本质。它是哲学的开端或者起源，却又不单如此，②作为感觉，或说情绪，它是哲学研究的动力，就像理性御者的良马。哲学与惊异的关系并不意味着哲学垄断了它，同样源于惊异的还有其他学科，"惊异"代表着对一件事的惊奇，并意图探寻其原因。故而，亚里士多德隔行就指出：惊异并非单指作哲学（爱智慧），爱好神话的人也是爱智慧的。③或许在今天，这种关联早已被科学打断了④，然而，古今的差异启发着我们去重新思考"惊异"问题，追问在 pathos 推动下哲学的本来面目。从某种层面看，历史也是源于惊异的一门关于"探究"的学问，但亚里士多德在《诗学》⑤中明确否认了历史作为"学"的可能。这一观点唯有通过对历史与哲学之演变的考察才能得到理解，并因此才能够揭示为何二者在相同的源流下却出现了分殊。

---

　　① "古今来人们开始哲理探索，都应起于对自然万物的惊异"。亚里士多德：《形而上学》，吴寿彭译，北京：商务印书馆，1996 年，第 5 页。
　　② 海德格尔在法国诺曼底曾有一篇"什么是哲学？"的讲座。在他看来，惊异的情绪是哲学的开端（ἀρχή）。但开端并不意味着一旦开始，相对于随后的过程就成了过去。它不像外科医生在手术前的洗手：洗手是手术前的事情，一旦洗过也就结束了，手术过程便与它无关。海德格尔强调了惊异的情绪性（pathos），将其作为哲学研究中每个步骤都必须的动力，惊异就是这种情绪的迸发，它是一种合辙——即同存在者之存在的响应。
　　③ 《形而上学》，第 5 页。
　　④ 柯林伍德：《历史的观念》何兆武等译，北京：北京大学出版社，2010 年，第 11 页。
　　⑤ 亚里士多德：《诗学》，陈中梅译，北京：商务印书馆，2009 年，第 81 页。

在《历史》开篇，希罗多德就坦言该书的目的是"保存人类的功业……使……丰功伟绩不至于失去它们的光彩"，但"特别是为了把他们发生纷争的原因给记载下来"①。希罗多德秉承了赫卡特奥斯②的散文诗体，它区别于荷马史诗的六音步诗体。也正是从希罗多德开始，"历史"成为一种新的书写体例流传开来。与今天追求科学客观的史学不同，《历史》中充满了神话与传说，有些甚至是作者的猜测和构想。③同时，该书也没有很强的时代感，只是把事件逐一纪录。希罗多德开创的文体被后人称为考古文体，该文体"偏向对典章制度、文物风俗的静态观察，不在乎'时间'这个因素，所以不重视对政治发生史的纪录，而更倾向于不同文明的比较"④。因此，希罗多德也被认为是没有祖国意识的"世界公民"。如他在卷首说的那样：想保存"人类的功业"，使其不致因年久日深而被遗忘。这些功业既有希腊人的，也有异邦人的，并且他特别想要探究的，是这些事情发生的"原因"。

第一节　history 考辨

从词源学上看，"历史"西文写作：historia，希腊文为 ἱστορία，英语 history 即由此而来。在希罗多德那里，historia 本义为"探究"或"询问"，是对听闻之事向了解的人或记录者去"打听"，通过探问与考察来找出其中之原委。因而，与今天理解的"历史"不同，《历史》一书涉及的内容十分广泛，希罗多德不仅记述了希腊人与波斯人的战争史，还提到了许多奇异传说，这与荷马史诗重视教育而轻视史实考据十分相似；在语言运用和故事组织方面，希罗多德也颇具荷马的遗风。他出生于小亚细亚的多利斯，母语为多利斯方言，但他写作时使用的却是伊奥尼亚方言（荷马史诗的方言）。从某种意义上看，希罗多德是在荷马的基础上开始写作的，考察希罗多德与荷马的关系，能更好地理解《历史》的本意。

希罗多德是第一个使用 historia 的人，这个词在迄今留存的荷马史诗中都未曾出现。但在《伊利亚特》里可以找到一个与之相近的词汇：histōr。

---

① 希罗多德：《历史》，王以铸译，北京：商务印书馆，2010 年，第 1 页。

② Ἐκαταῖος（Hecataeus），公元前五世纪左右的历史学家。

③ 如书的前半部分大都是对吕底亚、美狄亚、波斯、巴比伦、埃及等地区奇异故事的记述。

④ 萌萌主编：《启示与理性："古今之争"背后的"诸神之争"》，上海：三联书店，华东师范大学出版社，2006 年，第 198 页。

《历史》卷一中提到的"探究"就是该词的变化形式。因而，考察 histōr 的含义将有助于理解"历史"，并能发现历史（研究）与哲学（爱智之学）的某些共通之处。①

在《伊利亚特》中，histōr 出现了两次。第一次在第十八卷（490—508）②，忒提斯请求火神赫淮斯托斯为阿喀琉斯打造一件新铠甲。火神打造了一面巨大的盾牌，并在盾面上绘制了很多图案。在这些图案中，有一幅描绘的是城市中举行婚礼和饮宴的场面。同时，在广场上还发生了一起因命案而引发的争端。双方因赔偿问题产生了争执，遂决定将其交由 histōr 裁断。长老们围坐在光滑的石板上，手持权杖作出决断。场子中央有两塔兰同③黄金，谁解释法律最公正，黄金就奖励给谁。

另一处出现 histōr 的是第二十三卷（485—487）。当时墨涅拉奥斯与安提洛科斯正在进行御车竞赛，埃阿斯与伊多墨纽斯为两人谁能取胜而争得面红耳赤，于是伊多墨纽斯对埃阿斯说，要用一只铜鼎或大锅作为赌注，并请阿伽门农为他们当 histōr。

在《histōr 考辨》中程志敏教授总结了 histōr 的三种解释：

第一种以德国古典语文学家霍默尔（Hildebrecht Hommel）为代表。他认为 histōr 是指出席审判大会的长老。两个争执者自愿将裁决权交付长老们来决定，它类似于现代的仲裁。但此解释现代气息过重，有以今观古的味道。

第二种解释从 histōr 的词义出发。认为长老并不是这场争执的裁断者，并且争执也并非用仲裁来解决。该观点的代表人物是沃尔夫。他认为在荷马时代，仲裁的权威并没有想象中那么强，广场上的长老并不是仲裁者，而是秩序的维持者。沃尔夫称之为"police protection"（公安保护），他们维持场面秩序，防止两方出现过激行为，同时也对整个过程起监督作用。而 histōr 代表的是对事实有直接知识、能够为争执提出解决方案的人。因此，他不一定是长老，也可以是民众，只要有相关的知识即可。现场那两塔兰同的黄金就是为奖励此人准备的。这种解释民主色彩似乎过重，由于民主制的一次较大改革是在梭伦时期（公元前六世纪左右）才完成的，而通常认为荷马活跃于公元前八世纪左右（特洛伊战争则更为久远），那时并无如此浓厚的民主思想。

---

① 本文语源学的内容，参考了程志敏教授的《histōr 考辨》。萌萌学术工作室主编：《启示与理性："中国人问题"与"犹太人问题"》，北京：生活·读书·新知三联书店，2011 年，第 307—325 页。

② 荷马：《荷马史诗·伊利亚特》，罗念生译，北京：人民文学出版社，2008 年，第 438 页。

③ 古希腊重量单位。

第三种解释的代表人物是 Thur,他以当时希腊背景为参照,认为 histōr 是神明,是当事人立誓的对象。Thur 的解释来源于其对"dikē"(正义)的理解。在古希腊时期,宗教是整个城邦社会的重要影响元素,dikē 一词并不像现代那样局限在法律层面。"正义"常与神明相关。而与 dikē 相关的 dikazein 就不仅是现代意义上的"审判",而且还有"选择正确的誓言"的含义。关于誓言判决,用现代思想来理解或许较为困难,但这一传统在古罗马时期也还留存着。朱塞佩-格罗索在《罗马法史》中这样写道:

> "在历史时代,这种赌誓变成了一种赌博,输者应将赌输的钱款交给国库(in publicum cedebat)。但是在最初时,这种赌誓具有宗教特点,它通过双方发誓的方式表现神的参与。……执法官还要求双方当事人作出保证:在败诉的情况下将支付赌誓的款额(summa sacramenti)。因此,在确定审判员(iudex,他可以是由执法官双方当事人协商后选派的一个私人,在某些情况下,也可以是"百人审判团"或"十人审判团")之后,当事人接受该审判员的审理;审判员应当决定谁的赌誓是正确的(iustum),谁的是不正确的(iniustum);关于财产争议问题的解决也取决于审判员的这一裁定。"①

可见,"法律诉讼"程序中包含了强烈的宗教赌誓色彩。誓言完毕,由一名审判员来确定谁所立的誓言最正确,谁的不正确。"誓金法律诉讼"是当事人以誓金的方式,向审理人保证,做出誓言。因此可以设想,阿喀琉斯之盾上所描绘的那两百塔兰同,很可能是争讼双方的"誓金"。

关于埃阿斯与伊多墨纽斯的争论似乎更能解释这一点。伊多墨纽斯想要请阿伽门农当 histōr,并以一个三角鼎(或一口大锅)作为赌注。而阿伽门农就类似这样的立誓者。

在荷马史诗中,还有一个同 histōr 同根同形的词:istō。它在《伊利亚特》和《奥德赛》两部史诗中出现了十多次,含义多指"见证""作证"。基本上都是用在请求神为自己的誓言作证方面。②istō 与 histōr 都源于 eido③,后者常被译为"理念"——idea(理念)正是由 eido 变化而来——它的本意指"形状""外表""形式"或"姿态",而学界公认 istō 和 histōr 以及后来的"历史"(historia)都来自—id—和—eid—或—oid—。也就是说,这三个词

---

① 朱塞佩-格罗索:《罗马法史》,黄风译,北京:中国政法大学出版社,2009 年,第 93 页。
② 《启示与理性:"中国人问题"与"犹太人问题"》,第 313 页。
③ istō 是 eido 的第三人称单数命令式的完成时。

具有同一个来源,都与"看""调查""作证"相关。

从 histōr 和 istō 与"历史"的关系,我们大致可以推断 historia 的含义:它与前两者一样,都同 eido 相关,同时又有"调查""探究"的意义。而我们知道,哲学同"理念"的关系实在太密切了。

第二节 智慧和哲学

"哲学"西文写作:philosophy,这个词由 phila(爱)和 sophia(智慧)组合而成,意即"爱智慧"。"智慧"这个词的含义并不限于今天理解的抽象意义上哲学家关于理念的知识。明确做出区分的是亚里士多德,他在《尼各马可伦理学》中提到了两种德性:道德德性与理智德性,它们分别对应两种智慧:实践智慧与理论智慧(1139a25)。前者是实践方面的运用,后者则关乎理性的认识,二者类似于知其然与知其所以然。这样看来,显然后者高于前者。① 而理论与实践的区分在柏拉图那里不甚明显,在《理想国》中他常混用 sophia(智慧)与 phronēsis(明智)②,在更早些的时候,二者没有如此大的区分,"智慧"的含义十分广泛。

如赫拉克利特残篇 35 曾这样写道:

> (因为,根据赫拉克利特所言,那些)爱智者应当成为多个领域的探索者。③

在这句残篇中,赫拉克利特直接将"爱智"与"探索"放在一起。意即:如果想要成为一个爱智慧的人,就一定要在多方面保持探究精神,每个领域都要进行研究。有学者曾指责这句残篇的可信度:"多个领域的探究者"可归为赫拉克利特的原话,但"那些爱智者"有可能是克莱门特的添加。尽管如此,学界认为,即便没有克莱门特添加的这段话,该句的主语依然可能是类似于"真正热爱真理的人"④。

---

① 理论智慧高于实践智慧的另一个理由是它更为自足。

② 从《理想国》第二卷开始苏格拉底开始构造城邦,到第四卷城邦构造完毕。其中凡涉及城邦的四德性之首的智慧时,往往混用 sophia 与 phronēsis,不加区别。

③ 赫拉克利特:《赫拉克利特著作残篇》,T. M. 罗宾森英译、评注,楚荷中译,广西:广西师范大学出版社,2007 年,第 47 页。

④ 《赫拉克利特著作残篇》,第 176 页。

但我们也应注意到赫拉克利特残篇 40 所表达的与残篇 35 似乎矛盾的话：

> 博学并不能教会(一个人拥有)智识，(否则)它早就教会了赫西俄德和毕达哥拉斯，或者因此(?)教会了色诺芬尼和赫卡特奥斯。[①]

从文意来看，似乎广博的知识并不代表一个人的智慧。毕达哥拉斯和色诺芬尼(自然哲人)，赫西俄德和赫卡特奥斯(荷马式的诗人和历史学家)，这几位在赫拉克利特看来仍不够有智慧。赫拉克利特一向以"藐视平庸民众"著称。在残篇 81 与残篇 129，他公然声称"毕达哥拉斯是骗子"。在残篇 57 与残篇 106 中，他批评赫西俄德是一个"不懂日与夜是什么的人"。这些批评的缘由和针对的方面我们并不清楚，分析者猜测[②]，或许赫拉克利特是觉得毕达哥拉斯没有注意到系统研究哲学与零散研究的区别，散漫的研究只能见树不见林，无法真正贴近真理；而批评赫西俄德则在于，虽然表面上赫西俄德似乎懂很多事，但他看不到这些事情背后的真正原因。

由此，我们会发现，残篇 35 说"爱智慧者应当是多方面的探究者"，但正如爱智慧者并不等同于有智慧一样，多方面的探究者也并不等同于洞察了对象的本质。研究并不代表能获得真正的知识，就像赫拉克利特批评的赫西俄德那样，诗人知道很多事情，知道白昼和黑夜，但他并不知道白昼和黑夜的本质——两者原是一体，是恒久有效的逻各斯(残篇 1)。在赫拉克利特看来，探究一切事情，并不就意味着拥有智慧，智慧只在于一件事，即知道如何运用思想(残篇 112)。思想人人都有(残篇 113)，但唯有在丰富的阅历上运用思想，去认识那个万物的道(逻各斯)的人，才能被称为有智慧。退一步说，即便最有智慧的人，在神的面前其智力也像个猴子，真正拥有智慧的是神(残篇 83)。故而，爱智慧与拥有智慧的差别，无论在哲学(爱智慧)上还是在历史(探究)方面，都始终存在：哲学与历史都在追寻智慧。

第三节　命运与技艺

一、探究与原因

赫拉克利特的批评还指涉着赫卡特奥斯。前面提到，希罗多德的散文体

---

① 《赫拉克利特著作残篇》，第 52 页。
② 《赫拉克利特著作残篇》，第 179 页。

受赫卡特奥斯的影响,故而,赫拉克利特的批评对象其实是历史记述者和诗人。① 于是似乎就必须要回答,在赫拉克利特看来,希罗多德是否也有智慧?

但希罗多德从未声称自己拥有智慧。《历史》旨在探究战争和伟大人物所留下来的丰功伟绩的原因,这并不意味着他认为自己找到的就是根本原因。这里暂以希罗多德记述的克洛伊索斯的故事权做一分析:

克洛伊索斯是吕底亚的僭主②,希罗多德认为,希腊与波斯的争端始于克洛伊索斯。他不认同此前流传的希腊与波斯互抢女人的解释,而认为是克洛伊索斯最先向希腊人挑起的争端。因为是他首次征服了希腊人,使他们失去自由,沦为与吕底亚人一样的臣民。③ 但后来希罗多德同样表明,这也非希腊与波斯争端的根本原因。④

克洛伊索斯侵占了希腊一些地区,并要求他们交纳贡品。那时便有很多有智慧的人来到撒尔迪斯,这其中就有梭伦。当时梭伦刚为雅典立完法,在外云游。克洛伊索斯听说过梭伦的智慧,于是找他来,询问他谁是最幸福的人。克洛伊索斯自负最幸福的人,但梭伦的一席话却很不中听:

> "克洛伊索斯啊,你所问的是关于人间的事情的一个问题,可是我却知道神是非常嫉妒的,并且是很喜欢干扰人间的事情的。······可以说绝对没有一天的事情会和另一天的事情完全相同的。这样看来,克洛伊索斯,人间的万世真是完全无法意料啊。······纵然是豪富的人物,除非是他很幸福地把他的全部巨大财富一直享受到他临终的时候,他是不能说比仅能维持当日生活的普通人更幸福的。"⑤

因此,触了霉头的克洛伊索斯十分不悦地把梭伦送走了。之后,吕底亚不断扩张,与居鲁士统治的波斯帝国的争斗就在所难免。战前,克洛伊索斯曾得到神谕:如果攻打波斯人,他可以摧毁一个大帝国。于是他欣然应战,然而结果却是吕底亚的惨败,他本人也被绑在火堆上,等待被烧死的命运。在临死前他想起了梭伦的话,醒悟了梭伦道出的智慧,于是感叹起

---

① 对荷马的批评参见残篇 42 和残篇 56。

② 其僭主之位得自于先辈巨吉斯。当时国王坎道列斯强迫巨吉斯一起偷看王后的裸体,结果被王后发现。第二天王后召他进宫,要他在"被杀"或"弑主"中作出选择,他最终选择了后者,杀了国王,成了僭主。柏拉图在《理想国》的第二卷(359d)也改编了这个故事。

③ 此前对伊奥尼亚的奇姆美利亚人的攻击并不是征服,而只是为了掠夺财物和粮食。

④ 希罗多德意图从那些曾经强大的城邦的沉浮的例子,来说明人间的幸福是飘忽不定的。《历史》,第 3 页。

⑤ 《历史》,第 15 页。

来,三次呼唤梭伦的名字。居鲁士奇怪他的举动,待问明原委,想到他也像曾经的克洛伊索斯一样富有,现在却正要烧死一位与自己相似的人,特别是,他也害怕神的嫉妒和报复,并为人世的无常担忧,于是便命人灭火,释放克洛伊索斯。①

在克洛伊索斯的故事中,他的命运如梭伦所说的那样多变,今日之荣华并不代表人生之幸福。神谕给予出预示,但他事后才明白,"被摧毁的帝国"不是波斯,而是吕底亚。正如克洛伊索斯的富贵与居鲁士的富贵相似②,梭伦的教诲也对应于神托的箴言。神谕传达了真理,凡人却不懂。先知只是神谕的传递者而不是解释者,唯有结果的到来才让当事人后悔当初。希罗多德借克洛伊索斯的故事也在表明,人世无常,人的幸福都是稍纵即逝的,因而必须在自己的限度内行事,享受超越人世的幸福就会被神"嫉妒"。

回到原来的问题上来,《历史》一书意在探究"原因",那么希罗多德认为战争的原因是什么呢? 女人? 特洛伊战争? 这些是波斯人和腓尼基人的看法,希罗多德不认同。他找到的是梭伦的智慧,也即克洛伊索斯最后领悟的"人无常事,神会妒忌凡人过分的幸福"的箴言。虽然这一说法看起来颇为神秘,但就像前面提到的,希腊世界是一个神义论的世界,宗教与神是他们生活的一个维度。在希腊人眼中,无论将来抑或过去,都与当下一样,遵循着某种循环论。按照这一看法,人间的幸福决不会长久停留在一个地方。③克洛伊索斯醒悟后对居鲁士的告白,正是梭伦对克洛伊索斯的劝谕。人之将死,其言也善,克洛伊索斯在临死醒悟梭伦的智慧,可以看出梭伦在克洛伊索斯心中的地位,或说梭伦的智慧在希罗多德的心中的地位。④人都想探究事情的起因,但如果没有智慧,即便真理摆在眼前也看不明白。退一步说,希罗多德得到的"原因"在今天看来或许"不科学",但它是从众多历史事件的经验中"探究"出来的,也许他没有讲出一番道理(logos),但这种经验的"探究"难道就不是智慧吗? 认识到人自身的有限与人世的无常,对超越于人的神的敬畏,这不都是领悟到自身限度而表现出来的审慎与节制吗? 认识自己,这既令我们想起了苏格拉底,又想到了德尔斐的箴言:"认识你自己""凡事毋过度"……这些箴言早就刻在了门楣上,只是真正读懂它的

----

① 故事的结局更为离奇。当居鲁士决定释放克洛伊索斯的时候,却因火势太大而难以扑灭。眼看克洛伊索斯即将葬身火海,一场大雨突然倾盆而至,命运再一次让克洛伊索斯活了下来。

② 居鲁士吸取了克洛伊索斯的教训,但人毕竟不能在一切方面永远保证智慧而明智地生活。居鲁士的征伐并没有让他永久饱尝胜利的果实,战胜了很多强大对手后的波斯仍在不断扩张,最终居鲁士也难逃一死,头颅被对方砍下,泡在盛满鲜血的革囊里。

③ 《历史》,第3页。

④ 梭伦对克洛伊索斯的劝诫其实也代表了希罗多德对读者的劝诫。

人寥寥无几。①苏格拉底的智慧正是对自己无知的有知。

哲学源于对智慧的爱。在柏拉图的《会饮》中,哲人被描绘为爱若斯的化身,他是丰盈和匮乏的儿子,既缺少知识又欲求知识。在"爱智慧"方面,历史(或说探究)与哲学同源。并且,智慧也并非单纯的沉思理性。古希腊的梭伦被称为"七贤"之一,"贤人"其实是指有智慧的人,他们的智慧并不只是理论沉思的智慧,而是体现在个人的德性以及明智地处理公共事务方面。"智慧"所涉及的领域也不像亚里士多德区分的那样,局限在纯粹理智和沉思方面,它更多地与政治生活相关。②

通过以上的分析可以看出,在理论与实践没有明确区分的前亚里士多德时代,哲学与历史都以探索和研究为起点。不仅如此,二者还出于同一个目的:欲求真理。③然而,在随后的进路上,历史与哲学出现了差异,造成这一差异的原因是多元的,但亚里士多德无疑起到了十分重要的作用。④

二、 亚里士多德的影响

关于克洛伊索斯的故事,亚里士多德在《尼各马可伦理学》(1100a10—1101b10)讨论幸福与机运问题时做了新的解释。他起首就质疑梭伦:是否必须"看到最后"才能说一个人是幸福的?

梭伦认为,克洛伊索斯虽无比富有,但最后兵败国破,将一切丧失殆尽,故并不算最幸福的人。亚里士多德对此摆出自己的观点:(1)如果梭伦说要"看到最后",那么只能推出一个人只有在死后才真正幸福的结论。而这必然是个"荒唐的观念"。从主张幸福是一种实现活动的观点——幸福就是过得好和做得好——看则更为荒谬。(2)如果梭伦的意思是:只有当一个人死去时他才最终不再能遭受恶与不幸,因而是最幸福的,⑤那么这

---

① 柏拉图笔下的克里底亚就是这样的人,他即便知道德尔斐的劝诫却仍旧对"明智"无知(《卡尔米德篇》164d—165b)。

② 在《希腊罗马名人传》中,普罗塔克也将梭伦作为一个哲学家来看待(III,1—2,5)。

③ 豪斯威尔森说:"历史学家从事'发现'真理"。正是使用了这个名词及其含义,才使得希罗多德成了历史学之父。《历史的观念》,第20页。

④ 《启示与理性:"中国人问题"与"犹太人问题"》,第321页。

⑤ 梭伦向克洛伊索斯描述了两种最幸福的人:第一种是雅典的泰洛斯。因为他的城邦繁荣,膝下孩子也都长大成人,他一生一世享尽了人间安乐,死的时候也极其光荣——英勇战死疆场。第二种可以被称为幸福的,则是克列欧比斯和比顿兄弟。他们两人不但富有,且力大无穷。在一次献祭中,因为怕母亲赶不上时间,两人便代牛拉车,将她送到了神殿。众人称赞二人,并且夸赞其母有这样的一对好儿子。故他们的母亲在神像前祈祷,请女神把世人能享受到的最高的幸福赐给他们。祈祷终了,两兄弟奉献了牺牲并参加圣餐,之后便睡在神殿里,再没有出来。阿尔哥人认为他们得到了神的眷顾和恩赐,便为他们立了像,献纳在了神殿中。《历史》,第19页。

种观点同样有问题,因为某些人在死后还是会因身后之事而影响他,例如后代的荣誉或耻辱、好运或不幸等(即给祖先抹黑)。

之后,亚里士多德详细分析了第一个问题:是否要到一个人死后才能说他幸福。他指出:

> "我们竟由于顾虑运气的可能变故而不愿意说一个活着的人幸福,由于认为幸福是永恒的、不受可能的变故影响的,由于认为活着的人还可能经历某种变故,而不能在他还幸福的时候说出这一真实的事实。"[①]

亚里士多德认为这种观点实在荒谬,因为这是把运气夸大到了难以复加的程度。一个人完全有可能此时幸福,彼时不幸,那么幸福就只能被归为"福祸不定的存在"了。在亚里士多德看来,只有合德性的活动才是创造幸福的活动,相反则会导致不幸。从永恒性上看,合德性的活动最持久,一个人总是或经常是在做着和思考着合德性的活动,"他也将最高尚地、以最适当的方式接受运气的变故"。亚里士多德并不否认机运(命运)可以带来幸福。在他看来,幸福包括两部分,一部分是有德性的活动,另一部分则包括命运的眷顾,如朋友、财富、权力等辅助之物。"重大的有利事件会使生命更加幸福",因为它们不仅可以在好的生活上锦上添花,并且在人们对待它们的方式上也是高尚且善的。然而,在有德性的人那里,即便厄运会为这些有德性的活动带来难料的后果,但高尚的行为本身并不受结果和机运的影响,它仍能闪耀着自身的光辉。并且亚里士多德相信,"一个真正的好人和有智慧的人将以恰当的方式,以在他的境遇中最高尚【高贵】的方式对待运气上的各种变故"[②]。他甚至认为,就像将军用最好的方式来调动自己的军队、鞋匠以最好的方式运用手中的皮革一样,幸福的人也永远可以不遭受痛苦,他不会因为运气的变故而改变自己,它们不会因为一般的不幸就痛苦,"只有重大而贫乏的灾祸才能使他痛苦"。

最后,亚里士多德又回到第二个问题上:后人的命运是否可以对幸福产生影响。他承认,不能说朋友或后人对一个人的幸福完全没有影响,这样未免是断绝了人与人之间的感情联系,与常识也不符。但如此肯定人与人的关联,铺展开来就太广,关联的人也实在太多了。从整体上看,他人对

---

① 亚里士多德:《尼各马可伦理学》,廖申白译,北京:商务印书馆,2006年,第27—28页。
② 《尼各马可伦理学》,第29页。

死者所造成的影响,在程度上与其活着时有很大差别,这种差别甚至超过了真实事件与戏剧表演之间差异的程度①,并且,这其中还须将已故者是否真能分享善恶也考虑进去。这样看来,即便死者似乎在一定程度上受到了朋友或后人好运或不幸变故的影响,但这些影响也远够不上能去改变幸福者的幸福或不幸者不幸的程度。

通过这样的分析,亚里士多德实际上是把机运的影响降到了最低。不但后人很难影响已故者的幸福或不幸,就连遭受不幸的人,都能因其良好的技艺在最大程度上降低厄运带来的痛苦;或者,即便他因厄运而不能享受幸福,但合德性的行为本身的高尚【高贵】光辉仍旧不失其意义。亚里士多德将幸福的活动比同于将军与匠人的技艺,这让我们不禁想到了他转述阿伽通的话:技艺爱恋着机运,机运爱恋着技艺②。这一类比或许影响了马基雅维利,在后者看来,纵然命运是我们半个行动的主宰,但它留下的其余一半都归我们自己支配。君主的失败不应埋怨命运而应归咎于自己的庸碌无能,因为命运之神是个女子,想要掌控她,就要冲击她,打败她。③从梭伦,到亚里士多德,再到马基雅维利,"命运"在技艺和力量面前逐渐丧失了影响,而近代科学的崛起,"知识就是力量"的口号则更张大了人自身的能力。

在《形而上学》第一卷,亚里士多德说"求知是人类的本性"。"求知"在词源上与"看"密切相关,他解释说,我们喜欢运用自己的感觉就是"求知本性"的证明,而在诸种感觉中,人尤其注重视觉,因为在感觉之中,认识事物并分辨它们的差别,五官之中视觉最优。

动物同样具有感觉,但它们只凭想象和记忆生存,没有经验。只有人才有经验——它源于记忆的积累。经验低于技术,因为经验只是个别的知识,技术则是普遍的知识。知识是对事情的本质与原因的了解,经验则只知其然而不知其所以然。技术兼得二者,所以与经验相比,技术才是真知识,它知其所以然且能教人,经验却不能。

从总体上看,有技术的人比有经验的人更智慧,有经验的人比只有感官的人更智慧。智慧是有关某些原理和原因的知识④,故而在他看来,官能的感觉甚至都不能被称为智慧,因为它不能道出事物的所以然。

根据人类活动的不同,亚里士多德区分了三大类学科:第一类是理论

---

① 《尼各马可伦理学》,第 30 页。
② 《尼各马可伦理学》,第 171 页。
③ 马基雅维利:《君主论》,潘汉典译,北京:商务印书馆,2010 年,第 117,118,121 页。
④ 《形而上学》,第 3 页。

学科。在《形而上学》卷六(1025b1—1026a34),他按照研究对象是否可变,细分为:物理学、数学和神学;第二类是实用性学科,包括政治学和伦理学;第三类是制作的学科,包括诗学和修辞学等。在这些分科中,唯独没有历史学。亚里士多德认为,历史记述那些实际发生过的事情,但只能探讨一次性的或偶然的事件,这样历史学在技艺层面就没有任何指导意义,因为知识必须以重复性为前提。历史上发生的事件各不相同,这样不同的记忆不可能积累为经验①,技术就更无从谈起。所以,历史学就不可能发现原理或原因,获得普遍知识。哲学和科学以永恒存在或持续存在为对象,它们不仅要研究实然发生的事情,更要研究应然之事,应然代表着事物之应当,反映着事件背后的原理或原因。历史学不能提供这种普遍的知识,它在等级上甚至不及诗学或修辞学。从知识的层级上看,历史学远不及哲学有智慧,历史学不能获得普遍知识,它至多只能提升到个别经验层面,而智慧却是由普遍知识产生的。用黑格尔的话说:我们从历史中学到的,就是没有人从历史中学到任何东西。②哲学作为"爱智"之学,必然能获得关于原因的知识,而隶属感觉层面的历史学的探究就不能得到确定的智慧。由此,哲学与历史学便在亚里士多德那里出现了天渊之别。

---

① 《形而上学》,第1页。
② 黑格尔:《历史哲学》,王造时译,上海:世纪出版集团,2006年,第6页。

第二部分:历史哲学的诞生

在我们这个时代,数万人默默地背上了历史的十字架。

——卡尔·洛维特

第一章　希腊化时期的历史与普遍性

在亚里士多德的时代,历史与哲学不是可以归为一类的知识。历史甚至比诗学还低,因为它不具有普遍性,从而也就不可能成为知识。[①]尽管历史经验的教导具有价值,希罗多德也意图在其中寻求"原因",但他所找到的"原因"并非本质,或者说,不是可以通过理性推理,得到某一抽象意义上具有普遍性的规律。克洛伊索斯的不幸并非梭伦从理性中推断出来的,经验得出的"凡事毋过度"的审慎态度,以及敬畏神谕的箴言,这些结论只在结果上得到了印证,但不具备科学和知识方面的确定性或普遍性。哲学并不以经验总结为归宿,它追求的是超越于特殊的普遍性知识。在希腊人看来,历史学并不是一门科学,它至多算是知觉的集合与推断,不能成为知识。

这样的观点,一直到波里比乌斯的罗马时代还保持着。稍有不同的是,经历了亚历山大帝国的扩张和希腊化,历史学家们的视野得到了开阔,他们不再局限于希腊诸城邦,希腊人与外族人的区别也不再像过去那样明显。

希罗多德的《历史》虽将波斯人与希腊人一起记述,但他们的关联与其说是历史,不如说是地理方面的。[②]希腊时期的历史学家有个特点:他们的历史眼光远没有我们现在这样绵延与普世。修昔底德的《伯罗奔尼撒战争史》只记录了伯罗奔尼撒战争的始末,即便希罗多德的《历史》也同样缺乏宽广性,古希腊并没有诞生任何一部类似于今天的希腊史著作,而且当时历史所关注的焦点也仅限于战争与政治。在普世性上,虽然希罗多德讲述了外族的故事,但他们只是作为希腊人的敌人而出现在《历史》中,他们的

[①]　"历史学家和诗人的区别不在于是否用格律文写作(希罗多德的作品可以被改写成格律文,但仍然是一种历史,用不用格律不会改变这一点),而在于前者记述已经发生的事,后者描述可能发生的事。所以,诗是一种比历史更富哲学性、更严肃的艺术,因为诗倾向于表现带普遍性的事,而历史却倾向于记载具体事件。"(《诗学》,1451b)。

[②]　柯林伍德:《历史的观念》,何兆武等译,北京:北京大学出版社,2010年,第33页。

身位与希腊人明显不同。这样的差异在亚历山大的征服之后有所改变,马其顿王国的领土横跨欧亚大陆,疆域的扩张也开拓了希腊人的视野。亚历山大意图建立一个世界帝国,他甚至还倡导与异族通婚,这种思想显然与希腊中心主义不同,"世界"的概念已不仅仅局限于地理,整个帝国范围内的城邦和国家,至少大部分变成了单一的政治单位,城邦之间产生了前所未有的关联。然而亚历山大的早逝未能将"统一的世界"思想贯彻下去,罗马的崛起承接了他的夙愿。

波里比乌斯是这一时期的代表,它融合了斯多亚派的普世主义,将世界作为一个整体来看待——普世化的思想是斯多亚派的典型主张,它创造了普遍历史观念的希腊主义。罗马人与希腊人有完全不同的历史意识,在他们看来,"历史意味着连续性:即从过去继承了他们所接受的那种形式而小心翼翼保存下来的各种制度,按照祖先的习惯来塑造生活"①。这一点在他们对待希腊的精神上尤为明显,罗马人几乎全然接受了希腊的传统,遵循着希腊的精神和生活方式。这种承接在历史意识上也发挥着作用,波里比乌斯著作所涉及的故事可以扩展到一百五十年间的事情,而且视域也扩展为大一统的世界。波里比乌斯使用的"历史"含义与过去不同,他首次倡导对历史进行普遍研究。其著作的第一句话就是:"这是一桩迄今为止还没有作过的事",他自认为是第一个把历史学设想成一种具有普遍价值的思想形式的人。②但即便如此,波里比乌斯也没有表现出一种能够探究到历史背后终极意义的思想。他接受了希腊传统,将历史学作为纯粹经验,并深化了这种思想。在他看来,历史可以作为科学研究,并不就意味着能从历史事件中得出一套科学的普遍理论或可证明的判断,而是因为它有益于政治生活,人们可以在这一领域内接受训练,从而培养出卓绝的政治家和军事家。这完全是在政治科学方面对历史研究的肯定,但即便如此,这种信念也有一个衰落的迹象,由于世界帝国的扩大,历史在罗马时期的视域也就远大于希腊城邦时期的视域。原本从有限历史得出的经验一旦放到更为宽广的领域里,结论的有效性就必然会被降低。波里比乌斯并不认为通过研究历史就一定能够避免前人所犯的错误,命运在广阔的罗马里比在狭小的希腊城邦中只会表现得更加无常。

有一个故事流传了下来:

---

① 《历史的观念》,第 35 页。
② 《历史的观念》,第 36 页。

　　罗马将军西庇阿一把火烧了宿敌迦太基的古城,火光闪耀之时,西庇阿忍不住抓住波里比乌斯的手,痛苦地说道:"我们灭亡了迦太基,这是罗马最为昌盛的时刻,但是为什么,波里比乌斯,我有种深深的预感,我们的国家罗马,有一天也会像迦太基那样,厄运降临于此?"

　　或许在波里比乌斯看来,研究历史的成功不在于现实的成果,而在于面对无常时的勇敢和坚强。在欢庆胜利、春风得意之时,他也能够想到命运的变幻和突转。这是罗马继承了希腊精神的"终极智慧",这一智慧囊括了希腊的历史观的精髓。在希腊人那里,他们并没有**无节制地**探究历史的终极目的或意义[①],在希腊人的世界里,一切事物的运动都有永恒复归的倾向,在时间的长河内虽有变化,但它总会以周期性和规律性的形式再呈现出来。这一循环思想在天体的运动规律上表现得最为明显,宇宙的秩序类似于圆形的自然循环,它不是革命性的断裂或前进,而是回环。这与基督教的时间及创世与末世的视角全然不同。

---

　　① 卡尔·洛维特:《世界历史与救赎历史》,李秋零、田薇译,北京:生活·读书·新知三联书店,2002年,第8页。

第二章　信仰与思想:历史神学与历史哲学

　　基督教脱胎于犹太教。从起源上来说,犹太教本是犹太民族的宗教,上帝耶和华只是亚伯拉罕的上帝,与其他民族不相干。据柯林伍德的考察[①],旧约全书中的准历史学成分与美索不达米亚和埃及文献中相应的成分总体上并无太大不同,但有一点,神权意识在后者大体上是特殊主义的,而在希伯来的经文中却有普遍主义的倾向。这一倾向在公元前8世纪中叶左右,被犹太"先知"运动所加强,他们将一个民族性的"上帝"逐渐扩展成全人类的神圣首领。从特殊主义向普遍主义的转变,将人类的起源归属到了同一个上帝的名下,并且以此来解释各个民族的缘起,犹太—基督教因而就具有一种天然的普世性。

　　基督教在罗马时期传播甚广,从最下层的民众开始,它逐渐蔓延,直至取代了罗马的诸神宗教,成为国家范围内的一神教。在这一番宗教更迭中,基督教的思想扬弃了古希腊—罗马历史学中的核心思想,确立了新的历史观念,此观念浸润之深,即便在对抗神学的启蒙阵营中,也依旧被默默地保存着……

第一节　追问意义

　　在基督教的视野内,一切原初的东西都追溯到了《圣经》。《创世记》开篇,上帝创造了天地万物以及人类的始祖。随后亚当夏娃偷吃了智慧之树上的禁果,被驱逐出伊甸园,人的原罪就此出现,世俗世界即救赎历史也由此开始。这一世界(世俗)历史,就是一条从原罪到救赎的线段,从一端至另一端构成完整的人类赎罪历程:从开始到终结,没有循环,没有周期;始自原罪,终至救赎。如果说哲学提出开端问题的话(惊异),那么基督教则

---

　　① 《历史的观念》,第18页。

为开端和结束一并提供了答案。开端与结束两个问题都不是以经验方式所能回答的①,历史背后的神圣并非经验或自明,故而才会有追问历史意义的超验问题。意义与目的相关,在基督教的世界里,历史的意义必然由某个高于它的目的所赋予。历史的主体不是人类,而是上帝的意志,它在人类世界得到实践。这也就意味着,在历史之上存在着一个超越经验的目的,上帝就是这一目的,祂确定了意义的内涵,"一张桌子只是由于指示着一个超出了它的物的存在的所为,它才是桌子"②。从世界历史来看,人的行动是自己意志的结果,每个人都是历史的行动者;但从更高的角度看,人的意志来源于上帝,只有上帝才是真正的行动者,人的意志也附属于上帝的意志,它指向的是上帝的目的。另一方面,只有追问终极意义是什么,历史自身才会拥有意义。意义超越于历史本身,追究终极意义也超出了一般的经验认知,希望与信仰的空洞唯有凭靠超验的神性方能填补。③

基督教的终极目的开启了线性时间的维度,它将人的视野从过去延伸到现在乃至未来,对未来的预言尤其表现在犹太先知那里。基督教和后基督教的历史观都指向未来,但这一思想对古希腊哲学家来说是陌生的。古希腊—罗马所崇尚的是循环时间观,它意味着将来所发生的事情,在过去和现在的本性上都是一样的,整个宇宙遵循着同样的逻各斯。④如此,对古希腊人来说,从过去预言未来并不是件多么困难的事情,虽然他们也会祈求神明得到神谕,但他们相信历史总的进程仍旧在同一个逻各斯之中,在较短的范围内,或许历史会呈现某些不确定,但略微扩大视野后,就会再次发现人类历史的循环性:昔日强大的帝国终会烟消云散,曾经弹丸之地的城邦亦可能成为一个新的大国。历史中充满了无数的繁荣衰败、沧海桑田。除了一些哲学家外,没有多少人会怀疑神谕和征兆的真实性,未来正是通过它们显示出来。与此不同,《旧约》的作者们相信,只有上帝和祂的先知才能够预示未来。过去是对未来的许诺,对过去的解释就是对未来的预言。历史的目的体现的是上帝的意图,自然并不高于上帝,自然遵从于神意,自然法遵从于神法,故而人们也不能以自然规律去推断历史的目的。正因为渺小的人类无论怎样都不可能理解上帝的意志,他所能做的就唯有期待上帝的垂怜,等待弥赛亚的降临,以获得拯救和救赎。人的预言唯有

---

①　在现代思想中我们会发现,近代科学和启蒙运动取消了神学、实证主义取消形而上学,都以取消超验,转而重视经验和实证为基础。

②　《世界历史与救赎历史》,第9页。

③　《世界历史与救赎历史》,第7页。

④　《世界历史与救赎历史》,第10页。

在受到神的蒙恩中才会有效用,他也因此就成为一个先知,在人类社会,唯有先知才能做出预言。

对于现代人来说,为什么未来是模糊的,既没有古希腊人的那种神谕和征兆,也没有基督教的先知和启示?原因在于,作为已经对宗教去昧的现代人,基督教的未来不再有一个最终的救赎,不相信救赎的现代人,也就不会接受任何神性或宗教的指引。他既不信任命运,也不接受天意,只能把一切寄托在当下,为自己的命运做出行动,坚信只有自己才能创造未来。他之所以把未来看作是不可认识的,是因为他要自己创造未来。①他认为可以选择自己的未来,也就意味着认为自己的选择决定着自己的命运。如此,命运本身就不成其为宿命,也就没有了希腊人的命运和基督教的末世。选择只有在当下做出,没有任何固定的外在标准,完全由自己内心决定。正确的选择,只是意味着对未来的筹划与希望的实现,否则就不会有选择;他不相信命运,故而也不会反观过去;他不相信救赎,也就不会听从神意,梦想天堂。留在当下的只有对未来的希望,以此决定自己选择。可以看出,在面向未来时,希望取代了基督教的救赎,它是现代人走向无尽未来的唯一勇气。

第二节　留下的希望

在赫西俄德的《工作与时日》(90—105)和《神谱》(560—611)中,诗人讲述了人类祸害的来源——潘多拉和她的瓶罐神话:众神把所有的灾害都奉送到潘多拉的身体和她的瓶罐中,潘多拉打开了它,罐中的灾祸飞离出去,为人类制造了许多不幸和灾苦,她却只将最后的希望关在了罐子里。在这个神话中,希望被作为一种灾祸留了下来②。为何只有希望留在了潘多拉的罐子中?因为那散发到一切大地上的灾祸,都与希望相关。灾难唤起希望,希望又引发新的灾难,周而复始,在无法兑现最终目标的线性时间中,这种"希望—灾难"的互牵互引导致了无穷的祸患,在最根本上,"'希望'本来就是作为欲望实体的人的不能兑现其欲望的危机表现。"③作为希望的灾祸与其他流落到人间的灾祸不同,它是一种"好"的灾祸。因为希望总是意味着行进在更好的途中。但这一行进却常常以不断的延后作为许诺和回答,于是希望的实现总被无尽推迟。事实上,期待一个更好的未来毫无用

---

① 《世界历史与救赎历史》,第15页。
② 《世界历史与救赎历史》,第243页。
③ 张志扬:《偶在论谱系》,上海:复旦大学出版社,2010年,第90页。

处,因为没有一个已经实现的未来不是令我们的希望落空的。归根结蒂,希望是延缓着的"死亡",而延缓就意味着继续选择。①在古希腊人看来,选择命运简直不可想象,因为命运实际上就是一种必然性,不会有选择和决断的必要。在希腊的观念中,"希望是一种帮助人忍耐生活的幻觉,但它在根本上是一种愚蠢的火(ignis fatuus)"②,然而人又不能没有希望,就如同他不能没有普罗米修斯带给人类的火一样,必死的人失去了它,就会在绝望中死去。

希望在基督教那里并非虚幻,毋宁说它是一种依托末世的信仰。保罗给那些在战战兢兢和恐惧中生活的人们许诺:通过希望就可以得到拯救。希望就是对末日救赎的信仰,这一救赎为基督教所承诺。在纯粹的基督徒看来,理智的证明并不能说服他们认为自己的希望和信仰是虚假的。固然,先知的很多预言都在历史的进程中显得颇成问题,终极审判的末日似乎也在不断被推迟着,但历史阶段中已然发生的事件并不能推翻末日到来的信仰。在基督徒看来,它充其量只是在世界历史阶段中的一件实事,或重或轻,但不能推断出未来——历史末端——和终极救赎的到来与否。无论事实还是理性推断,它们在严格的科学的信条下,都没有吞噬末日救赎信仰的能力。理性不能超越自己的限度去证伪信仰,否则它就会僭越到理性的反面,成为另一种信仰。"一种信仰的希望也决不会由于所谓的'事实'而成问题;它既不会被一种实际的经验肯定,也不会被它动摇"③。洛维特将这种信仰比喻成母亲对儿子的爱。儿子的谎言并不能否定母亲的爱,就算儿子骗了她,错也在儿子,母爱本身自有其意义。信仰依托自身,正如母爱依托自身;希望则依托信仰。

"古典的历史学家追问:事情是如何发生的? 现代的历史学家则问:事情是如何发展的?"④现代人的历史观念,包含了过去,也更多地指向未来。试想如果人类不能从过去吸取经验以对未来有所期待的话,过去的历史又有什么用呢? 这就是伏尔泰之所以从在夏特莱夫人看来琐碎庞杂的那些历史事件中,选择为我所用的"历史哲学"的初衷。这种对待历史的态度与希腊人不同,对于希腊人来说,"历史是并且始终是仅仅指向过去的"。通过对过去的

---

① 《偶在论谱系》,第 91 页。
② 《世界历史与救赎历史》,第 244 页;埃斯库罗斯的悲剧《被缚的普罗米修斯》(243—246),另可参看伯纳德特的描述:"普罗米修斯将火和技艺作为礼物送给人类,但他同时也把盲目的希望安放在人的身上,使他们看不到死亡就是自己面前的命运"(伯纳德特:《神圣的罪业》,张新樟译,朱振宇校,北京:华夏出版社,2005 年,第 62 页。)
③ 《世界历史与救赎历史》,第 245 页。
④ 《世界历史与救赎历史》,第 23 页。

理解应该就可以知道未来。而犹太—基督教的先知预言与此不同，它的预言成全了作为未来存在的历史，即怀着人类历史本身是缺憾和有罪，最终在末世中得到救赎和终结的历史看法。"末世"不是灾难电影中的"末日"，它不是毁灭——即便是，也是苦难之毁灭、原罪之终结——而是拯救。这样，未来的救赎就成为了犹太—基督教的真正焦点，从创世的开始到末日的终结就是一个完整的历史。它有推进和上升的意向①，许诺着历史的终点和目的。超越现实的终极目的和意义，同时并不排除个别事件的重要性——某些划时代的事件依然有意义，它们是历史进步或者救赎道路上的推进剂。终极目标赋予了人类历史整体的意义，而历史整体的意义，也成全了从创世到末日这一段人类救赎历史中所发生事件以及所有被创造物自身的意义。

所以我们会发现，在后神学时代，上帝被取消，终极目的的阀门被打开，整个历史就变为一条有始无终的河流，取消了终极目的也就等于取消了人类历史的意义——包括所有在历史中的人类过程与创造物。于是在后现代的极端思想里，便出现了虚无和等待：虚无着没有价值的历史，等待着没有上帝的救赎。也许会有人重新追问历史，追问人类世界的起源，但神话的消解，必然也会连带着创世神话的消解。也正是如此，这些人会重新回到古希腊历史观的循环论，因为只有在循环中，开端和终结才没有存在的必要。洛维特就此断言：

> "古代和基督教这两大思想体系，即循环的运动和末世论的实现，似乎穷尽了理解历史的各种原则上的可能性。就连阐明历史的各种最新尝试，也不过是这两种原则的各种变体，或者是它们的各种混合罢了。"②

现代历史思维正是在从古希腊—罗马的历史观中吸收了连续性和普遍性③，抛弃了往复循环的圆周结构；从犹太—基督教中吸收了进步思想，

---

① 康德《永久和平论》里对恶的批评，实则仍是对历史进步意义上的肯定。

② 《世界历史与救赎历史》，第25页。颇为流行的霍金的大爆炸假设，其实也具备着基督教和古希腊历史观的元素。从奇点的开始到爆炸和膨胀，颇有基督教创世的含义，而当膨胀到一定限度，宇宙就开始收缩。我们现在正处在宇宙的膨胀期，所以在短期的范围内，时间仍旧是线性的。

③ 还有一部分来源于基督教。我们知道，在波里比乌斯时代的罗马，就已经有了某种普遍性的思想，然而这一思想并不是意味着在同一层面上的人人平等。罗马毕竟还是一个充满等级的世界，至少在罗马人与其他诸民族之间，仍旧存在着罗马中心主义的思想。同样，罗马的历史也是以罗马为中心的特殊主义的历史，普遍历史的意识仍以古希腊—罗马的历史为中心。这一中心地位在基督教的世界里被彻底拉平，每个人在上帝面前都是平等的。同时，历史本归于上帝，上帝决定了历史的真正目的。历史是上帝在人间写成的剧本，剧中的人物都只是一个角色，虽有区分，却无偏爱。

抛弃了创世的开端与末日的完成。这种现代性的思维在后神学时代的科学世界里无首无尾地飘荡着，为不久的历史主义和相对主义的诞生做好了准备……

第三节　奥古斯丁的历史神学

从前被亚里士多德看作是零散和混乱的历史，如何能够成为一个整体，或者说如何能够被作为一个整体来看待，这与历史的意义问题密切相关。可以说，基督教思想在历史意识的觉醒中起到了举足轻重的作用。这一革命性的改变，是从基督教的时间观开始的。基督教兴起于罗马时期，此前古希腊人生活在循环论的世界中，他们并没有一种线性时间的观念。但脱胎于犹太教的基督教，从《创世记》的神话开始，便赋予了时间以开端。

奥古斯丁在《上帝之城》①的第二十二卷 30 章，摹仿创世的七天，来对应人类历史的七个阶段：

第一日对应着从亚当到大洪水的这段最初时光；第二日对应大洪水时代到亚伯拉罕的时代；第三日是从亚伯拉罕到大卫王；第四日则对应前一时期到巴比伦的时代；第五日对应巴比伦一直到圣子耶稣基督的降临；第六日就是“当代”，但这个时间没有可计量的方式，因为福音上说：“父凭着自己的权柄所定的时候、日期，不是你们可以知道的”②。而上帝休息的第七日也就是当代之后的时代。它是我们的礼拜（sabbat），这个时代的中介不是黑夜，而是主的永恒的第八日（huitième jour éternel）。第八日就是终结，它是一个永恒的没有终结的终结（C'est là ce qui sera à la fin, sans fin）。

奥古斯丁对人类历史的划分，其实也可以对应着人一生中的七个阶段。③第一个阶段是人类的婴儿期，那时犯了原罪的亚当夏娃被逐出伊甸园，经过该隐弑弟，一直到上帝决定用大洪水来惩罚人。这个时期，善恶已初分；从诺亚到亚伯拉罕的时代是人类的儿童期，这个时代人的理智开化，具有了辨别善恶的能力，但缺乏克制力；第三个时期是少年期，是以色列民族的成长期，对应着亚伯拉罕到大卫王的时代；第四个时期是青年期，这个时代是大卫王后、没有了神的庇护，以色列失去自由的时期；第五个时期是

---

① 奥古斯丁：《上帝之城：驳异教徒》（下），吴飞译，上海：三联书店，2022 年，第 1182 页。同时参考法文版《奥古斯丁全集》（OEUVRES）第二卷，Edition Gallimard, Paris, 1998。

② 合和本《马太福音》，“使徒行传”第一章第 7。

③ 《世界历史与救赎历史》，第 204 页。洛维特分了六个时期，没有提最后的终结。

成年期，同时也是一个转折时期，因为这个时期以基督的降临为结束，是人类历史开始转向上帝意志的最后时期；第六个时期是老年期，这个时期从耶稣降临开始，一直到世界末日，基督徒在耶稣复活后所期待的就是世界最后的终结，也即人类历史的结束。第七个阶段是终结时期，基督再次降临，人类进入永恒的无终结的终结。

在这其中，从第五日的结束到第六日的开始，其间的转折具有十分重要的意义。正如《创世记》中记载的那样，从第六日，上帝才开始以自己的模样创造人①，在人类历史的第五个阶段，也是以基督的降临为标志的。基督的降临意味着人类历史的最高阶段的终结，但这一阶段与真正的历史相比则只是"史前史"，而之后的历史因基督的降临被赋予了最终的意义。②

实际上，从第五日之后，第六日的开始就是耶稣降临后的历史，这个历史最终绵延到世界末日的基督的再一次降临。第七日的安息与第八日的永恒，都与第六日同是最后一个时期。③无论基督教的还是非基督教的历史，他们通常会把决定性的事件作为开端或结果。对于基督徒来说，"惟有人的罪和上帝的拯救意图才要求，并且说明了历史的时间"④。基督的降生打破了一般历史的正常发展，这一事件蓦地插入到人类历史的自然进程中，成为历史终始的分割线。基督的降临成为一个中心时间：在它之前，时间向前计算，历史年代由之递减；在它之后，时间向后计算，历史年代由之递增。历史的直线图形，同时成为一个圣灵降临的双重时间图式，开端与终结，都以它为中心。

这一部分让人不仅联想到奥古斯丁在《忏悔录》第十三卷里关于时间的描述："有一点已经十分明显，即：将来和过去并不存在。说时间分过去、现在和将来三类是不确当的。或许说，时间分过去的现在（le présent du passé），现在的现在（le présent du présent）和将来的现在三类（le présent du futur），比较确当"⑤。这三类"现在"都存在于我当下的心中：过去事物

---

① 《旧约》，"创世记"第一章第 26。

② 区分犹太教与基督教是必要的。在犹太教那里，弥撒亚一直没有来临，所以犹太人的历史仍然是第五日尚未结束的历史，它始终具有某种线性的时间维度；而基督教的思想因基督耶稣的降临对人类历史产生了一个决定性的影响。人类成长的历史背后有着神意，同神意相比，人类的历史只是"史前史"。从耶稣第一次死去到祂第二次降临才是真正的世界历史。犹太人的历史与神学是一致的，他们的历史开始于同上帝签订的契约，终结于上帝的救赎；基督教的神意与人的历史并不处在一个平面，所有的历史都归属于神意，上帝超越于历史之外。

③ 《世界历史与救赎历史》，第 203 页。

④ 《世界历史与救赎历史》，第 219 页。

⑤ 奥古斯丁：《忏悔录》，周士良译，北京：商务印书馆，1987 年，第 247 页。同时参考法文版《全集》第一卷，第 1045 页。

的现在是记忆，将来事物的现在是期望，而即便现在事物，它的现在也是我的当下的感觉。所以，过去和将来都以当前的存在而存在，它们的意义来源于当下。耶稣的第一次降临对历史的意义也是如此，并且，奥古斯丁就把耶稣降临的第六日对应为我们的"现在"。故而，他所指的"现在"，不是均质历史线段上的每个单位点上的现在，而是与耶稣关联着的"现在"。

基督教由此断言，基督之前和之后的历史的全部意义和唯一意义，都是以耶稣在历史上的降临为基础的。①这样的时间和历史观与古典的时间和历史意识大相径庭。在古代哲学家看来，时间是一种没有外在超越目的、自身做周期性循环的运动，如果说它遵循某种"神意"的话，它所遵循的也是某种自然神论意义上的逻各斯。并且，这样的规律并不以某种超越的时间的形式存在于时间之外；基督教的上帝则是时间与历史的创造者，他"创造了一切时间、并在一切时间之前；且时间不存在就绝不可能已有时间"②，时间是与世界一起被上帝创造的。完善的和神圣的事物没有变化，这是古代思想的论点。从无中被创造的世界与作为造物主的上帝相比甚至都谈不上是"存在"。从无中创造出来的世界一开始就被剥夺了自身真正的存在。永恒的变化始终低于永恒的不变。与上帝相比，世界的可变就不是真正的永恒。在世界与上帝之间有着不可跨越的鸿沟。在基督教看来，"正确的学说导向未来的一个目标，恶人却作圆周运动"③。

古代哲学家们的世界观旨在发现可见者，而基督教的世界观甚至不是一种观念，它属于希望和对不可见者的信仰。④对基督教历史和时间的研究，不是哲学证明的对象，而是信仰。只有信仰才能"发现"，过去和未来、最初的原罪与最终的救赎，它们都在救世主耶稣基督那里彼此联系起来。尘世的主人当然是伟大的君王和英雄，天上王国的主人是上帝，但当世界历史因耶稣基督的降临而与审判和拯救相关时，基督就是世界历史的主人。这些君王只是"作为上帝的计划的背景和工具"⑤。

---

①　《世界历史与救赎历史》，第 220 页。

②　《忏悔录》，第 241 页。根据法文版略作改动。

③　《世界历史与救赎历史》，第 196 页。

④　《世界历史与救赎历史》，第 197 页。

⑤　《世界历史与救赎历史》，第 223 页。

第三章　文艺复兴时期的历史哲学

西方史学上被称为"近代西方史学"的时期一般分两个阶段,第一个阶段是 14 至 17 世纪的"王政阶段",第二个阶段则是 17 至 18 世纪反王政的"革命阶段"的启蒙史学。[①]我们在这里挑选了莫尔和博丹作为第一个阶段的代表。第二个阶段则在本书的第三部分展开,那里将涉及启蒙运动中的人物及德国历史哲学家的众多思想。

第一节　乌托邦与历史哲学

历史哲学严格说来属一门比较新近的研究,据说明确提出"历史哲学"(la philosophie de l'histoire)这一概念的是法国近代启蒙思想家伏尔泰[②]。古代历史学的研究同近代稍有不同,考究历史事实的科学方法并非他们的所有旨趣,早先希腊人泾渭分明地区分了历史与哲学这两个学科,因为历史倾向于记载已然的具体事件,而哲学旨在描述普遍性的必然之规律。被后人誉为"历史之父"的希罗多德曾在书中这样定义他的"历史":

> "哈利卡纳索斯人希罗多德所做的探究展示于此,目的是使人类的作为不致因时光流逝而黯然失色,使一部分由希腊人、另一部分由异族人展示的令人惊异的伟业不致失去荣耀,〈探究涉及的〉除了其他,特别是他们之间发生战争的原因。"[③]

---

① 刘小枫:《如何认识博丹的政治史学》,载于《易于认识历史的方法》,朱琦译,上海:华东师范大学出版社,2020 年,第 2 页。

② 伏尔泰:《风俗论》(上册),梁守锵译,北京:商务印书馆,2009 年,第 14 页。

③ 参见张巍:《希罗多德的"探究"——〈历史〉序言的思想史释读》,《世界历史》2011 年第5 期,第 126 页。引文删去了其中的希腊词汇。

这段颇具荷马风格的开篇展现了希罗多德对"历史"的理解：历史的本质是探究事实之原因。其实若单论探究事情的原因，方式可谓多种多样，除现代的科学考据或学术研究之外，神话传说、耳闻目睹都可归并为探究的活动。所以在希罗多德的《历史》中不乏千奇百怪的故事，或许也正是如此，其后的修昔底德才以另一种"叙述"（narrative）的方式来撰写"史志"，借以区分希罗多德的"探究"（inquiry）。修昔底德给予了历史学的科学实证性，除此之外，在近代历史学的诞生上还有一个人发挥了重要作用，那就是意大利人维科，他的《新科学》在对历史研究何以可能的问题上给出了自己的解释：由于历史是人创造的，而自然并非人之创造，因而历史研究就必然是一种不同于自然科学方式的"新科学"①。

但这已经是文艺复兴直到现当代的事情了，在托马斯·莫尔所生活的时代，或者说，在他的成名之作《乌托邦》②中，一种夹杂着古典与现代双重面向的历史意识正悄然展露的头角，这种面向未来的"新"意识同经验实证的方式结合起来，共同成为近代以来历史哲学的重要特征。

一、《乌托邦》与新时代

1516 年，托马斯·莫尔发表了《乌托邦》这本令其名垂千古的小书，"乌托邦"（Utopia）是后人的简称，原书的名字很长：

"DE OPTIMO REIPVBLICAE STATV DEQVE

noua insula Vtopia libellus uere aureus，

nec minus salutaris quam festiuus"③

中译即："共同体最佳状态与乌托邦新岛既有趣更有益的真金之书"。

莫尔以如此之长的名字来命名本书绝非随意而为，仔细研究会发现一些或许为人忽视的细节：

第一，这段话的主词显然是"书"，但这部书并非一般意义上的书，而是"真"（uere）"金"（aureus）宝书。读过全书的读者会发现，"真"和"金"在《乌托邦》里是两个非常重要的概念。在莫尔致彼得·贾尔斯的信中，他重新

---

① 郝春鹏：《〈新科学〉意在抵抗现代性的腐蚀》，《中国社会科学报》，2013 年 11 月 18 日。

② 托马斯·莫尔：《乌托邦》，戴镏龄译，北京：商务印书馆，2017 年。

③ 此处保留了原标题的分段顺序，参看 Edward Surtz, S. J. and J. H. Hexter, *The Complete Works of ST. Thomas More*，Volume 4，Yale Universtiy, 1993，p.1. 以下所用拉丁文版皆出于此，不赘述。

定义了何谓"真"的问题①，并反复强调，自己的这部作品外人读来似乎荒诞不经，但却是实实在在的"真"；关于"金"的问题，同外界世界的一般理解不同，全乌托邦人包括临近的居民都"视金钱如粪土"，这些被外邦人分外重视的财富在乌托邦却变成了最为人鄙视的废料。

第二，在"真金之书"之前，分别有"有趣"和"有益"两个修饰词。古往今来，历史上很多作品，大都有趣者无益，有益者无趣：要么插科打诨、无半点正经；要么刻板严肃、枯燥乏味，能够结合二者的委实不多。《乌托邦》何以自诩能兼而有之？这就需要再继续考察两个名词："共同体最佳状态"与"乌托邦新岛"。

第三，正如有趣和有益兼备一样，共同体最佳状态和乌托邦新岛也是这本书的两部分。假如刻板地对应一下，那么讨论"共同体最佳状态"的问题无疑是有益的，但这类政治哲学的问题常常只会令听众厌烦困倦；而新奇有趣的新大陆的故事却总会抓住读者的胃口，引人入胜。因而，本书既谈论哲学家关心的最理想国家的问题，同时又有读者喜闻乐见的海客奇谈。所以可称为"既有趣更有益"。

作为定语的两部分"共同体最佳状态"和"乌托邦新岛"是由"与"所连接，这里可做两方面解：

一则是两部分分别对应全书的第一部和第二部，《乌托邦》第一部讨论的主题是哲学与政治的关系问题，即哲学家在怎样的政制下才会从政；第二部介绍的则是乌托邦岛的各方面奇闻异见；

二则是这两部分本就是一个意思，也就是说，"乌托邦新岛"就是"最佳共同体状态"。

首先，从题目的大小写就可发现这一微妙关系。我们知道，西语中的大写通常表突出强调之意，大写"共同体最佳状态"也就是意味着该词是这段话的中心，而第二行"乌托邦"的首字"V"②也是大写，意指与上行有同样重要的地位，即"共同体的最佳状态"就等同于"乌托邦"。其他小写字母部分都围绕这两个中心。

其次，"共同体的最佳状态"每一个字母都大写，而"乌托邦"只有第一个字母大写，这也就是说，即便二者是书名中的两个重要部分，但同"乌托邦"相比，前一个"共同体最佳状态"更为重要。再加上二者本就是"既有趣更有益"的同一部作品，如果简称此书的题目的话，更应称其为："共同体的

---

① 下文将具体阐释莫尔对"真"的新解。
② 拉丁字母 V 与 U 不区分。

最佳状态",而不是次重要的"乌托邦"。

　　此外,刻板地把第一部分对应"共同体"、第二部分对应"乌托邦"也着实"无趣"。因为第一部分也不乏一些如丑角和托钵僧的有趣搞笑的故事。因而,正如全书兼有有趣和有益两个特征一样,共同体和乌托邦这两部分也是彼此互文的关系。

　　第四,再进一步分析,"乌托邦"虽常被人作为简称来指代全书,但在"乌托邦"这个词前面还有一个小的形容词容易被人忘记:"新"。原文是"noua insula Vtopia",意即"乌托邦新岛"。在笔者看来,这个"新"字是该书题中最为重要的点睛之笔。可以说,《乌托邦》之所以讨论最理想的共同体、被认为是一部既有趣更有益的真金宝书,正是由于它提出了不同于传统的"新"的东西。对老欧洲人来说,"乌托邦新岛"是在大航海时代的开拓中被发现的,它的存在非常古老。乌托邦的"新"并非是一种"被发现",而是因为他的立法者乌托普(Utopus)。从历史上看,乌托邦早已有之,原名为"阿布拉克萨岛",乌托普的到来改变了这一切,开渠引流,文治武功,才开创了一个"新"乌托邦岛。①

　　综上,从全书的题目就会发现,无论"真"、"金"、"有趣"、"有益"以及"共同体的最佳状态",实则都围绕着乌托邦的"新"展开。也就是说,《乌托邦》这部书中的潜台词,就是要提出一种前所未有的"新"东西。这正是文艺复兴时代的一种精神和意识②,一种看似复古实则创新的内核。《乌托邦》是一部推陈出新之作,它并不简单地承接了柏拉图③,更开启了一个不同以往的历史维度,为之后整个现代社会奠定了新的思想基础。

二、 事实与真实的融合

　　事实是历史的根基,历史学就是要呈现历史事实与真实。但有时候,事实与真实却又未必同一,历史在事实上包含了偶然与不确定,正如世上没有任何一片相似树叶一样,历史上发生的诸多事实也各不相同。那么,历史学的存在就值得商榷:倘若历史学记载的是今后再也不会出现和发生的事实,那么,研究历史还有什么意义呢? 所以哲学家认为,与事实相比,更应关注事实背后的真实,也即是合乎规律的必然。正是这些具有普遍性

---

　　① 《乌托邦》,第 49 页。
　　② 同时期的还有被施特劳斯视作现代性开创者的马基雅维利,他的《君主论》就以新制度、新方式为标榜。
　　③ 关于莫尔与柏拉图的关系,参看:郝春鹏:《〈乌托邦〉撰写与文本结构的新诠释》,载于《读书》2020 年第 2 期,第 55 页。

的必然规律,才能为后人提供借鉴与参照。

但在这一问题上,莫尔看上去似乎选择了"历史"而非"哲学"。在致彼得·贾尔斯的信中,他说道:"只有真实才是在这种情况下我必须注意,也实际上是注意了的。……我所唯一要做的是写出我所听到的东西"①,"务使我这部作品不曾写进不真实的东西,也未遗漏掉任何真实的东西。"②为此他还一本正经地请贾尔斯向乌托邦的讲述者希斯拉德确认下:乌托邦的首都亚马乌罗提城的阿尼德罗河上的桥的长度,以及乌托邦位于新世界的地理位置。甚至他还明确表示,为保证自己"真"地在转述希斯拉德的话——哪怕希斯拉德本人在撒谎——在诚实和聪明两者间,他自己也宁可照假直说(mendacium dicam)也不有意撒谎(mentiar);宁可老实也不要聪明(quod malim bonus esse quam prudens)。

这样看来,似乎莫尔在历史与哲学之间选择了前者,即宁可选择真谎言,也不用自己的明智去辨别希斯拉德的话是否真实。但无论当时抑或现在的读者都明白,希斯拉德这个人物是莫尔杜撰的,他名字的意思就是"空谈的人"。

难道莫尔在《乌托邦》里就是为了一本正经地胡说八道? 在第一部分同希斯拉德的对话中,我们却发现他曾这样劝告过后者:

> "可是还有一种哲学,深知自己活动的舞台,能适应要上演的戏,并巧于扮演须担任的角色。不然……你会使一场演出大杀风景,如果你掺入不相干的东西,纵使这些东西从其本身说价值更高。不管您演的是什么戏,要尽量演好它,不要由于想起另外更有趣的戏而把它搞坏了"③,

从这段叙述可以看出,希斯拉德认同了说谎是哲学家的本分,但他本人声称绝不这么干。于是在这个问题上,角色莫尔与希斯拉德之间就出现了张力,甚至这一张力使作为作者的莫尔的观点也变得扑朔迷离。《乌托邦》就像一幕戏剧,里面角色的观点不一。无疑《乌托邦》中的莫尔与希斯拉德的对话模仿了柏拉图,而《理想国》中的苏格拉底对谎言同样持包容甚至提倡的态度,只要这个谎言出于"高贵"的目的。说谎者并不代表着伦理或道德方面的低劣,反倒一味诚实、只知其然却不知所以然者常会带来更

---

① 《乌托邦》,第3页。
② 《乌托邦》,第6页。
③ 《乌托邦》,第40页。

大危害。"言必信,行必果,硁硁然小人哉,抑亦可以为次矣",盲目诚实者不过是循导自己熟识的信念和意见,当最终面临灵魂的抉择时,他就会挑选一个完全相反的生活。①

诚实者之诚实过于简单,而说谎者之谎言更为复杂。在表白自己的诚实方面,一个诚实者的话从头到尾都是一致的。但是如果一个人的话语前后矛盾,正如克里特岛的说谎者悖论那样,那么无论这个人承认或不承认自己是说谎者,他都是一个说谎者。诚实本质上体现为一致,而矛盾或悖论必然意味着谎言。因而对说谎者来说,高贵远比真假更为重要。历史与哲学反映在事实与真实的问题上就表现为历史哲学的张力。在亚里士多德(《诗学》1451b1—10)那里,历史与哲学的截然划分,在莫尔这里模糊成了事实与真实相融合的历史哲学。②

三、《乌托邦》的历史意识

(一) 乌托邦的历史

乌托邦新岛不为外人所知,但它的历史却甚为久远。根据传说及周边的地势可以发现,乌托邦岛当初并非四面环海,而是一个类似伯罗奔尼撒的半岛,该岛本叫"阿布拉克萨",之后才以立法者乌托普的名字重新命名。

此前岛民们的生活野蛮落后,信仰不一,冲突不断,乌托普的到来改变了一切。他登岛时带领不过数十人,但因治理有方,很快统一了全岛。之后移风易俗,从上到下彻底改变了岛民的旧传统。新岛由乌托普一人设计建设:在地理上,他召集当地人和自己的士兵,将本岛连接大陆的一面凿开十五英里,令海水流入③,使其从半岛变成了一个具有地理优势、易守难攻的独岛,确立了乌托邦岛的地理优势和安全;在政治文化上,他为乌托邦建立了新法,遵从宗教宽容政策,使岛上粗朴未开化的民众成为高度有文化和教养的人,远远高出了今天欧洲大陆等其他地方的公民水准。

据希斯拉德说,当外邦人带了他们自己的书籍和文化进来时,乌托邦人学得非常快,只用了不到三年的时间。而攻读希腊文学也毫不费力,究其原因是他们的语言和文化都与希腊颇近。他认为乌托邦人"的祖先是希

---

① 参见柏拉图《理想国》第十卷的"厄尔神话"(614b—621d)。

② 在完成《乌托邦》之前,莫尔还有几部知名的史学类传记作品。《国王理查三世史》作于1513—1518年,原文为拉丁文,后莫尔亲自将其译为英文。该书惟妙惟肖地刻画了约克王朝的末代国王理查三世的暴戾性格。这部史学作品兼备了文学与史学的特点,用精心刻画的情节与对话,显然如同《乌托邦》一般真真假假。它是莎士比亚写作《理查三世》的重要材料来源。

③ 《乌托邦》,第50页。

腊人,因为所操语言虽然几乎全部和波斯语相似,但在城名及官名中保留着希腊语痕迹"①,而城市与官职都是保留着乌托普最早的订立传统。那么不难推测,乌托邦来自希腊。乌托邦良好的历史传统,其纪事史长达一千六百六十年。以此倒推会发现,乌托普建立乌托邦新岛的时间大约是公元前244年。当时正是斯巴达王爱吉斯(Agis)的时代,据马基雅维利在《论李维》中的说法,爱吉斯想让斯巴达人回到吕库古的法律为他们规定的界限以内,他觉得,自己的城邦已偏离正道,其古老的德行、国家实力和疆域都丧失甚多。但爱吉斯的改革刚一着手,就被斯巴达长老疑心其意欲实行专制(实则危害富人利益)而杀死。待到克莱奥梅尼即位后,他批阅了爱基斯留下的文档和言述,了解到其心思与意图,心中便萌生了同样的愿望。然而他知道,除非大权独揽,他不可能为祖国行此善举。因为在他看来,只要有那些野心家在,他便无法忤逆少数人的愿望,为多数人造福。他抓住一次机会,把全体督政和可能跟他做到的人斩尽杀绝,然后彻底恢复了吕库古的法律。乌托普就是爱吉斯和克莱奥梅尼样的人物,他的改制顺利完成并被永久地保留了下来,如吕库古一样开创了一个新时代,在乌托邦历史上留得芳名。

(二) 政治制度与历史时间

同好朋友相处会让人忘记时间②,生活在好的制度中则会超越时间。乌托邦人虽然拥有古老的历史,但并没有外部世界的"历史感"。乌托普的立法何其完善,以至千年过去,他们的习俗和传统都不再改变。纵然期间曾有若干罗马人和埃及人因遭遇风暴而登岛,但他们带来的不过是些科学和技术,知识类的更新并不影响乌托邦的政治体制和文化思想,甚至与外邦人相比,由于乌托邦政治文化和教育的完善,他们反而能更快地学到这些技术类的知识,但外邦人虽然掌握了很好的技术,却难以学习到乌托邦的制度和文化。"他们一遇见我们的人,便马上把我们的种种好发明变为己有,而我们要采用他们的更优越的制度,我想那是要经过一个长时期的。我认为这个特点说明,何以我们在聪明和资源方面不亚于他们,而我们的国家却不如他们的国家治理得当和幸福繁荣。"③

在莫尔看来,真正决定一个文明优秀与否的是国家的制度和法律,而

---

① 《乌托邦》,第83页。
② 莫尔曾苦于思乡之情,但因结识了好朋友贾尔斯,"和他快乐相处,进行愉快的交谈,我对乡土的怀念就大为消失,不像以前那样意识到和家人的别离,和妻儿的分手,我离开他们已经四个多月,我曾是多么急于回到他们身边呀。"《乌托邦》,第9页。
③ 《乌托邦》,第46页。

非技术与知识。"乌托邦人采用了那样的生活制度以奠定他们的国家基础,这个基础不但是最幸福的,而且据人们所能预见,将永远持续下去"①。乌托邦的历史时间因其卓越的制度而停滞,但却激发外部旧世界的新历史。随着新大陆的发现,乌托普不仅为乌托邦开创了新时代,同时也开创了欧洲旧大陆的新时代。这种"新"发现使得旧世界开始以一种"未来"的视角期待自身,"毫无疑问,人们对自己利益的关心和人们对我们的救世主基督的关心(基督由于有大智慧,不会不了解什么是最好的东西;由于慈善为怀,不会不把他所了解是最好的东西当作忠告),早就应该使得全世界都采用乌托邦国家的法制"②,但却由于一种恶魔而阻碍了它的实现。这就是人内心中的"骄狂",在制度层面其表现为对立于乌托邦公有制的私有制。

私有制因自身的制度不完备才有了对未来的期待,乌托邦因此从地域空间的存在转变为旧世界的时间线条上的未来期许,从而诞生了一种历史哲学。

康德在《纯粹理性批判》中否定了牛顿的绝对时空,将时间和空间作为人的直观形式,意即时空不过是人看待物自体的尺度和方式。正如历史事件的根本在于历史事件背后的永恒性一样,在时间和空间问题上,真正重要的是时空中的事件。因而,对欧洲世界带来最强冲击的不是乌托邦的历史,而是其为欧洲政治和制度带来了一种不同以往的新视角。作为一种衡量尺度,历史哲学交错了空间与时间。黑格尔的《历史哲学》充分体现了这种交错。在这部书中,他将空间意义上的东西方的差距,放到了世界历史的整体进程中,怀着一种日耳曼人的傲慢,将空间上的东方文明作为人类历史的幼稚阶段,之后才逐渐发展到波斯、希腊,然后继续成长为罗马,最终到达历史的最佳状态:日耳曼民族。通过这种大一统的方式,空间上的东西方的文化差异,被黑格尔转变成了历史时间维度上的先进与落后。

四、《乌托邦》与世界历史

彼得·伯克在《文艺复兴时期的历史意识》③中,将文艺复兴时期诞生的历史意识概括为三个方面:时序意识、证据意识、对因果关系的兴趣。在他看来,具有以上三种要素的历史意识诞生于文艺复兴时期,此前从

---

① 《乌托邦》,第118页。
② 《乌托邦》,第117页。
③ 彼得·伯克:《文艺复兴时期的历史意识》,杨贤宗、高细媛译,上海:三联书店,2017年,第1页。

400 年到 1400 年这一千年的中世纪时间里在整体上都是缺失的。他列举了很多文艺复兴时期的学者,将这三方面的特点一一加以陈述。文艺复兴时期诞生的这种新历史意识实则是一种学者的行动,他们以自己不同于以往的作品的写作有意无意地在复兴古典的浪潮中带来了新的动向。这一运动时期涉及 15 世纪的意大利、16 和 17 世纪的英法等地。作为英国人文主义者的莫尔就呈现出了这种新历史意识。具体地说,《乌托邦》带给旧世界的"新"贡献表现为以下两方面:

第一,经验现实主义(证据和因果意识)。

文艺复兴时期的哲学家们摒弃了经院哲学的传统,其研究的问题明显带有世俗化的特征,其方法倡导经验证实与理性的怀疑精神。在《乌托邦》中,莫尔明确批评了经院哲学的僵化与可笑[1],并借希斯拉德之口,不止一次地用实例而非逻辑修辞去回答现实中的问题:在红衣主教家,对惩罚强盗过重的法律,他举了波利来赖塔人的监狱制度;对意图扩张的国王的野心,他举了阿科里亚人的经验,强调治理适度的国土才最适宜;对群臣和国王对金钱无度的欲望,又举了马克里亚人限制统治者持有黄金的法度……而面对最重要的各国都存在的私有制问题,他更是将这种例证形式发挥到了极致,在第二部用近乎所有的篇幅来介绍一个不存在私有财产的乌托邦新岛。这种以经验实例来作为佐证的方式,可谓近代科学研究方法的先声。

第二,留有缺口的线性(时序)历史。

有两个传统影响了莫尔,其一是古希腊的哲学,另一个是基督教。文艺复兴时期的"哲学"特指"人的研究"(Studia humanitatis),即通过重新发现和翻译古希腊和拉丁各种文献来重新识人与世界,涉及语法、诗歌、道德、修辞和历史等多方面。柏拉图和亚里士多德对当时的艺术、文学、哲学和科学产生了持续不断的影响,新柏拉图主义激发了米开朗琪罗、伊拉斯谟等人的诸多艺术和文学作品,亚里士多德思想所涉及的各学科也使人文主义者不断扩大了研究的疆域和视野,但希腊的历史和时间观却始终未被文艺复兴的作者们所接受。[2]在这一问题上,他们受基督教的影响更多,体现为一种不同于必朽理念的超越性。莫尔是一个虔诚的天主教徒,如果说表面上他是一位古希腊思想的爱好者的话,内里他还是一个虔诚的天主教徒。他曾经讲授过奥古斯丁的《上帝之城》。作为基督徒,奥古斯丁的历史

---

① 《乌托邦》,第 40 页。

② 概而统之的希腊历史哲学是不易且危险的,但总体来说,对希腊思想起重要影响的荷马、赫西俄德、柏拉图、亚里士多德等,都将自然乃至政治事务的朽坏作为其最基本的存在规律。

时间不同于希腊古典,他抛弃了古希腊的循环历史观①,构建出一种有始有终的线性时间。他认为历史并不是周期循环的,而是由起点和终点共同构成的整体:起点是上帝创世,终点是末日审判,时间本质上只是人类经历的一段从堕落到被救赎的历史过程。整个历史则是上帝的意志体现。

　　历史哲学关联着"最佳共同体"的问题。无论上升还是堕落的历史观,都预设着一个更好生活的存在。在古希腊,是宿命;在基督教,是救赎;在乌托邦,是停滞。它就像停在曲面的最高点一样,既不上升,亦不下滑。所以,乌托邦新岛是一个静止的世界,在制度上,是一个既不会变好(因为已经是最好),也不会变糟的社会(除非有外来侵蚀),所以可以说它本身并不具有历史性,或者说历史在乌托普建城完毕后就已经终结,整个乌托邦千年如一日地往复。但这个内部静止的新世界却给外部旧世界带来了巨大的历史波澜。无论基督教抑或古希腊哲学,旧世界的历史观像个封闭体系,他们都认为自己能解释一切。但《乌托邦》在继承了基督教的线性时间结构后,把终点的天国世俗化为乌托邦新岛,因而与前者相比,《乌托邦》所开启的历史哲学更像一个开放的系统,它在自己已有的理论体系中,为旧世界的未来留下了位置。

　　美洲大陆的发现被称为"地理大发现"。这个世界不单在地理上给西方以启示,更成为西方未来的一个发展方向。"全世界初期都像美洲,而且是像以前的美洲"②,洛克这句话充分体现了新大陆的空间转变为老欧洲的时间意识。新世界从书本落实到行动中,遂引起更多的西方人(如伏尔泰)对东方的憧憬。然而正如上文提到的,单就东方而言并没有历史感的觉醒。唯有从西方到东方,或说从旧世界到新世界的这种指向,才是历史意识的真实呈现。"新世界"的称谓并非来自它历史时间的晚起,而是因为美洲和澳洲都是新近才被欧洲人所知道的,就其整个地理历史与人文精神的结构来说,它们自行长久与古老同外人无关,唯有被发现才使之成为一种相对的新,成为一种欧洲人所未曾见过的新地理与新历史。所以,黑格尔把美洲大陆称为"明日之国土"③,认为在未来,对欧罗巴厌倦的人们将会在这里找到自己憧憬的新世界。

　　然而,这种令人激动的预言却也呈现出表里之不同的两面:一方面,如

---

① 关于古希腊和基督教的时间观和历史观,可参看本部分第一、二章。
② 约翰·洛克:《政府论》下篇,叶启芳、瞿菊农译,北京:商务印书馆,1964 年,第 32 页。
③ 黑格尔:《历史哲学》,王造时译,上海:上海书店出版社,2006 年,第 80 页。

上所说,这种"新"意识令旧世界对现世未来有一种期许;但另一方面,这种期许又带着一神教和西方中心论的背景。"新的未来"始终是欧洲人的未来,正如当一位神学家听闻了乌托邦新岛的奇闻后,主动请缨去那里传教。传教固然怀有虔诚的信念与传播良好福祉的动机,并非出于个人之私利,但这一行径却也带有囊括新世界入天主教的神圣和世俗的目的。所以在《乌托邦》发表的一百年后,法王路易十三在加拿大成立一家贸易公司时,仍声称是继续其父亨利四世建立的阿卡迪亚殖民地的工作,使他们"在那些被称为加拿大的'新法国'的土地上,发现一些能够维持殖民地的居所,目的是在上帝的帮助下,努力让居住在那里的人们认识真正的上帝,教化他们(to civilize them),并教导他们信仰使徒的、天主教的和罗马的宗教"①。

第二节 博丹与治史捷法

提起博丹(Jean Bodin),最有名的无过于他的《共和六书》(1576 年法文版,1586 年拉丁文版),里面提出了影响近代政治的"主权"概念,主张不可分割的绝对王权思想。然而,他还有一部稍早的名为《易于认识历史的方法》(1566 年)的作品。

《方法》(*Methodus*, *ad facilem historiarum cognitionem*)②可说是博丹第一部体系性的著作。书的题目或许会给人某些误导:拉丁文中的逗号标明了重点,即"Methodus"(方法),其次是对它的解释:"ad facilem historiarum cognitionem",看上去他似乎提供的是一个对历史文献的分类指南和对历史写作的指导。但实际上,博丹更提供了一种政治哲学以及历史哲学的思想。他认为,绝大部分的史书都是有关国家及其内部变迁的记录,所以"要理解历史,就必须简要解释国家诸起源、已经建立起来的各种形式、各邦国的目的"③,这些乃是迄今为止史书中最重要的东西,对个体灵魂之塑造也最有价值。对建立和维持人类社会而言,最有效的方式就是了解治国之术。在书中的第六章,博丹主要论述了传统以来几种不同形式的

---

① Anthony Pagden, *Lords of All the World*:*Ideologies of Empire in Spain*, *Britain and France*, *c.*1500—*c.*1800, Yale University Press, 1998, p.34. 转引自刘文明:《"帝国"概念在西方和中国:历史渊源和当代争鸣》,《全球史评论》2018 年第 15 期,第 12 页。

② 以下皆以《方法》简称。

③ 博丹:《易于认识历史的方法》,朱琦译,上海:华东师范大学出版社,2020 年,第 178 页。

政体。这部分内容在全书所占比例颇高,但即便如此,似乎仍未达其目的,因而才有了十年之后的那部大作:《共和六书》。①

《方法》是博丹 36 岁时的作品,某些思想看上去也还只处于萌芽状态,但书中所包含的那些观点,最后都发展成为其在成熟期和晚期的另外三部著作。在沃格林看来,《共和六书》并不单纯是一部论述政治学以及有关主权理论的体系专著,实际上也是博丹诸作品的关联与不断塑造的一个过程。②简单地说,《共和六书》是《方法》第六章问题的展开。在这章里,博丹关注并详细阐述了历史结构中关于人类历史行动的理论。而其后的《七贤对话录》(整本《方法》都有涉及)和《普世自然的剧场》(对应第八章)③,则分别从宗教宽容以及宇宙秩序方面展开,这正对应着博丹在《方法》中对人类历史的三分。其中宗教是中心,社会生活是基础,宇宙论是整体框架。

可以说,在具体问题上,不同时期博丹的观点和侧重有所不同,但从大框架来看,他的几部重要作品都可以归类为历史哲学问题。因而,通过《方法》这本书大致就可以看出他之后整个思想体系的雏形。

一、《方法》的结构与主题

在《方法》的献词中,博丹提出了历史写作的三种类型:素材的发现、素材的整理和错误的去除。但令他惊讶的是,人们掌握了无数的素材,却没有用真正理性的方式去整理它们,也就是没有方法化。在博丹看来,仅仅囤积一大堆史书是不够的,还必须能理解每本书的用途,指导阅读这些书的顺序和方法。④例如在研究希伯来人的历史时,就要先研究国家建立的体系,再研究宗教建立的体系,因为后者属于第三种历史,要求更为尊贵的静观的心灵。研究完属人的事务后,如果还有闲暇,那么可以继续研究自然科学,这样也会发现,从自然科学出发更容易研究神学。⑤

在《方法》的序言中,博丹介绍了研究历史的方法框架。如其章节的划分那般明朗:

---

① 1565 年到 1576 年越来越混乱和紧急的政治环境,也可以从一个方面解释他从《方法》到《共和六书》在政治哲学方面的推进。

② 沃格林:《政治观念史稿·第五卷　宗教与现代性的兴起》(修订版),霍伟岸译,贺晴川校,上海:华东师范大学出版社,2019 年,第 291—292 页。

③ 《七贤对话录》(*Colloquium Heptaplomeres*)完成于 1593 年,但 19 世纪才得以发表;《普世自然的剧场》(*Univerae Naturae Theatrum*)完成于 1596 年。

④ 《易于认识历史的方法》,第 15 页。

⑤ 《易于认识历史的方法》,第 22 页。

"一开始就划分清楚并界定主题，再指明阅读顺序。然后我们会以历史为依据安排人类生活的类似步骤，这样有助于记忆。之后，会考量个体作者的选择问题。然后，讨论如何正确评价这个领域的作品。接着说说国家政体类型，这当中主要涉及到一切历史的准则。接下去，驳斥那些宣扬四帝国论和黄金时代理论的人。阐释完这些主题后，我们会试图弄清楚各种晦涩复杂的年代顺序，这样就能理解从何处寻找历史的开端以及从哪个起点追溯历史。我们会彻底驳斥那些坚持诸民族的[独立]起源思想的人。最后，罗列以供阅读的史家的清单和顺序，这样，就可以清楚地了解每个作者所写的内容和他生活的时期。"①

通过每章的题目概述和体量，我们也能发现博丹全书的侧重点。

全书共十章：

第一章"历史及其分类"很短，只有 5 页。②

第二章"历史文献的叙述顺序"也不长，11 页。

第三章"历史材料的合理安排"，共 14 页。

第四章"史家的选取"，突然增加到了 52 页。这也就意味着，方法本身较为简单，但涉及具体的史学家以及他们作品的良莠，则是关键要学习的内容。因此，好的内容才是治史方法得以良好运用的根本。

第五章"对历史的正确评价"则有 78 页。可以说这章承接上一章，治史的方法、目的和用意就在于分析历史事实，给相关事件做正确的定断是真正见史学家功底的地方。

第六章主题转变，题目是"国家政体类型"，共有 160 页。也就是说，对历史内容的探讨，一个最重要的问题是政治，也就是在这里，史学家的工作与政治哲学家的工作具有一致性。

第七章"驳四帝国说及黄金时代说"则只有 13 页。

第八章"普遍时间系统"有 36 页。

第九章"各民族起源的检验标准"约 40 页。

最后第十章是有关史家的分类排序与评述。

如果该书可以分三部分的话，那么第一到第五章是第一部分（共约

---

① 《易于认识历史的方法》序言，第 8 页。

② 这些页码根据的是中译本。

160页）。主要论治史的方法；第二部分是第六章，论政体等政治问题；第三部分是后四章（约150页），讨论"时间与历史的真伪分类"。可以说，这样的编排相当整齐均衡，而第六章显然是全书的核心。在本章第一句，博丹就提到"绝大部分史书是关于国家及其内部变迁的记叙"①，所以，真正理解历史问题显然就要从国家和政治的角度来切入。而当前的问题在于"迄今为止还没有一个人阐释过到底什么是最好的国家"。这也就是说，历史本身是讨论有关最好国家的问题，而最好国家是人生幸福的保证。因而，历史学就要对人生之幸福问题给出解答。"其他事务对于了解灵魂之本性确有价值，对于塑造每个人的道德确实很好，但是通过阅读史家作品而搜集到的资料，那些关于城邦的开端、成长、成熟形式、衰败和消亡的资料，却是必不可少之物"②。在这一点上，它与哲学所关注的目标是一致的，即"什么样的人生是值得过的？"③而"只有把历史称为'生活之主'的人的评价，才最真实恰当。这一指称隐含了所有德性和训练的所有修饰，意味着人的整个一生都应该根据历史之神圣法则来塑造。"④

　　这里有几点要注意：（1）历史并不是如今天史学涉及的经济生活等各方面，而是只同或者主要同政治和国家相关；（2）史书只是描述政治变迁，而不是对历史中的国家起源、政治更迭等做思考。对历史事件进行思考的是历史哲学或曰治史，也就是博丹这里要做的工作；（3）研究历史就是研究国家，而国家与人的灵魂是一致的，也就是说，研究历史本质上就是研究人自身。

　　所以在博丹这里，历史哲学与政治是密切相关的。或者说，政治本身作为人之灵魂的学问，就是历史哲学真正的研究对象。"因此，研究哲人和史家关于国家的争论，并将我们之前的帝国与现在的帝国相比较，我所计划的这本《方法》似乎就有用武之地。如果所有因素都得到恰如其分的关注，也许就能更清晰地理解各国的普遍历史。从这种讨论中，我们可以受益匪浅——更易于理解君主国需要什么样的法律，以及民主式和贵族式国家需要什么样的法律（因为国家类型不同，法律也应有所不同）。"⑤

二、历史的划分与统一

　　通常，历史学被视为对事物和事件所作的真实叙述。但是这种定义的

---

① ② 《易于认识历史的方法》，第178页。
③ "建立国家的目的不是自由，而是生活得更好"。《易于认识历史的方法》，第325页。
④ 《易于认识历史的方法》序言，第1页。
⑤ 《易于认识历史的方法》，第180页。

前提是要考察何谓"真实"以及如何"叙述",这就需要对历史进行分类。

博丹将历史分为三类①:属人的历史、属自然的历史和属神的历史。②属人的历史探究的是人类生活的政治经验,人的历史是意志(voluntas)的活动体现,自由决断(liberum arbitrium)是人对历史进程影响的关键;属自然的历史探究自然的规律与奥秘。"自然"指一切都可被归为"法则"或"必然性"的规律,它为历史提供了一个限制人类自由的秩序框架;属神的历史则是基督教的历史,也就是基督徒所相信的神的意志的体现,这种超越的力量甚至可以改变自然。上述这三类历史虽有分类,但并非彼此分立:在文艺复兴的人文主义者看来,属人的历史与属自然的历史是交织的;在基督教徒看来,属人的历史则与属神的历史相交织。在博丹这里,他关注的是属人的历史。

对应三种历史有三种德性:审慎、知识和信仰。第一种指导理性与实践,第二种探究自然的奥秘,第三种研究上帝对我们的爱,被称作"恶的终结者"。"这三种德性合在一起,才能形成真正的智慧"。在这三种历史中,最有帮助的是神圣历史。这一历史无需其他帮助就能使人幸福,甚至无需实践(第一种历史)和关于物理学(第二种历史)的知识。如此,人们似乎应该直接探究神圣事物的历史。但在博丹看来,"有些人一开始就研究神圣历史,有些人对孩子们或是没有受过教育的人们讲解神圣事务难题,他们不仅预期错误,而且用这些高难度的问题打击了很多人。"③因此,就必须从属人的事务这一主题开始研究,大自然赋予人类的首要欲望是保存自我,对自然之敬畏令人开始探究这些运转的缘由。如此对上帝的信仰才不仅可能,而且必然。在《方法》的第一部分中,他用自己的方法来重新规范历史,让人类历史相对脱离上帝意志的神圣性。神圣历史留给神学家,自然历史留给自然哲学家,《方法》则专心研究人的行为以及支配属人行为的各种法则。

历史本身包含着各种具体历史事件和不同地区的各自特性,在《方法》第一章中,博丹主要谈论了个体历史。例如各民族以及不同政体形式的历史,这些看上去都是历史中的个体,彼此分立。但在第二章,他就讨论了区别于个体历史(historia propria)的另一种被称为普遍历史或说共通历史

---

① 博丹非常喜欢用"三"来划分。这无疑受到基督教"三位一体"的影响。沃格林曾认为博丹的人类学具有灵知主义的来源,而他的历史哲学就是在这样一种背景下描绘出来的。

② 《易于认识历史的方法》,第9页。

③ 《易于认识历史的方法》,第10页。

(historia communis 或 historia universa①)。它被定义为所有共同体或者至少是最著名的政治体的历史。在博丹看来,历史不应该关注琐碎无用的活动。普遍历史以两种方式叙述了诸多人或城邦的作为,或是诸如波斯、希腊、埃及民族的作为;或是所有——至少是最著名的——那些民族的作为。②

博丹的普遍历史概念与当时地理大发现的时代相关。所以他也非常重视地理学。博丹所说的地理学首先指的是自然的地理知识,即根据海洋和大陆来划分的,以及根据气流的运转来确定海洋的性质与范围。他将地球分为四个或五个部分,即欧洲、亚洲、非洲、美洲和东南大陆。其次他又把"编纂"引入,曾有人指责历史编纂学家用了太多过于细致的描述,去刻画短暂的历史时期,从而会忽略普遍历史的问题。但博丹为历史编纂学家辩护。因为历史学家的任务在于研究历史的细节,而历史"读者"的任务则不同,他们更像是历史哲学家。读者的主题不是某一时间段的历史细节,而是某种被称为宇宙结构的整体框架或原则。之所以如此,是因为博丹非常强调研究普遍历史,比如应该具有整全的视野。在时间和空间维度的立体考察才能不遗漏各个部分,从而为整体的研究奠定基础。因而,《方法》这本书既对历史文献做了书目索引的指南,同时还提供一些阅读顺序的建议。从整体上说,《方法》的主题不是历史编纂,而是认识历史,即对历史的分析和归类梳理,其目的是获得囊括诸个体在内的宇宙整体的历史哲学。

(一) 空间

历史进程与宇宙结构紧密相关。同时,宇宙学是普遍历史的一个必备部分,每个史学家也就必须同时具有地理学的知识。博丹认为,史学家应该从研究地图开始,然后根据在认识历史中使用的分析方法来探究"宇宙学"(cosmosgraphy)。他应从天体与自然元素的关系开始,这涉及天体学、风相学、水文学、地理学等,然后把地球划分为不同的区界,然后是各个大陆。在博丹看来,最重要的大陆无疑是欧洲。然后再次一级的区域,被称为"地方志"(chorography),更次一级的则是"地形学"(topography)。正是以这样的方式,博丹划分并定义了普遍历史与个别历史之间的关系。倘若不能先熟悉普遍历史,那么研究个体历史就不会清晰。

地球是人类历史的舞台,各地区不同的民族在此栖居。他们有不同的风俗、文化、宗教、科学和文明,以及政治制度。而与柏拉图和亚里士多德

---

① 在第二章,博丹用 univers 代替了 communis。
② 《易于认识历史的方法》,第 12 页。

的看法①相似,这些差异也源自某些气候的不同影响。民族之间的差异如此,个人之间的差异也同样。博丹对人的区分类似于《理想国》中苏格拉底按金银铜铁的分类,他把人分为有智慧的人、节制的人和体格健壮的人三种。当然这种划分并不是绝对的,而是每个人都有这些品质,只是占主导方面的德性多少有区别,从而在整体上呈现为不同品性的人。柏拉图在《理想国》中对人的区分,是为构建一个正义的城邦的秩序,博丹则把这种意图拓展到整个世界。"Quod igitur Plato in sua, nos in mundane republica facie mus"(柏拉图所做的,我们也要在世界共和国中去做到)②,《方法》就是把柏拉图的城邦拓展到世界层级的作品。

世界共和国(mundana republica)超越了民族和联盟城邦,是历史地存在着的人类整体。在其中,由于气候区域等原因,分散着不同的历史个体。博丹根据气候和南北纬度的差异,把人分为南方人、中部人和北方人。南方人是"老年人",以宗教和科学见长;北方人相当于"年轻人",以技艺著称;中部地区的人类则持守中道,善于交流、谈判、指挥和制定法律等社会政治活动。虽然人类可以这样被区分,但是他们彼此之间不是割裂的多元关系,而是文明多样的关系,总体上仍是一个整体。他们中任何一类人都不能代表人类整体,只有他们的集合才是全部。这种区域多样化构成人类总体,任何一者都不能缺席。尽管如此,正如柏拉图区分了人的金银铜铁等级一样,不同地区的人也有等级的差异。博丹明显有欧洲中心论的倾向,他所指的南方是地中海地区,北方是德意志的北部,中部则是凯尔特人的法国。中部以一种中庸的方式,兼具北方实用主义和南方灵性主义的品性。③他们不仅创造了秩序和法律,还在技艺方面成了人类的教师。而法国就是那个中道的地区,它位于北方英国和南方意大利西班牙之间,同时也是东西半球之间。王权君主制是法兰西对人类的贡献。亚里士多德曾有希腊是地球之肚脐(omphalos)的说法④,博丹则把地球的肚脐放到了法国:欧洲是世界的中心,法兰西是欧洲的中心,巴黎是法兰西的中心,法学院是巴黎的中心,而博丹则作为全人类的政治学教师,坐在法学院的中心写作《方法》。

显然,博丹严重地夸大了凯尔特人、法兰克人和法国人的品质,将其归

---

① 《法义》,747,《政治学》,1327b。
② Methodus, Reynolds译本,第117页;1566年版本,第132页。转引自《政治观念史稿·第五卷 宗教与现代性的兴起》(修订版),第281页。
③ 《政治观念史稿·第五卷 宗教与现代性的兴起》(修订版),第283页。
④ 《政治学》,1327b。

为亚里士多德的中道,用沃格林的话说:不能不说有点孩子气的傲娇。

（二）时间

前面提到的是空间方面,在第七章博丹则从时间秩序方面进一步思考。通常在历史事件维度,政治终结论有两种形式:一种是《圣经》中但以理四君主国(quatuor monarchias)对世俗历史的解释,另一种则是根据希腊黄金时代(aurea secula)的神话对世俗世界进行的解释。前者假定有四大君主国的存在,其先后顺序是亚述、波斯、希腊与罗马。这一序列随着罗马的灭亡而结束。神圣罗马帝国则是他的世俗历史的最终形式,并会延续到世界终结。而黄金时代的神话,在博丹看来,其实根本也不是什么黄金时代。根据他所掌握的材料,人类开始时反而是相当野蛮的。那绝不可能是"黄金"时代,虽然后面如伯里克利和奥古斯都似乎有些黄金时代的气象,但比其现代(博丹的时代)来说,仍不是最美好的。在技艺和科学方面,现代人显然已经远超古人,在知识见地等方面同样如此。所以,历史并没有呈现连续上升或下降的规律,而是以一种永恒回归的方式循环往复:德性之后是邪恶,正派之后是罪过,知识之后是物质,光明之后是黑暗。然后再度诞生出德性、正派、知识、光明……

博丹没有将基督教的神圣历史视为人类进程的来源,他铲除了一切末世论的思辨,只留下永恒回归的原理,用以揭示历史的经验结构。据沃格林考察,博丹的三个时代的这种历史观其中的一个来源是《塔木德》,在 *Tract Abuda Zara(Idolatry)* 第一卷中,有如下的内容:

> "以利亚的信徒教导说:世界将持续六千年,头两千年是一片混乱(Tahu),第二个两千年属于托拉,第三个两千年是弥赛亚的时代。由于我们的罪恶,第三个两千年已经开始很多年了,但弥赛亚还没有到来。(*Babylonian Talmud*. ed. Michael L. Rodkinson [New York,1930], 10:16)"[1]

博丹使用六千年的假定,将世界历史划分为三个两千年——这又一次对应了他对三种人的划分模式。同时,宇宙有三个领域:智识领域、天上领域和元素领域;相应的,人心中也有三种秩序:第一种令心灵转向上帝,第二种关注于共和国,第三种则对应物质和形式。这样也对应于人的三类活动:沉思,行动与生产。除此之外,博丹还加上了三个历史时期:第一个时

---

[1] 《政治观念史稿·第五卷　宗教与现代性的兴起》(修订版),第287页。

期,人们在宗教和智慧方面非常优秀,同时也获得了关于天上世界与自然秩序的知识;第二个时期,人们关注于政治共同体的建设,包括设立法律和开拓殖民地等;第三个时期对应于基督教时代,涌现出大量的工匠,技术和科学得到广泛的发展。但是伴随而来的也是世界范围内的动荡与战争,因为帝国已经从南方人转移到了北方人那里。他此时心中所指的显然就是东西罗马帝国的覆灭。

通过这种历史分期,博丹用亚里士多德的口吻概括出了历史意义的本质,即当心灵的各种潜在能力在各历史时期完全展开时,人类历史就实现了它的意义。至于在这个千年的尽头还将发生什么,没有人知道。就像追问上帝创造时间之前有什么一样,对这一问题的追问也是没有答案的,他清楚,**宇宙是一个描述的对象,而不是一个解释的对象**。共和国的结构同宇宙的结构是一致的,而人及其在历史演化中的自然结构和灵性结构(宗教),就是宇宙的一种无法解释的终极结构特征:

"属人的智慧不足以更细微地研究这些事情,或者是,理性无法推导这些事,神圣预言也不会认可,所以,这种研究既愚蠢,更不敬。"①

三、 历史哲学与宗教政治

博丹思想是前现代的,这种模式与之后的现代思想有很多共同之处。同时他也开启了近现代政治中的主权思想。因而沃格林称其为一半属于中世纪,一半属于现代的人物。②在前者,涉及历史宗教问题,在后者则涉及现代的主权理论。这种区分最终在神学、政治和自然秩序之间达到了最终统一。

在1563年《给让·巴图的信》中,博丹提到了各种宗教相互冲突所造成的灵魂中的混乱。他告诫朋友,不要被各种意见所误导,而是认可一种超越于诸历史宗教之上的真宗教。那就是以上帝为方向的"净化了的心灵"。它是灵魂在孤独中的沉思状态。与亚里士多德相似,这种个人的沉思状态似乎与城邦的共同生活存有张力。因为一个好人并不意味着是一个好公民,同样,一个坏人也可以去做一个好公民。好人遵循自身的灵魂本性去寻求孤独,在沉思中转向上帝,而不是社会事务。对此,博丹给出了自己的解决方式,这种解决开始于对亚里士多德政体的批评,进而认识到

① 《易于认识历史的方法》,第393页。
② 《政治观念史稿·第五卷　宗教与现代性的兴起》(修订版),第221页。

人的灵性与政治学理论在技术细节间也存有体系性的联系。个人沉思是宗教式的,他与政治生活的区分体现在了博丹对历史的三种划分上。

前面提到,博丹把历史分为三种:人的历史、自然的历史和神或说宗教的历史。《方法》主要讨论的是人或说政治的历史,也就是出于自愿的人类的活动历史。而人的活动同样可以分为以下几种:(1)源于自我保存欲望的活动;(2)源于舒适享乐的欲望活动;(3)源于对荣誉的欲望活动,如战争和统治权等;(4)源于与自然保持一致的、灵魂的孤独沉思活动。这最后一种,就是带人脱离社会而进入同上帝和谐一致的状态。尽管如此,在博丹看来,人沉思的前提和基础却是社会生活,也就是说,人的主要活动是前三类,即社会的发展与维护,这样才可以使第四种活动成为可能。

在社会活动中,博丹接受了亚里士多德对政治关系的重视。政治共同体同样欲求幸福,并将其作为最好目的。政治管理的活动范围可扩展到文化和宗教活动在内的整个社会生活,在这一点上,它又是与沉思的"真宗教"有关联的。如果一个政治体不能给沉思留出空间,那就不能认为它是幸福的政治体。反过来,如果一个人的沉思不是在社会中的沉思,那么也不能认为他是幸福的(人的本性中无法摆脱前三类生活)。"在不朽的上帝之后,我们的一切都要归功于政治体",在这一方面,他与柏拉图洞穴比喻所要表达的议题是一致的。沉思的生活不可能成为某人的职业,但为了使社会存在成为可能,完美的生活就必然是一个混合式的生活,部分是政治积极的,部分是沉思的。他引用瓦罗的看法,"如果我们想要个人和整个城邦都达到同样的理想状态,就不能把居住在社会中的人的理想状态定义为独自的闲暇或活动,而只能将其定义为所谓的混合性格。心灵完全从肉体剥离之前,不可能享受纯粹的静观"①。沉思是人的生活和共同体的目的,但它必须建立在日常的家庭和政治行动的基础上。哲学家的成功得益于城邦共同体②,而良好灵魂的秩序与政治共同体的秩序是一致的。

四、 小结

在博丹看来,历史不仅是指人类的各种活动,是关于人类过往活动的真实记叙。同时,"学者们在其他人文学科里常常使用的各种帮助记忆的方法,也应该用于历史。就是说,应该把值得记忆的相似事件以某种特定的顺序排列,从这种排列组合中抽出各种事例以指导我们的行为,就像从

---

① 《易于认识历史的方法》,第33页。
② 《政治观念史稿·第五卷　宗教与现代性的兴起》(修订版),第238页。

藏书宝箱中取宝一样。"①他的历史哲学以各民族的天性为基础,分析了气候对他们的不同影响。而这进一步就导致了各民族之间不同的政治结构和政体形式。但这种不同并不意味着普遍历史的消解。而是普遍历史的多样体现,正如柏拉图理想城邦中各阶层不同但合乎秩序一样,不同的民族和国家政治体同样发挥其独有的作用,共同构成了一个完整的世界。进一步,各元素(包括人和自然)都受到天体的控制,而天体又受到圣灵世界的控制。从而整个宇宙在民族、宗教和自然上达到同一。空间秩序的考察开启了文明多样性的领域。由此博丹可以从普遍历史中回到一种民族国家的层次,从而让法兰西成为人类的政治导师——亨利四世的登基无疑最令他满意。时间秩序的考察消除了末世论的因素。博丹由此回归到一种历史的内在意义,这种回归也预示了意义在未来的潜在展开。②通常这种永恒轮回会导向一种历史悲观主义,但博丹并没有止步于此,他更关注历史中的意义问题。在博丹的建构中,普遍历史的超越意义已经内在于历史的经验进程之中。另一方面,经验历史也得以获得了某种神圣历史的特质。

实际上,西方世界的整体并非严格的从一个时期过渡到另一个时期的进步论,各种变化是由某些地方性的中心逐渐蔓延到了其他区域。而那种进步论的信条,则构成了 17 和 18 世纪英国和法国的乐观历史主义,它凭借科学的进展和宗教世俗化的方式逐渐成为一种现代性的观念。

---

① 《易于认识历史的方法》,第 26 页。

② 除了三分结构之外,博丹对数字 7 和 9 也充满神秘的着迷,认为 7 和 9 的倍数有重要意义。他虽不认为人的寿命是 70 岁,但把这一数字移植到了国家方面,从而得出国家的周期时 496 年。在其中,那些互有差异但互为补充的国家,各自也有寿命周期。作为具体国家是会随着周期而生灭消亡的,但是这个类型体系却永恒如此。

第三部分:历史哲学的黄金时代

如果一个人考虑过时间的本性,那么非常清楚的是,无论是何种事物,在它持续的每一个单独的瞬间,保存它所需要的力量和行动,完全同于在它尚未实存时从头创造它所需的力量和行动。

——笛卡尔:《第一哲学沉思集》,第三沉思

第一章　近代理性思想下的两朵奇葩

经历了中世纪的黑暗时期,文艺复兴与启蒙运动都以宗教的去昧为首要任务,他们高举人性与理性的大旗,主张用理性的天平去考察一切。然而这一革命精神究竟在多大程度上摆脱了基督教的影响还是尚待研究的问题。对理性与科学的颂扬更多体现在了方法论层面,这一革命精神首先带来的是科学方法的确立。追求清楚明晰性成为科学的基础,并且推理与几何学的方法成为新世界的解释方式。但方法的革命绝不意味着思想的根本革命,科学只是作为一种新工具而登上了前台,它祛除的是信仰与迷信,其事业却依旧建立在传统之上,或者说,方法的革命并未能对方法之根基做考察。[①]在历史方面,批判性的材料收集成为主要方式,对历史事实的关注超出了对事件意义的考察,因而希罗多德《历史》中所记述的神话,以及史诗与悲剧中的传说和英雄便成为科学无法解释的对象,所以它们也就不能进入到历史学家们的视野。但在那个时代,人们对史料的考察究竟科学到了何种程度还未可定论。关于人类起源的科学理论,更多的是从美洲新大陆的发现而推论出来的。他们看到了美洲人的原始生活方式,于是便构想了原始人向文明人的进化历程。这一假想的前提仍旧是基督教的,也即在他们看来,人类首先具有一种相同的人性,并且世界上的各个种族,即便事实上没有任何联系,却都归属于人类这个整体。人类的历史,即便在时间上不是同步的,却都可以被纳入到同一的世界中:野蛮人与文明人的差异,只在乎时间在他们身上流逝的不同速率。

世界整体的视野,一部分来源于罗马征伐所开拓的世界维度:在罗马人那里,世界就是罗马,城市只有唯一一个,urban 就是罗马城,此外无他;另一部分则来源于基督教。对基督徒来说,基督受难的意义是要拯救全人类。曾经的犹太教只是一个民族宗教,亚伯拉罕的上帝只是犹太民族的

---

① 笛卡尔的理性之根基建立在"无可怀疑"的基础上,但这一基础并非逻辑或数学,反而是"清楚明晰"的直觉。可以对比亚里士多德在《尼各马可伦理学》(1140b35—7)对 nous 与 logos 的划分:"科学据以推出的那些始点不是科学、技艺和明智可以达到的。……只能靠努斯来获得"。

神,与其他民族无关。但基督耶稣的降生与受难改变了它,犹太教从民族性宗教迈向了普世宗教。[①]在基督教的神学中,所有人并不是孤立的存在,他们共同分享着同一个人性,即因亚当夏娃的堕落而被损坏了的人性。亚当是始祖,是人类的生命之源,所以他的罪就是世人的罪,是所有人类的罪。这样,全世界在出生之时便承继了亚当的原罪,并且也都会因耶稣的受难而得到赎清:天主降生成人,成为耶稣基督,带着完整的人性,受难而复活,通过受难赎清了人类的罪过,通过复活而向人性注入了永生。启蒙主义者不相信原罪与救赎这一套"非科学"的信仰,但他们在批判宗教的同时,却"默默地背上了历史的十字架"[②]。

第一节 维柯的《新科学》

就像奥古斯丁写作《上帝之城》的主旨不在历史而在于弘扬上帝的意志一样,维柯《新科学》[③]旨在建立一种对抗哲学和理性给政治生活带来的怀疑主义。他的首要目标不是建立一种历史观或者历史科学,而是为了解决哲学与政治的冲突——这一冲突来源于哲学的"走火入魔"。它在苏格拉底和柏拉图那里并不明显,但经由亚里士多德,以及之后的斯多亚学派和伊壁鸠鲁学派,哲学的怀疑主义开始严重地侵蚀政治生活。

笛卡尔在《谈谈方法》中提到,"就连最忠实的史书(les histoires les plus fidèles),如果不歪曲、不夸张史实以求动听,至少总要略去细微末节,因而不能尽如原貌"[④]。他将历史、诗学以及修辞学作为华丽的产物——它们是用华丽的辞藻堆砌而成,却不带有数学推理的明确性(la certitude et de l'évidence de leurs raisons)。[⑤]在笛卡尔那里,清楚(clair)和明晰(dis-

---

① 其中保罗起到了举足轻重的作用,他扩展了基督教的范围,认为基督徒并不必须只是犹太人的专利,只要有信,人人都可成为教徒。

② 卡尔·洛维特:《世界历史与救赎历史》,李秋零译,北京:三联书店,2002年,第7页。在近代理性主义和经验主义的开创者那里,这样的神学背景都是显而易见的。笛卡尔自己就是一个虔诚的天主教徒,他的任务是找到一个更为确定的方法,而非反对上帝。甚至就连这些方法和原则,也是用来证明上帝存在的作证;霍布斯的利维坦虽然是一个世俗世界的"骄傲之王",但这个时代是位于耶稣升天与第二次降临的时段,它位于上帝直接统治与上帝之子的到来的中间,如果用三位一体来看,正是在圣父与圣子中间的圣灵时代,利维坦虽然是尘世中王权与教权的集合体,但它统治的合法性又来源于"圣灵",它是自然的上帝之国。

③ 维柯:《新科学》,朱光潜译,北京:人民文学出版社,2008年。

④ 笛卡尔:《谈谈方法》,王太庆译,北京:商务印书馆,2001年,第7页。

⑤ 《谈谈方法》,第7页。

tinct)是根本的评价标准,它来自"我思"即"我在"的同一,但却也是"我思,故我在"(je pense,donc je suis)真理性的保证,也即是最不能怀疑的东西。①维柯对笛卡尔的第一个反驳就由此开始,他不认同真理的标准是以清楚明晰来衡量的。维柯将真理等同于创造②,在他看来,"确定性"并非"清楚明晰"的观念,它是人类的一个特点:对于人类来说,因其与神不同,故他们并不具有类似上帝创造自然的知识,人类所能做的是:意识到自然后而明智地止步。一门科学,当其运用人类自身的能力来摹仿神,创造的越多才越接近真理。因而,真理部分地依赖于创造。③但笛卡尔却意图用"我思即我在"这样的原则去证明世界的存在,这种企图其实是用自己的知识来衡量整个宇宙,是人对自身界限的僭越。

实际上,笛卡尔并不是一个彻底的怀疑论者,他意图通过彻底怀疑所有可怀疑之物,来寻找一个不可怀疑的最为坚实的基础。他最终找到的是"清楚明晰"这样的根本原则,以其作为科学的方法和人类生活的指南。这种怀疑精神来源于现代思想对古代理性主义的复兴,特别是针对基督教先信仰后理解的信仰主义的挑战。然而维柯看到了这种过分强调理性的危险——那是亚当和宁录都曾犯过的罪,他们有不虔敬的野心,因为他们要跨越人类的边界,而非止步于人类可靠但却不完备的知识。维柯看到了理性主义的张狂,虽然他同样倡导理性与科学的方法、对培根的《新工具》推崇备至、其理路依旧遵循着近代的科学精神,但他科学"新"的地方,在于用科学的方式重释历史,而非解释自然世界。在他看来,历史与自然二者间存在着本质的差别。

纠缠于维柯的词源学和语法学的论据和庞杂论证并无必要,虽然这些是《新科学》里最主要的部分。本节在此仅将这些丰富论据背后所要支撑的论点做一简要勾勒,以便揭示维柯的历史观——虽然他的主要目的并不在于呈现一种历史发展的规律,而是在思考哲学与政治的关系:哲学正是在历史中,显露了它的有限性。

现代科学精神禀承了古希腊的理性传统④,然而这种追求真理的好奇

---

① 清楚和明晰对于笛卡尔来说,是思的开始,或者说是思的起点,而不是思所要推理的结果。

② 维柯:《论意大利最古老的智慧》,张小勇译,上海:上海三联书店,2006 年,第 12 页。

③ 马克·里拉:《维柯》,张小勇译,北京:新星出版社,2008 年,第 20 页。

④ 参看戴维斯:《古代悲剧与现代科学的起源》,郭振华、曹聪译,上海:华东师范大学出版社,2008 年。

心在启蒙的普遍性里却危害了古典有序的民政(civil)①教育。哲学下降到政治导致了危害城邦的习俗和宗法的结果。如果说维柯起初是以一个神学形而上学家来反对笛卡尔的"渎神"行径的话,那么他在《普遍法权》(*Universal Right*)中则宣称真正的社会威胁来自新的政治科学理论,这一理论的源头始于马基雅维利和霍布斯。在《新科学》中,维柯自始至终都在抵抗着现代性的腐蚀。

《新科学》的结构具有强烈的几何学形式,卷首的要素、原则与方法的交代同《谈谈方法》的开篇及斯宾诺莎的《伦理学》十分类似,之后它运用一系列词源和语法学家的论据来重新解释过去的神话、祭祀、史诗、悲剧等诸多问题。经过一系列翔实的论证,维柯最终提出了人类诸民族发展的历史过程。②

通过第一卷定下的原则,第二卷探讨和发现的异教世界中的人和神的一切制度的起源,以及第三卷对荷马重新解读而发现的希腊部落的自然法宝库,维柯在这些研究中找到了**共同的人性**。进而,在第四卷他展开了这一点,将人类诸民族的历史划分为三个阶段:诸神时代、英雄时代和人的时代③。这样的划分与瓦罗相似,奥古斯丁在《上帝之城》中曾提到了瓦罗的三种神学:一个是神秘的(mythicon),一个是自然的(physicon),第三个是城邦或民政的(civile)。④他修正了瓦罗的错误:将其明确为基督教的"天启神学"、异教的虚假的"民政—诗性神学"和哲学中的"自然神学"。可以看出,维柯的历史划分摹仿了瓦罗和奥古斯丁,但他没有拒斥民政神学,而是将它同样看作天意的产物,⑤在整个历史发展中,人类一直都具有某些共同意识,即宗教婚姻和财产。而推动人类走向这些共同意识的却是天意。

---

① 或译为"公民的""城邦的"。

② 维柯"新科学"的方法来源于两个语文学传统:其一是罗马法研究的语文学;另一个是圣经年代学。通过这两大历史地理传统他发展出了自己的历史学。(《维柯》,第140页)

③ 这三个时代分别对应了人类三种不同的自然本性、三种习俗、三种自然法、三种政体和三种主要制度、三种语言和三种字母、三种法律、三种权威、三种理性和三种裁判。(《新科学》,第429页)

④ 奥古斯丁:《上帝之城:驳异教徒》(上),吴飞译,上海:三联书店,2022年,第267页。关于奥古斯丁与瓦罗的关联,可参读林国华十分有见地的文章:《历史,没有灵魂的书写?》,载于萌萌主编:《启示与理性:"古今之争"背后的"诸神之争"》,上海:三联书店,华东师范大学出版社,2006年。

⑤ 《新科学》更多用墨在民政神学的研究方面。对民政神学的关注使得维柯将罗马作为健康的政治秩序的理想模型。这一点维柯与奥古斯丁明显不同。奥古斯丁的门徒奥罗修斯将奥古斯丁在《上帝之城》末尾的历史划分运用到了罗马和世界历史上,认为教会在当时(六世纪)的罗马诞生,并将会统治到基督的再次降临。但奥古斯丁明确指出,神意最深层次的目的是对凡人隐藏的,人不应从暂时的发展和历史的巧合来推断上帝的神意。

　　"凭天意，世界上最初的各种政府都以宗教为它们的整个形式，只有依据宗教，氏族政权才有基础；由氏族政权转到各种英雄式或贵族式的民政政府，宗教也必定是它们的首要的坚实基础。上升到民众政府体制，宗教已然向各族人民提供达到各种民政政府的手段。"①

　　人类经历了三个阶段，这并不代表着历史的终结，反而是重新复归。因为人类世界是由人自己创造的，它的动力来源于人的心智和欲望。但当具体到个人却又往往不一，它们甚至经常彼此相反，超出了人们所欲求的目标：人们存心要满足自己的欲望而抛弃子女，结果却创建了合法的家庭；家族长们存心要无节制地运用父权，却使民政权力产生——受庇护者服从了民政权力；贵族存心对平民大发主人的威风，却不得不服从法律从而奠定了民众自由；各族自由的人民存心要摆脱法律却变成独裁者的臣民；独裁者存心要巩固自己的地位而以坏风气腐化臣民，却把人民交送给更强民族手中去承受奴役；这些民族存心要腐化瓦解，他们的幸存者却又逃到荒野里重新生活。②人类就像一只不死鸟那样，死后又浴火重生。

　　决定着历史真正发展方向的不是人的心智和欲望，而是天意——前两者只是历史发展的动力，是天意借以实现的手段。但即便如此，整部《新科学》中关于基督教的描述远远少于词源学和对历史的解释。③维柯对宗教和天意的描述完全依托了理性的方式。可以看到，他并没有把本书的目标指向历史，更不是天意。维柯是要在历史中呈现**哲学的限度**，如果我们把维柯的思想追溯到古希腊，对比苏格拉底哲学转向时的初衷，就不会像洛维特那样，将维柯的哲学等同于上帝的意志。毋宁说，维柯是通过历史——上帝意志的代表——找到哲学与政治之间恰当的位置。

　　正如马克·里拉所说："历史科学可以通过将哲学历史化来消除它的威胁，即通过科学来叙述哲学史，并且揭示出哲学对它想要破坏的前理性

---

　　①　《新科学》，第537页。即便在独裁君主体制中，"宗教依然是君主的护身盾"。
　　②　维柯所称赞的完美罗马政体，会随着民主政体而被腐化，同时哲学也被腐化，它们都落到了怀疑主义的牢笼。于是修辞学大行其道，修辞术成为获得政权的工具，这样，最好的罗马政体就堕落为一个最坏的暴政。而克服这种病的药方只有三种：(1)出现一位奥古斯都那样的伟人；(2)这个民族被其他拥有伟大领导者的民族所征服；(3)民族自身腐化衰败，重新回复到了野兽的原始习性。"回到原始人世界的那种朴素生活，又变成信宗教，真诚而忠实了"。
　　③　否定维柯的基督教背景同样是片面的，无论从他卷首的图画，抑或是在人类历史、本性、习俗等整齐的三位一体的结构里，都有强烈的基督教来源。然而就像笛卡尔的《谈谈方法》的目的在于提出一种科学的方法而非只为简单证明上帝的存在一样，基督教在《新科学》的位置是次要的，它同奥古斯丁将一切荣耀归于上帝的《上帝之城》相比，旨趣完全不同。

传统欠下的债。"①宗教乃是一切社会关系的基础,维柯通过《新科学》揭示了这一点,他阐明了哲学的理性诞生于宗教的非理性之中,他借以攻击现代理性的武器是罗马的辉煌。"文明的希腊思想没有能力理解罗马的成就,因为它相信智慧应该是通过理性才能获取,而不是通过诗歌和'共同意识'。"②但通过对人类历史的考察可以发现,那些共同意识才是最根本的,它扎根于人类的本性,要比理性本源得多。在维柯看来,人生来愚蠢,他首先是一个非理性的激情动物;人在历史中与其说是动力不若说是主体,人是否在历史中拥有部分的自由仍将是问题,但可以确定的是,"哲学并不提供那种自由,因为哲学本身也是历史的产物。似乎只有科学可以奇迹般地逃脱历史的掌握,而维柯的科学所提供的唯一自由就是服务和保存宗教智慧的自由。"③

维柯在《新科学》的结尾以一种苏格拉底的**虔敬**口吻写道:

> "本科学以对宗教虔敬的研究为它的不可分割的一部分,而且一个对宗教不虔敬的人,就不可能是一个真正有智慧的人"④。

第二节　卢梭的历史意识

维柯去世的那年(1744 年),卢梭从意大利回到巴黎。⑤他是否见过或者读到过维柯的作品我们无从考证,但同样作为启蒙时代的人物,两人以各自独特的方式反思了启蒙理性的限度与问题,可以说:维柯之于笛卡尔,类似卢梭之于伏尔泰。

伏尔泰是启蒙运动的领军人物,他的《风俗论》的导论部分,最早以《历史哲学》为题目发表,他也是首位明确使用"历史哲学"这一概念的哲学家。伏尔泰提出了一种新的历史研究方式,他反对用历史神学,而主张以理性批判地考察。《风俗论》可以看作是伏尔泰反驳波舒埃(Bossuet)《世界通史》的作品,他主要从两个方面驳斥后者:一是,《世界通史》并非真是"世界"的。《通史》只讨论了古代的四个帝国,并且它们都是与犹太人相关的国度。与黑格尔的《历史哲学》相似,伏尔泰在《风俗论》的开篇提到了中国

---

① 《维柯》,第 254 页。
② 《维柯》,第 250 页。
③ 《维柯》,第 185 页。
④ 《新科学》,第 538 页。
⑤ 卢梭:《忏悔录》,范希衡等译,北京:人民文学出版社,2011 年,第二部第一章。

与东方文明,欲以一种非基督教的视野来看待基督教神学的历史。在他看来,中国的历史不仅比《旧约》古老,而且更加文明。中国历史没有无稽的瞎编乱造,没有基督教那些荒诞的神迹和预言。孔夫子作为真正的智者要远远高于犹太先知。伏尔泰的历史没有基督文化一元论的特点,他呈现的是各个文明自身的提点与发展路向,而没有按照一个中心意义来定向。①伏尔泰反驳波舒埃的另一点则是:神意并没有体现在世界历史中。"历史哲学一开始,就面临着从历史神学中解放出来的任务和一个反宗教的主题"②,启蒙运动本质上是"要使人类生活和思想的每一个部门都世俗化","是对宗教本身的一种反抗"③。伏尔泰是启蒙运动的领军人物,他历史研究的方式是朴素的,所搜集到的都是尽可能属实的真实资料。他认为历史的意义和目的乃是人类依靠自己的能力来改造人与人之间的关系。④

一、 不平等的起源

与伏尔泰不同,卢梭没有写过治史类的专文,似乎在思想上他并不重视历史⑤,围绕历史问题的思考只出现在《论人类不平等的起源和基础》⑥以及其他文章的部分章节中⑦;但这个表面的事实,并不能让我们忽视"卢梭的历史意识"及其意义。

《论不平等》是卢梭第二次参加第戎学院征文时的作品,如其题目所指,意在回答"人类社会不平等的起源和基础,以及这样的不平等是否与自然法相容"。正是这样一部以社会不平等和自然法为主题的作品,背后却隐藏着十分重要的历史意义。

在《论不平等》的开篇,卢梭援引了亚里士多德《政治学》的名言:"不应当在变了质的事物里而应当在合乎自然法则的事物里来观察自然"⑧。在

---

① 《世界历史与救赎历史》,第130页。

② 《世界历史与救赎历史》,第121页。

③ 柯林伍德:《历史的观念(增补版)》,何兆武等译,北京:北京大学出版社,2010年,第77页。

④ 这样也带来一个后果,即收集不到的以及更为古老的历史文献被当成不可靠的材料加以拒斥。伏尔泰甚至认为,在早于15世纪末以前的事件都是不可信的。历史知识只有到了近代科学以后,才算是一门科学。故柯林伍德认为:启蒙运动的历史观不是真正的历史观,而只是论战性的,是一种充满激情地针对宗教的否定性运动。

⑤ 让·斯塔罗宾斯基:《卢梭的〈论人类不平等的起源和基础〉》,载于《卢梭的苏格拉底主义》,刘小枫、陈少明编,北京:华夏出版社,2005年,第22页。

⑥ 卢梭:《论人类不平等的起源和基础》,李常山译,北京:商务印书馆,1997年。以下俱以《论不平等》简称,不赘述。

⑦ 如《爱弥儿》。

⑧ 《论不平等》,第48页。

卢梭看来，古代自然法学家与近代法学家围绕自然法的那些争论，实际上都出于对自然的误解：因为他们没有发现人类原本的模样。他认为，从自然到社会的变迁，就如同格洛巨斯的雕像在时间、海洋与暴风中被侵蚀的历程一样，如今已难辨其原本的灵魂①；故而卢梭提出，要考察不平等的起源，就既需要考察人自身，同时也要关注人的历史变化——在这二者中，首先应还原人之本性，并跟进地考察人性在从自然到社会的变迁中相应的转换、生成和演变。《论不平等》试图揭示的就是：人之不平等并非出于自然，而是源于变了形的社会。倘若自然本乎平等，那么自然法也就与之相衬地平等了②。

　　《论不平等》始于寻找"自然人"。那么如何寻找"自然人"呢？首先要找到一条合适的路径。卢梭把《创世记》中关于人类历史的说法称为"事实"（les faits）——在此"事实"中，亚当被看作人类的始祖，但由于亚当直接接受上帝智慧和训诫，故卢梭认为："自然"的人在《圣经》中没有真正出现；同样，因为一般的自然法学家也只是从"事实"出发，"自然人"在他们那里也不曾出现；为了寻找"自然人"，就必须撇开这些"事实"，换一种新方法——他称自己的新方法不反映"历史的真相"（des vérités historiques），而只是推理与探讨。卢梭在《论不平等》中区分了两类读者：一类是柏拉图和克塞诺克拉特（Xénocrates）这样的"哲学家"，另一类是无需阅读文后注释的"一般人"。表面上看，卢梭自己讲的是不分国家和语言差异的"普遍人"的历史；但实质上，普遍并不能在经验中证实，而只能在推理中得到。《论不平等》的听众固然是所有人，但评判者却是柏拉图和克塞诺克拉特这样的哲学家——哲人与"所有人"不同，他们关注的是应然而非实然。③在注释3中④卢梭特别提到，在指出人类历史的那些变化后，至少还须指出

① 卢梭这里借用了柏拉图《理想国》（611d）中的比喻。

② 卢梭区分了两种不平等，一种来源于自然，一种来源于（社会之中的）协议。他认为，即便人在自然上有差异，但这些差异在原始状态也不会导致不平等。因为在原始状态，每个人都是个体的存在，他们之间并不发生关联。只有到了自然状态的后期，因某些不知名的偶因使然，人们必须为生存而走到一起，社会才得以建立。自然法只存在于社会中，在原始状态，甚至不会有"法"的概念。普拉特纳：《卢梭的自然状态——〈论不平等的起源〉释义》，尚新建、余灵灵译，北京：华夏出版社，2008年，第80页。

③ 《论不平等》，第175页。对参亚里士多德《诗学》，1451b；《形而上学》，981a15，982a。

④ 他在前言中提到：这些注释是给那些有勇气重读文章的读者看的，对于一般只关注正文的读者，没必要读这些注解。可以看出，那些真正具有评判职责的哲人们才是这些注释的真正读者。而事实上，单是正文，就已经让第戎学院的评阅者们头痛了，他们给这篇文章的评审结果是："没有读完。因为正文过于冗长，败坏风俗等等"。《卢梭的〈论人类不平等的起源和基础〉》，第3页。

这些变化的**真实性**(en montrer au moins la vraisemblance)，然后才能认可它们。①言外之意，卢梭要说出的是人的本性，其研究是在"永不撒谎的自然里读到的"，而不是"（为）喜欢撒谎的同类者所写的文章"；自己讲的不是教徒口中的"事实"，而是"真实"(vrai)。故我们首先需沿着《论不平等》的脉络，还原卢梭"推理"出的"真实"。

（一）自然状态

自然状态中的人没有社会，它们不是群体，只是独自生活的个体。因而卢梭提出，对人之自然的考察，就应当不同于一般生物学的类进化考察：必须抛弃掉生物学家的类研究方式，从个体开始。

他指出，在身体构造方面，原始人（即"自然人"）与今人并无差异：它们"都用两足行走，都像我们一样使用双手做事"，它们"目光射向整个自然，并用眼睛观测广大无边的天空"②。这样的人是一个没有任何社会属性的动物，与其他物种没有什么不同，唯一的差异是，动物生来有属于自己的本能，人却一无所有③。但人也有一种其他动物所不具有的潜能，即摹仿的能力。通过学习和锻炼，它可以习得动物的能力，甚至可兼备数种。原始时期土地肥沃、地产丰富，足以供给所有生物之所需，故与其他动物相较，人倒是更易存活。它不需要同类和伙伴就可独自生存，也不需要太多的知识——只要能灵活地跳跃、奔跑、搏斗、攀登和投掷就足够了。这类技能与知识不同，知识可以教授和传递给他人或后代，能力却只会体现在个人身上④。所以，原始人与其他动物一样，每一个体生来怎样，老去也一样。原始的人类可能已经非常古老，但却始终没有成长⑤。它们偶尔会遇到同类，但不会一起生活，形成种群，除了欲望驱使他们短暂地结合以及母亲本能地哺育幼子之外，它们很快会再次分离，重归个体的世界。

卢梭原始人的设想与霍布斯不同，它们并非生来彼此敌对和有统治欲。在卢梭看来，原始人与动物一样自然地生存；饥饿时觅食，饱餐后离去；不会为将来筹划或欲求自己限度之外的东西。它们居无定所，没有土

---

① 尤其注意《论不平等》第 179 页注释 12。卢梭批评洛克未能区分"已然的事实"(des faits existants)与"真正的事实存在"(l'existence réelle de ces faits)。

② 《论不平等》，第 47 页。

③ 可以对观柏拉图的《普罗塔戈拉》(320d—321d)的普罗米修斯的神话。

④ 卢梭将知识与能力做了非常重要的区分。能够传递和学习的只是关于技艺的知识，而不是技艺本身。也就是说，诸如跑跳之技巧，可以如教练员那样传授给运动员，但身体的强健与灵活却不能教授或传递，而只能依托个体自身的锻炼。这一区分与柏拉图"美德是否可教"的问题如出一辙。

⑤ 《论不平等》，第 106 页。

地占有的观念。强大者抢夺其他动物的洞穴只为休息,醒后便会因觅食而离去。被抢夺者也不会因失去故土而留恋,它会再次找到新的栖息地。动物间也不是相互攻击和敌对的关系。它们偶尔虽也会因觅食而冲突,但很快就会因分出高下而平息下来,并且不会有长久的嫉恨之情。原始人与野兽都一样,并非天然好斗,除了自然的天敌外,它们对其他动物不会有强烈的反感。

故在生理和身体上,原始人与动物并没有太大的差异。

在形而上学或精神(内心)方面(le côté métaphysique et moral),原始人与动物之间的差异要更大些。动物遵循自己的本能,猫与鸽子不会互换食物,人却**自由主动**地觅食和行动。由于精神的自由,自然人的感官常与精神发生错位,身体会受内心的妨害:生理上的饥饿只需食物就可满足,但精神却会要求无尽的美味。亚里士多德在《尼各马可伦理学》中曾提到:动物的灵魂不会要求过度,贪婪(不节制)的人类灵魂却总欲壑难填。[1]本能驱使动物去行动,人虽然同样可以遵从本能,但他却也能意识到行动的自由,认为自己有服从或抵抗本能的能力。卢梭认为,这正体现了人类精神的灵性(la spiritualité de son âme)。

前面提到过的人与动物的区别,即人摹仿动物的潜能,卢梭称之为**自我完善化的能力(la faculté de se perfectionner)**。这种能力促使了人其他能力的发展,它不仅存在于个人身上,同时也存在于种群之中——人不仅可以学习动物,也可以相互学习。可完善性(perfectibilité)能展开的方向很多,在不同方向的展开会使一个人与另一个人的差异远大于人与动物间的差异。**这一能力既有利于人在自然状态中完善自身,也是它堕落的原因。可完善性的这种矛盾特征反映了人的"悖论性偶在"**:凭借它,人得以成长;而出于某种"偶然","借助于时间的作用使人类脱离了他曾在其中渡过安宁而淳朴的岁月的原始状态",它在历史中也"使人显示出他的智慧和谬误、邪恶和美德,终于使他成为人类自己的和自然界的暴君"[2]。

可完善性是自然赐予人的礼物,凭此可以弥补原始人生来一无所有的缺陷,"还可以把他提高到远远超过本能状态之上"[3]的位置,原始人没有智慧,因而他的欲望不会超过其自然需要。人的进步是人类在智慧开化后,运用可完善性的结果。情感本于人的需要,情感的发展却来源于认识。

---

① 亚里士多德:《尼各马可伦理学》,廖申白译,北京:商务印书馆,2006 年,第 89 页。欲望是灵魂中无逻各斯却能够听从逻各斯的部分,与之相应的节制是其最好的品质。

②③ 《论不平等》,第 84 页。

"我们之所以求知,无非是希望享受"①,"智慧的进步,恰恰是和各民族人民的天然需要,或者因环境的要求而必然产生的需要成正比的,因此也是和促使他们去满足那些的种种欲望成正比的"②。

(二) 人类社会

从原始状态到人类社会的过渡出于偶然,但可完善性(即人的自我完善)出乎自然——没有"偶然"的驱使,人"绝不能自己发展起来"。这些外部原因有可能发生,也可能不发生。没有它们,自然人会永远停留在原始状态。但历史确实发生了,卢梭承认自己不知道这一偶因发生的缘由,他猜测:或许是因为繁衍,人的数量逐渐增多,土地、气候或季节的骤变使得生存环境变得艰苦,单独的个人难以存活。

但进一步思考卢梭的"偶因"会发现,原始状态虽然完美,但也最为脆弱。换句话说,卢梭所描述的人类从自然状态到堕落的历史的偶因,其实恰恰包蕴着"必然"和人类理性诞生的"必须"。完美意味着最好,并要求与永恒和不变保持同一——变化意味着尚待完美或将变得不完美。它要求自身具有强大的不被改变的稳定性。卢梭描述的自然状态没有这种稳定性,它如薄脆的玻璃器皿般,任何震动都会轻易使其破碎,滑向次于它的不完美。自然状态的绝对完美性潜藏着它的脆弱性,任何外部的变化,譬如陨石撞地球、森林大火、人类的大量繁衍所造成的资源亏缺……都是引起自然发生蜕变的因素。所以,当卢梭说人类由于某一"偶因"而开始诞生理性的时候,他的真正所指并非自然状态被破坏的偶然,毋宁说,**完美的自然状态是必然要被破坏的,只不过被哪种事实所破坏才是"偶然"的**。③

故而,为应对生存环境的变化,人**必须**习得一些新的技巧来完善自己。共同狩猎和觅食使得原始人发现了合作的益处。随着交往逐渐增多,共同生活也使得他们开始彼此需要。最终,人从个体的存在变成了类存在。接触与交往使得人与人之间产生相互影响,从前个体掌握的技术与知识得以在类群间传递。那些曾经被多少人习得却因其生命的终结而消失的技艺就得以在类的延续中保存下来。

自然的灾害与日渐艰难的生活环境促使了人类自我完善的实现,并从中孕育了知识与理性。然而理性不仅使人类具有了强大的生存能力,同时也产生了人的自尊与虚荣心。原始人本无善恶,"正因为他并不知道什么

---

① 《论不平等》,第85页。
② 《论不平等》,第86页。
③ 后文我们会再回到这个问题。

是善。阻止他们作恶的,不是智慧的发展,也不是法律的约束,而是情感的平静和对邪恶的无知"①。在他们的心灵中只存在两种最原初、最简单的本性:自爱心(amour de soi-même)与怜悯心(la pitié)。前者使原始人关注自己的幸福和自我保存,后者使他对同类所遭受的痛苦或死亡产生天然的憎恶②。霍布斯只看到了自然人的第一个特点,而没有看到后者。卢梭指出,正是怜悯才缓和了人类自爱心所可能带来的灾难。怜悯心是人类唯一具有的自然美德(la seule vertu naturelle),但人的理性出现于"完美的自然状态"因"偶然"而遭破坏之际,人的怜悯之心也随之受到了压抑。理性"使人敛翼自保,远离一切对他有妨害和使他痛苦的东西"。原始人缺乏理性,所以他才会在同伴受苦的时候出于本能地伸出援助之手;理性却可以在受苦的同伴面前令自己闭上眼睛,捂住耳朵,来阻止内心所激发出来的自然同情,使得对同类所遭受痛苦的"天然憎恶"无从发生。它会对自己说:"你要死就死吧,反正我很安全"。这种基于"自我保存"的算计理性,如今业已成为了现代性命运下人与人之间冷冰冰的普遍现实!

日趋恶劣的生存环境,使得人类逐渐走到一起;理性的发展使原始人日渐成为社会人。人类的交往产生了分工与合作,人与人之间的联系更为紧密,人已经具备了社会属性,成为了社会人。同样,奴役关系也诞生于需要:人首先定居下来,并开始圈养动物,用狗或鹰来协助打猎。交往的频繁与两性结合的稳定也使得家庭与公社相继出现。理性与分工大幅提高了人类的生存和生产能力,使生产力得到长足发展,生产力的提高必然会产生超过实际所需的物质产品。理性的筹划使得人类不仅开始学会享用这些产品,甚至还在欲望上要长期占有它们。私有制的产生加剧了人与人之间的冲突,而当富人们出于自保和心计与穷人们订立契约的时候,自然状态就彻底画上了句号。

二、 卢梭历史问题的意义

"自然"是古希腊哲学的核心概念,早期的希腊哲学家都可被称作自然哲学家,他们的作品大都以《论自然》为名,足见自然问题的重要性。"社会"这一词语指"志同道合者"(socius),它有着浓重的基督教色彩——教会的社团组织就是这样以每一个信徒为单位组成的团体。可以说,在希腊思想中,只存有城邦共同体,并没有"社会"的样式,他们之间保持的是"政治"

---

① 《论不平等》,第99页。
② 《论不平等》,第67页。

(城邦)的关系。①

卢梭幼年深受希腊罗马的古典教育影响②，然而作为日内瓦公民，以及青少年时期流浪到天主教的巴黎，接受华伦夫人③的照顾，这就使得加尔文新教与天主教同时成为他思想的必要来源。也即，在卢梭的思想中，融汇了希腊与基督教两种思想。从这点出发，我们就可以明白，为何历史问题与希腊的自然思想在卢梭的作品中同时出现，并且，他又如何放弃了圣经样式的历史神学解释，而借用"正确的理性"重新吸纳了"自然"，来作为构建社会的标准。

（一）人的自然

思考人之自然(nature，也可以称为"本性")的问题由来已久，修昔底德叙述《伯罗奔尼撒战争史》时就意图彰显这一恒久不变的"本性"④。霍布斯生前十分看重修昔底德，他用了十多年的时间将《战争史》翻译成了英文。从霍布斯为该书撰写的前言以及他的其他作品中可以发现，霍布斯所谓的人与人的战争状态，实脱胎于修昔底德对城邦间无序战争的叙述。霍布斯将人的天性归为自保，他们为生存而彼此战争，就如同当时的雅典、斯巴达、科林斯以及波斯帝国间的侵略与反侵略争战。霍布斯将城邦类比个人⑤，城邦间的无义战争也就因此类比到了人与人之间的狼的状态。在希腊古典思想中，人的德行在于自身的卓越，这尤其体现在好勇斗狠和机智多谋两方面，⑥在希腊人的德目中，从来没有对他人和弱者的"怜悯"。

卢梭承继了霍布斯——更应说是希腊——的自然概念，但是他深恶霍布斯对人天性中残酷的描述，于是他将"怜悯"树立为自然原初的善。正如前面提到的，同情与怜悯并非希腊思想的元素，它来自基督教。因而，卢梭对人性的描述实则为希腊精神与基督教精神的融合。从人类现代性的处境审视这一融合，其更重要的意义还在于，卢梭仅仅将"自保"和"怜悯"作

---

①　亚里士多德认为，人是城邦的动物。而作为社会主义或说共产主义者的马克思，才将人的本质总结为"社会关系的总和"。

②　普罗塔克的《希腊罗马名人传》是他常津津乐道的书。

③　她是一位虔诚的天主教徒。卢梭称其为"妈妈"。

④　中文常译为《伯罗奔尼撒战争史》，其实更应翻译为《战争志》，因为修昔底德有意避免使用希罗多德的"历史"一词，在整篇《战争志》中，从来没有"历史"(historie)的出现。许多英译与中译将其译为"history"和"历史"实有误导之嫌。但由于久之习惯，以下仍以《战争史》简称。相关论述，可参看施特劳斯与克罗波西主编的《政治哲学史》的修昔底德部分。列奥·施特劳斯、约瑟夫·克罗波西主编：《政治哲学史》，李天然等译，石家庄：河北人民出版社，1998年。

⑤　可对观《理想国》，苏格拉底在探讨人的正义问题上，将其类比到城邦。

⑥　古希腊的几种主要德行：智慧、勇敢、正义、节制、虔敬。而作为希腊思想的来源的《伊利亚特》和《奥德赛》，也是以歌颂代表勇气的阿喀琉斯与代表机智的奥德修斯两位英雄为主题的。

为人的"自然状态"中所体现的两种天性,它们都隶属于亚人性(subhuman)或者说是前人性(prehuman)的本性①;而人类最重要的"本性"乃是"可完善性",这种可完善性既可以使人完善为良人,也可以使其堕落为冷血恶魔。

(二)基督教与历史意识

人的"可完善性"使"历史"得以进入,这是基督教思想世俗化的另一个方面。如前文所述,现代意义上的历史,或者说对历史整体的意识来源于基督教的思想:历史乃是从亚当和夏娃被逐出伊甸园开始,一直到他的后世子孙受苦和赎罪,重新获得神恩得到拯救的过程——世界历史乃是人类的救赎历史。

基督教将历史理解为一种神学,卢梭有意回避了这种神学历史,他甚至在文中也鲜言历史②,而代之以"可完善性"或人的"待完善性"。但毕竟"可"或"待"都不是指业已展开了的历史,也即他所描述的从自然状态到人类社会的进程,卢梭用了不确定的"偶因"作为历史展开的导引——没有偶因的"可完善性",人始终是一种尚未到来的潜在;没有人的"可完善性",即便再多的偶因,也不会导致人之自然的展开。

然而,如前所述,偶因在卢梭那里并不意味着历史的发生是偶然的,它实际所指的乃是历史发生的"事实"之偶然;更明白地说,历史的发生不是偶然,而是"真实"的必然——唯有具体发生的"历史事件"才是偶然的,卢梭不清楚的只是触发人类堕落的具体事件,而他对历史发生的"必然"之推理③,则源于自然状态的本质脆弱。

卢梭描述的自然状态实在太过完美,只有永恒不动的静止才能保证其完美无缺,些许的风吹草动就会迫胁它的存在。可以说,自然状态是一个极端完美的标准,但它最大的缺点在于不够稳定。完美自然之存在很大程

---

① 施特劳斯:《现代性的三次浪潮》,载于《西方现代性的曲折与展开》(上),贺照田编,长春:吉林人民出版社,2011年,第89页。

② 卢梭常是以哲学(理性)而非历史来展开自己的论述,如在《论不平等》中他这样描述到:"时间的经过如何弥补了各种事件多欠缺的真实性;一些轻微的原因,当它们继续不断发生作用时会成为惊人的力量;某些假定,一方面我们虽然不能给以与事实相等的确实性,但另一方面我们要想推翻也是不可能的;两件被认为真实的事实,是由一系列位置的或被认为位置的中介事实联系起来的,如有历史可寻,应有历史来提供那些联系作用的事实,如无历史可寻,则应由哲学来确定那些能起联系作用的类似的事实……"。(中译本第110页)

③ 这正是理性推理的依据。"这些猜测,当它们是从事物本性中所能做出最接近于真实的猜测时;当它们是我们用以发现真理所能有的唯一方法时,便转化为推理的依据。此外,我所要从我的猜测中推出的结论,也不会因此便成为猜测性的结论……"《论不平等》,第109、110页。

度上依托于机运①。无论怎样，这一自然状态终究毁灭了，尽管卢梭给出的解释简单而粗糙——从最完美的状态中，终究会诞生不节制的人的泛滥，以及不可避免的环境恶化；但他用推理的"真实"使得读者从自然完美的理想中清醒过来，这是卢梭"历史意识"的积极意义之一。

对卢梭来说，他并非想摹仿霍布斯，将人类社会的基础建立在自然状态的本性上。霍布斯依托人类的"自保"原则，构建了一个更为巨大邪恶的怪兽"利维坦"，他提供的解决办法是"两害之中取其轻"：政治与君主必然邪恶，但这种邪恶恰恰是人们不再相互戕害、保存生命的保证。霍布斯那里不具有历史发展的横向维度②，人性的"高贵"已被连根拔起。对卢梭而言，人在自然状态中拥有自爱与怜悯两种天性，后者作为德行尺度，为人类"可完善性"的历史指出了方向；这是卢梭"历史意识"的又一积极意义。

纵观卢梭的描述，从自然状态的至善到人类社会的堕落，这一过程俨然是《圣经》中，亚当与夏娃从伊甸园被逐出而开始的人类历史的世俗版本：卢梭将人类社会的堕落归咎于理性和算计，它对应于亚当和夏娃偷吃了智慧之果的原罪。或许卢梭罕言历史的一个原因，是他不想让读者联想到《圣经》神话，由此我们也会发觉，为何卢梭在追述人类自然的起源时，要先讲述《圣经》解释与自然推理的不同。

但卢梭不言明历史的另一个原因更为根本。在基督教背景中，历史是上帝的惩罚，是人类通过努力而得到救赎的过程。历史代表着上帝的意志，从神意方面看，人类的智慧不能通过业已发生的历史来揣测上帝的意图。③所以，基督徒所期待的，是未来与拯救，而不是历史与过去。卢梭认同这一点，他的眼睛盯着未来而非过去。由于亚当被逐出伊甸园，作为后人的基督徒就始终带着原罪意识——认罪是基督徒信仰上帝的第一步，而

---

① 可对比《理想国》中最好政体的实现与机运的关系。由于这一政体太多凭靠命运的垂怜（哲人与王的同一），亚里士多德在《政治学》（IV.11）中甚至更倾向于等而次之但更为稳定的混合政体。同时，施特劳斯在写给索罗姆的书信中也从另一个角度表现了现实与完美的差距："基于Guide【译按：指迈蒙尼德的《迷途指津》】12 的关于亚当最初不知高贵和卑贱的一段话——我要说，弥赛亚时代不一定比亚当的最初状态更高，而是更低。"（列奥·施特劳斯：《回归古典政治哲学》，朱雁冰译，北京：华夏出版社，2006 年，第 395 页。）

② 故施特劳斯将卢梭，而不是霍布斯看作是现代性的第二次浪潮。在他看来，历史对于霍布斯的意义从来不是革命性的，他在后来"非历史的""反历史的""理性主义的"政治学里，"扬弃"了此类历史转向。参看《回归古典政治哲学》，第 240 页，以及《霍布斯的政治哲学》第六章。

③ "奥古斯丁警告信徒们不要从任何暂时的发展或历史巧合来推断上帝的神意"。《维柯》，第 178 页注释 2。

最深刻的罪就代表着最大的拯救；与之类似，卢梭则始终带着自然①的标准，自然至善在于其中生存的自然人的自足和自由②，该标准的提出并不意味着要让人回到过去，而是将它作为未来社会建构的原则。卢梭与亚里士多德一样相信，人可以构建一个次好的社会，而在古典哲人看来，最好的城邦或社会的实现依托机运。卢梭把这种机运的有效性降到了最低，所以他比古人更为悲观。但卢梭的悲观并未主义化，他不是一个纯粹的基督徒，并未把命运完全交给上帝，同时，他也不认为人的未来可以重新回到原初快乐的伊甸园（或许卢梭认为，可以实现的只能是天堂，而天堂之路的通途是好的理性，而非上帝）。在他看来，就像亚当不可能将智慧之果吐出一样，人的理性一旦开化就不会重归愚昧。历史发生了就不可能再倒回，人能做的，只是改变未来的方向。既然理性造成了人类社会的堕落，那么要做的就不是放弃理性，而是在理性限度内尽可能构造一个接近至善的理性社会。

三、 小结

总体来说，卢梭对历史的态度，如同他对基督教的态度一样模糊。在施特劳斯看来，这种模糊性使得基督教世俗化更进了一步，他指出，"**现代性是一种世俗化了的圣经信仰**"③。理性主义者与启蒙哲人不相信神学历史的原罪与救赎，他们用科学祛除宗教和传道，然而在批评宗教的同时，却

---

① 在自然中，唯有怜悯才是良与善的根本、与自保同样本源。它也是建构一个更好人类社会的基本原则。自然的善本乎没有理性的败坏，自然人虽求自保，但不自私。如果用社会人的"德行"来描述的话，怜悯是维持社会存在的最好品质。

② 本文有意回避了自由问题。它不仅是卢梭构建社会的基本原则和出发点，更是近代社会的核心问题。此处仅将该问题提示一二：对自由的保证是好社会与自然状态最为接近的地方。社会的平等是自由诉求的基本保障，平等保证了自由的实现。自然状态的好出乎自由和自足，这一观点与亚里士多德有很大关系。亚氏将最幸福的生活归结为沉思的生活，最主要的原因是因为这样的生活"最为自足"。一个沉思者是最大程度上不依赖于其他条件的自足者。然而卢梭并未将沉思（运用理性的活动）作为自足的唯一标准，他构设了没有理性但可以自足的自然人。但当自然人拥有理性、步入社会后，理性不但未能使人自足，反而借用社会私有制和不平等使更多的人丧失了自由。故卢梭在《社会契约论》开篇就讲道，"人是生而自由的，但却无往不在枷锁之中"。社会契约的建立就是旨在通过契约和对公意的认同，重新回复到个体的自由状态。由此我们也可以看到，法兰西共和国"自由"(liberté)、"平等"(égalité)"博爱"(fraternité)三个核心精神的来源："平等"是在社会中保证"自由"的基本前提，好的社会契约甚至可以修正自然本身带来的不平等（如身体上的强弱），而"博爱"（该词也指"兄弟关系"，与frère"兄弟"同源，教友之间正是以"兄弟""姐妹"互称的)正是"怜悯"含义的延伸，它体现了基督教视野下社会人之间的品德。

③ 《现代性的三次浪潮》，第83页。

又"默默地背上了**历史**的十字架"①。

施特劳斯从自然与历史的角度分析卢梭,他洞察到了卢梭的历史意识对自然与社会的意义。历史为理性的限度找到了一个维度,但它付出的代价是因此丢掉了古典的"自然"传统。当历史成为笼罩理性的穹庐时,自然也就真正成为了"过""去"。但公允地看,自然与历史的对立毋宁归属于卢梭后学,卢梭唤起的是人的历史意识,他并未将之与自然对立。在卢梭那里,与自然对立的永远是理性堕落所导致的结果——社会。在他看来,既然自然的花瓶破碎了,就没必要抱着花瓶哭泣或埋怨历史,自然的意义只是那个完美花瓶的标准,人要做的是重新建造一个花瓶而非复原旧瓶。自然标准似乎是一个最高的理念,但从它不可实现的纬度上看,它也是社会构建的跳板。自然究竟是最高目标,抑或是社会实现的(只作为标准)手段,似乎这个问题还不够明朗。②但毕竟,卢梭真正要的不是自然,也不是历史,而是未来符合公意(道德维度)的社会制度(政治维度)。

伏尔泰用理性考察历史,卢梭用历史解释理性的来源。历史问题不是卢梭讨论的核心,它只是作为激发人类可完善性的一个"偶然"。卢梭发现的对立不是自然与历史,而是自然与社会。但从他未言明的地方可以发现,历史已然成为左右人类本性的原因。正是历史,使得人类从原始状态进入衰败的公民社会,偶因使得自然与社会连接为同一个历史过程。人类历史可能发生,也可能不发生。但是,一旦它发生了,人就走上了一条从自然至善迈向社会理性的不归路。

卢梭无法接受基督教"历史的意义"的结论,在他看来就算它是"事实"也非"真实";他同样没有接受古典目的论,但却改造了它。人的可完善性是人类完善自身的可能——虽然在他看来,人类社会走的是另一条"可能"之路。从第一篇论文(《论科学与艺术》)开始,卢梭就以古典德行来猛烈抨击现代社会的科学与知识,但他并没有因此回到古典的城邦社会和实现完善的目的论。从某种程度上说,卢梭承继了霍布斯的事业,他将后者不纯

---

①　《世界历史与救赎历史》,第 7 页。重点为笔者所加。在近代理性主义和经验主义的开创者那里,这样的神学背景显而易见:笛卡尔自己就是一个虔诚的天主教徒,他的任务是找到一个最具确定性的方法,而非反对上帝。甚至就连这些方法和原则,也是上帝存在的佐证;霍布斯笔下的"利维坦"虽是世俗世界的"骄傲之王",但这个时代是耶稣升天与第二次降临的时段,是上帝直接统治与上帝之子的到来的中间期。如果从三位一体来看,正是在圣父与圣子中间的圣灵时代。利维坦虽然是尘世中王权与教权的集合体,但它统治的合法性又来源于"圣灵",它是自然的上帝之国。而历史,也是隐藏在其背后的基督思想的一种外显模样。

②　或许这也是伊甸园与天堂的区别。卢梭想要的是天堂,而不是伊甸乐园。伊甸园里的人只有欢乐和长生,天堂的人还有智慧。

粹的自然状态中夹杂的社会性完全剥离。他看到了科学与艺术的进步所带来的现实问题:它们不但无助于人类风俗的改良和人性善的实现,反而是人类败坏的始因。他从人的自然看到了社会和文明对人的束缚,对自然的理解决定着他对理性与文明的根本批评,人从自然到文明的过渡是一个历史过程,而卢梭对历史的承认意味着肯定时间的单向维度。从自然状态到人类社会的演变是一个不可逆转的过程,人所能做的只是尽量修正这个方向。正是人的可完善性成为卢梭有所作为的前提:

> "他认识到,就历史过程乃是偶然的而言,他无法给人类提供标准,而且如果那一过程有着某个隐蔽目的的话,有目的性也是人们所无法认识的,除非存在超历史的标准……给人类提供了真正的标准的,不是有关历史过程的知识,而是有关真正的公共权利的知识。"①

历史同样可以是人类完善自己的方式②——虽然过去的历史走的是另一条相反的道路。卢梭与启蒙哲人一样,不相信基督教的拯救,在《社会契约论》中,他将人类良好的完善交给了明智的立法者,相信立法者的知识能够使人类社会走上一条近乎完善的道路。而宗教,只是唯有在神权政府的统治下才是好的③。

近代的启蒙思想从来不是一个整体,在理性的大旗下始终伴随着某些反理性的传统。它们与崇尚自由、理性和怀疑的启蒙者不同,主张放弃那些原则,转而追求秩序、传统的权威和确定性。④无论是维柯还是卢梭,他们身上都有深厚的古典思想的背景,不论维柯眼中的"罗马",还是卢梭心目中的"斯巴达",都与近代理性启蒙思想存在着张力,他们以古代为标准,但却深深地知道那个时代已一去不复返了;他们向往传统,但思想上却又带着强烈的个人浪漫主义色彩。他们的思想乃是伴随启蒙运动的理性主义一起绽放的双生花。

---

① 列奥·施特劳斯:《自然权利与历史》,彭刚译,北京:三联书店,2006 年,第 281 页。
② 可参照《忏悔录》,这部书也可以视为卢梭自我教育的自述。它与《爱弥儿》的理想中的完美教师的教育相对。
③ 卢梭:《社会契约论》,何兆武译,北京:商务印书馆,2010 年,第 183 页。
④ 《维柯》,导言第 17 页。

第二章　德国政治与历史主义

　　用短短一章来概述整个德国历史主义的缘起和发展,不可能也没必要。本章只简单梳理一下德国历史学发展的脉络,以揭示历史问题在德国的发展,及其对历史哲学与政治思考所产生的影响和问题背景。

　　历史主义若可以被看作是一种研究历史的方法的话,那么它旨在重新构建或创造"真实发生的"(wie es eigentlich gewesen)过去的事件。其实从希腊时期,人们就开始运用历史主义的方法了,因为亚里士多德在《诗学》中就表明,历史所涉及的是"特殊"而非"普遍"之物。

　　列奥·施特劳斯(Leo Strauss)与格奥尔格·G.伊格尔斯(Georg G. Iggers)都认为①,德国历史学派完全是站在法国大革命的对立面上开始的。1789年的法国大革命推翻了波旁王朝和旧的封建制度,但随后雅各宾派的恐怖统治则让德国学者在欢呼大革命胜利的同时开始对革命的指导思想进行反思:以普遍人权为旗帜的纲领竟衍生出了残酷杀戮人类的行径,德国学者们开始追问启蒙理性自身的问题。大革命拥护者设想的是,人生而自由②,自然永远都与个人相关,他们必须从不自由的社会中解脱出来,打碎桎梏在自己身体上的枷锁,从而追求个人的解放与幸福。近代学者从古典思想中提取了"自然"这个概念,并赋予了新涵义,他们将自然与个体联系起来,个体的自然就是最值得追求的,社会和政治制度都是枷在自然人身上的重负和锁链。因而,从霍布斯开始的近代政治科学,起手便把人类社会和政治视作争斗与厮杀的产物,国家就是一个恐怖的"利维坦"③,其形象在圣经中就是个恶魔。可以想象,在基督教思想统治的诸国的人民眼里,将国家等同于恶魔会导致怎样的影响。被大革命者奉为精神导师的卢梭——虽然卢梭恰恰是最怕革命的人——同样禀持着自然人

----

　　①　参看《自然权利与历史》第一章第15页;及格奥尔格·G.伊格尔斯:《德国的历史观》,彭刚、顾杭译,南京:译林出版社,2006年,第3页中文版前言。

　　②　这一思想在卢梭的《社会契约论》中得到了最明确的阐述。《社会契约论》,第4页。

　　③　霍布斯:《利维坦》,黎思复、黎廷弼译,北京:商务印书馆,2010年。

就是最好的这一前提，只是他将自然人向社会人不明原因的改变作为历史不能回复的进程，既然最好的"原始人类社会"已经不能回复，那么一个代表所有社会人公意的人人平等加入的契约社会就是等而次之的选择。①德国的学者从大革命的恐怖中看到了这种学说的肤浅，他们认为自然人的假设是一种抽象的人性，是以普遍的人权作为预设的，它并非历史事实。

历史主义有一个前提，即自然与历史的区分。在他们看来，自然现象与历史事件有本质区别，因而，在两个领域的研究方法上就必须做出区分。研究自然科学的方法与研究人文科学的方法也要不同：人们可以在自然科学的研究中找到某种规律性，譬如在物理学、数学等学科里可以总结出一些规律或定理；然而历史是由人类的活动所构成的，这也就意味着历史具有了类似人的意志或目的性的元素，它不会固定地遵从某些类似自然的规律或法则，并且，历史事件不可重复，人的历史就是一个处于不断变化的历程。因此，对历史中的人及其思想的研究，就不能按照自然科学的方法。历史主义者们反对诸如笛卡尔、霍布斯等受科学精神影响的学者想要用数学和几何学的方式来研究人类的政治与社会，他们认为，对人"本性"的研究并不能以预设的"自然"为前提，对人的研究也必须从历史开始。它必须以人类实际发生的各不相同的历史作为指针。

德国的历史主义者们首先秉持的是一种"历史实在论"，这种观点与自然人的抽象假设完全不同，他们主张人没有本性，只有历史，只有历史事实才能说明问题，任何假设都是没有根基的，用利奥波德·冯·兰克（Leopold Von Ranke）的话来说，就是"不要做出判断，而只要表明实际发生的事情"②。历史学家就要致力于严格公正的批判，不偏不倚地对待人类的历史和发现。批判的方法与对事实准确性的要求，并不是兰克以及他同一时代的德国历史学家所特有的，更早的历史学、古典学和语文学家与《圣经》的研究者们都有这样的倾向。而这样批判的历史的方法，也是很多其他国家的历史学家所普遍接受的。但在伊格尔斯看来，德国历史主义的批判历史观的一个特点，正是它们有关"历史性质和政治特点的基本理论信念"。

---

① 参看《社会契约论》。与霍布斯的"利维坦"不同——利维坦是一个得到所有人除了生命权以外所有权利转让的怪兽，它掌控着一切人的权利，它的合理性就在于每个人对它的恐惧——卢梭实现了"人人平等"的设想，在这个社会里没有一个高高在上无法推翻的利维坦，每个递交自己所有权利的人彼此间都是平等的。

② 《德国的历史观》，前言第3页。

历史主义具有多种含义,鉴于本章的主题在于简单介绍历史哲学的来源与背景,在这里我们梳理的德国历史学传统是从威廉·冯·洪堡(Wilhelm Von Humboldt)和利奥波德·冯·兰克开始,一直到马克斯·韦伯这一段时期的德国历史主义脉络。在伊格尔斯看来,德国的历史主义是与德国民族意识和民族国家的兴起紧密相关的,毕竟,历史在很大程度上是对政治事件的记载——这尤其体现在希腊罗马的古典时期。在德国历史主义学者那里,政治与历史的关系在以下几方面得到了展现①:

(1) 本身就是一种目的的国家和权力国家的概念。在德国历史主义的思想中,国家也是历史的产物,是以伏尔泰或吉本为代表的文化导向的历史研究,转变成为以**民族**为中心的政治方向。历史研究以个体为中心和目的,而国家就是作为这样的个体存在的,这种观点与功利主义的国家概念不同,后者将国家视为实现人民利益与权利的工具。

(2) 国家利益下的道德重建。历史主义都承认所有价值源出于某一具体的历史环境。任何个人或制度都不通过外在的标准对其加以评判,而只能根据其自身内在的价值来作为标准。故而就不可能存在超越历史、能应用于各种不同制度的理性标准或自然正当。兰克指出,在世界上彼此竞争的各个国家,它们的主要任务或目标就是取得最大程度上的独立和力量,这个目标源于国家自身发展的倾向,国内一切事务都服务于这一目标。因而,马基雅维利的国家利益的正当性(Raison),就可以依托任何看似不道德的手段来实现,国家利益至上的优先性把这种非道德的手段提升成为一种新的道德原则。因而也可以看出,国家之间的斗争绝不仅仅是利益和权力的争斗,它们更是道德原则的冲突(诸神之争)。这一原则同时也暗示着,每个国家没有必要从其他国家学到什么,它只需致力于发展自己的传统,每个国家都有自己的独特性,不必仿效他国。

(3) 拒绝概念化的思考。历史主义反对抽象的原则,尤其反对超越历史的普遍概念。他们认为,概念化本质上就是从历史的事实中抽取出来的,它排除掉了鲜活的内容,只留有形式。历史本身是人的意志活动,它要求理解(Verstehen),这种理解与认识(Wissenschaft)不同,只有当我们切身融入历史主体的时候才能真正理解它。洪堡、兰克以及后来的狄尔泰(Dilthey)都主张,对历史的理解需要直觉认识(Ahnung)。

当然,对抽象概念的拒绝并不意味着对所有理性的排斥。历史主义同样旨在寻求对人类历史和现实做出理性的理解。他们也相信学术研究可

---

① 《德国的历史观》,导论第6页。

以对历史事实做出客观的认识。也正是如此，历史研究的职业化和批判的历史研究才能够在德国出现。事实上概念化并不是可以彻底抛弃的，在实践中，德国历史学从未使自己完全摆脱概念化的思考。

第一节　乐观的历史主义

为历史主义的开端找到一个确定的时间和思想是不可能的，从整体上看，关注于个体与细节，是历史研究与自然科学研究的主要区别。关于德国历史哲学的观念，大致可以追溯到18世纪的赫德尔（Herder）的世界主义的文化导向，以及歌德和康德的古典"人道理想"（Humanitätsideal）和唯心主义哲学①，自人文主义时代以来，学术研究已经开始建立在有关史料的批判研究方面了。

拿破仑的帝国扩张时期，德国历史主义在政治方面获得了自觉的民族和权力的导向，成为民族意识和民族解放的重要组成部分。这一时期，德国历史主义早期的代表者们，如兰克等，虽然将明确的信仰建立在具体的历史基础上，但他们仍然相信这是一个道德的世界，人拥有基本的价值和尊严，对历史和现实的客观理解是可能的。1848年之前，新的历史学家对兰克等保守思想与普鲁士在德国统一的主宰地位表示怀疑，他们逐步转向洪堡、费希特以及黑格尔。1848年革命失败的教训，令他们认识到国家行为的首要性以及政治权力的道德正当性。1871年左右，德国民族主义已经与"德国"历史观念牢牢地交织在一起，并随着俾斯曼的铁腕而与政治紧密联系起来。第一次世界大战爆发，无疑更推动了从保守派到自由派甚至民主派的绝大多数历史学家，用"德国历史观"以反对"西方的自然法学说"。两次大战期间的学术思想并没有发生大的改变，19世纪末20世纪初的一些学者，弗里得里希·瑙曼，包括马克斯·韦伯等人，都认为一个工业社会的国内社会和经济问题的解决方法主要就是扩张主义的对外政策。对内他们支持政府的民主化，以将其作为增强国家在国际竞争中的力量，对外则主张发展与扩张。其中一些反对和对历史持悲观态度的声音，譬如布克哈特和尼采，并没能引起这些狂热的乐观主义者们的重视。只有在二战以后，这种纳粹主义与恐怖战争带来的严重灾难才引发了历史学家对民族传统的基本哲学假设重新进行思考。

---

① 《德国的历史观》，第9页。

另外有一点要注意的是,历史主义的观念与民主和自由的政治理论并非格格不入。在民族传统中的历史学家大都认为自己是自由派。[①]历史主义者都反对抽象的高于历史的自然法,他们坚持认为国家不应该以外在的标准或者他国的样例作为指导原则,它的行为必须始终受强权政治的利益引导和判定。因而,对外政策始终是当务之急,唯有国家,并且只有通过国家,才能实现自由。国家本身被看作对事业完全有益的机构,在制度、个性与文化方面,它都实现了启蒙运动的理想。君主立宪制就是最好的表现:在这一制度下,国家中的公民拥有自己的代表机构,能够表达自己的意愿,同时它又维持了在行政统治上的重要特权,对外能够拥有强大的外交权力和一支听从国家指挥的军队。洪堡就认为,只有在一个强大的国家,个人的自由发展才是可能的。因为个人的自由必须在与之相称的同样发达的国家中才能得到最相称的发展。由于对政治信念的乐观,历史主义者们将国家视为一种伦理制度,相信从长远来看,它的利益与自由和道德都是一致的。对于古典整体自由主义(integral liberalism)者来说,国家的存在"是为了保持人的尊严和个体自治,实现作为人的个体所具有的那些价值"。而对于19世纪末的支持"法治国家"的人来说,"制定法律的程序和方式代替公正成为法律"[②]。因而,历史主义为19世纪的普鲁士和德国的统一在政治与社会结构方面提供了理论根基。乔治·卢卡奇因此认为,德国历史学家声称的"人制造历史"的信条,只不过是普鲁士绝对主义这枚硬币在史学和方法论的另一面。

乐观的历史主义者的这一信仰——假设了每一时期个体与国家的整体平衡——随着19世纪自然主义世界观的崛起而变得脆弱不堪。19世纪的历史主义受自然主义和机械化的影响,导致了"价值中立"这一科学精神在社会科学的应用。他们将价值从先天或超验的有效性的位置拿掉,通过具体研究某一特定历史和文化相联的一次性历史事件,价值问题被抛弃了,价值相对化便由此产生,历史主义的危机也应运而出,这一危机在于:运用严格的历史科学方法最终将导致一切有关人的确定性的知识的消亡,所有过去的价值标准都变成相对的意见。

---

① 《德国的历史观》,第13页。

② 约翰·哈洛韦尔:《作为一种与德国政治—法律思想有独特关系的意识形态的自由主义的衰落》(John Hallowell, *The Decline of Liberalism as an Ideology*: *with Particular Reference to German Politico-Legal Thought*, Berkeley, 1943, p.19)。转引自《德国的历史观》,第33页注释24。

第二节　悲观的历史主义

19世纪，实证主义的批判原则取消了传统的宗教和形而上学，然而它所推崇的自然科学的方法，仍具有形而上学的结构。实证主义者仍然假设，宇宙由自然科学的规律所主宰，一切自然都归属于一个整体，自然科学的方法就是揭示自然奥秘的钥匙，这一思路从培根、笛卡尔[①]开始就一直贯穿着近代哲学。但19世纪晚期到20世纪，随着人们对人类认识局限性的意识，实证主义对人和宇宙的整体假设受到了各方面的攻击，以心理学为代表的弗洛伊德和荣格，以生命哲学为代表的尼采、狄尔泰和柏格森，以诗人和小说家为代表的波德莱尔、陀思妥耶夫斯基和普鲁斯特等人，都揭示了人类非理性的方面。历史学家们受德国批判哲学的影响，也开始追问有关历史或社会的一种科学如何可能。他们认为自然世界与意义世界的区分显而易见，自然世界中的规律绝对无法用来解释充满了自由意志的人文学科。实证主义对形而上学的拒斥，根本上将自己也推到了逻辑矛盾的道路，它仍然残留着形而上学的假设。

前面提到过，区分人文科学与自然科学的研究方法，肇始于德国历史学派的早期，它们源于对启蒙运动和法国大革命中的自然法传统的拒斥。比之于实证主义者们对宗教和形而上学的批判，德国历史学家们以特定民族和时代来取代抽象真理和善的标准更为重要，正是这一思想，使得赫德尔、洪堡、兰克和德鲁伊森等人与极端的相对主义区分开来，因为他们仍然保留着一种历史的乐观主义。他们坚信这些分散的各种民族和文化的单位仍然是历史整体的各个不同方面。历史的整体意义并没有被取消，除了马克斯·韦伯外，在世纪之交的那些历史学家们仍然对于历史具有意义抱有共同的信念，这些人包括威廉·狄尔泰，亨利希·李凯尔特和威廉·文德尔班等人。他们交织在乐观主义与悲观主义的缝隙中，狄尔泰就是其中的佼佼者，在他所有的著作中都贯穿着一种始终困扰他的矛盾。[②]

其实，在从兰克到韦伯这一整个德国历史主义的伟大传统中，关于历史基本问题的形而上学和认识论假设已经由赫德尔与洪堡等人提出了。这是德国历史学派所默契秉承的共同的历史观念的共通之处。悲观的历

---

① 参看《新工具》及《谈谈方法》第四部分。
② 《德国的历史观》，第177页。

史主义与乐观历史主义其实都秉承了同样的"历史"问题,他们很多的差异与政治和国家理性密切相关,譬如在兰克德意志的强大是与欧洲体系的强大相关的,而在德鲁伊森等人看来,真正的国家是和它的人民联系在一起的,它的外交政策是由民族利益决定的:"普鲁士必须不再是欧洲的,而成为德国的"①。这种国家或民族主义多少应该为纳粹的崛起承担部分责任,同时,由于这一思想在政治层面所导致的失败,也使得德国历史主义滑向了深深的悲观境遇之中。在理性与价值问题上,韦伯走向了一条类似尼采的非理性的道路。代表最高价值的上帝死了,历史成为一个不再有意义的过程,并且在上帝缺位的地方,成了诸种价值冲突的领地。决定其争斗成王败寇的只是最终的强力意志,而国家正就是强力的最好体现。故伊格尔斯称:

> "由赫尔德②、洪堡和兰克发端,还依然活生生地体现在狄尔泰、特勒尔奇甚至李凯尔特身上的观念论的历史主义,遭到了最后的驳斥。韦伯留下来的是一桩危险的遗产,因为他审察一切价值的意愿,却避开了这整个传统都对之顶礼膜拜的一个偶像,那就是国家这一偶像。"③

---

① 沃尔夫冈·霍克:《圣保罗大教堂时代的自由主义思想:德鲁伊森与法兰克福市中心》(Wolfgang Hock, *Liberales Denken im Zeitalter der Paulskirche. Dorysen und die Frankfurter Mitte*, Münster, 1957),第 123 页。转引自《德国的历史观》,第 159 页。

② 即赫德尔。

③ 《德国的历史观》,第 223 页。中译将 idealistic 翻译为"唯心主义"易引起国人习惯的误解,故改为"观念论的"。

第三章　多样的历史哲学

第一节　康德历史哲学大纲

从完整的体系建构角度说,康德哲学可以说是近代哲学所到达的第一次高峰,从笛卡尔时代就一直存在唯理论(独断论)与经验论的争斗①,在康德这里终于给出了一个较为集中的解决。以《纯粹理性批判》开始,之后出版的《实践理性批判》和作为补完的《判断力批判》,基本上将哲学上所涉及的真理的认识问题(真)、道德实践问题(善)和美学(美)的问题都给予了深入的诠释。因而,当卡西尔(Ernst Cassirer)提出康德的"第四批判",即"历史理性批判"这一说法的时候,很多人还是提出了质疑。

因为在康德那里,三大批判都有专门的作品问世,而所谓的"历史理性批判"并未能见到一部成体系的专著,甚至在已有的论及历史问题的作品中,除个别以普遍历史问题为重点的短文(如《世界公民观点之下的普遍历史观念》)之外,其他被收入"历史理性批判文集"的作品皆非论述历史问题的专著,而大都关涉了启蒙运动、道德哲学、圣经解释、政治与和平问题、理论与实践的关系问题等各个方面,这也就意味着,倘若要总结康德的历史哲学的话,这一问题也并非单独抽离的理论思考,而是关联着形而上学、认识论、道德哲学、宗教哲学、法哲学及政治哲学,同时还有目的论和启蒙等各领域。所以,同后来新康德主义者所试图构建的"历史理性批判"及关于历史认识方法的界限不同,康德讨论的始点是历史认识(die Historie),重心却始终是历史本身(Geschichte)。

---

① 据说,将笛卡尔视为"唯理论"的形而上学家,以第一原理来演绎物理真理的说法,最早来源于 19 世纪时的信念。库诺·菲舍(Kuno Fisher)在他的《近代哲学史》(*Geschichte der neueren Philosophie*)中,首次做了详细的描述。他是一位康德主义者,旨在向读者表明:康德哲学可以解决现代思想中的主要难题。为此,他把近代以来的前康德哲学分为我们今天熟悉的两派:唯理论与经验论,前者把一切都建立在理性真理的基础之上,后者则建立于经验之上。

然而，在康德的原文里确实不曾出现过同前三大批判一致的"历史理性批判"的说法，也并不意味着对后人来说，不能因此归纳出康德的历史观，或说历史哲学。

国外主张并研究康德历史理性批判问题的学者除了上述的卡西尔之外，还有，孔珀斯托(Renato Composto)、约威尔(Yirmiahu Yovel)、高尔斯顿(William A. Galston)、克朗盖德(Pauline Kleingeld)、德斯普兰(Michel Despland)、杜普瑞(Lous Dupre)等；国内对康德历史哲学做过研究的学者有李泽厚、何兆武、邓晓芒、李秋零、童世骏、储昭华、丁三东、王连喜、王平等。这其中如李泽厚、邓晓芒等人并不主张存在康德的第四批判，而以何兆武为代表的学者则主张康德是有"第四批判"的意识的，他在自己翻译的《历史理性批判文集》的译序中提到："康德自18世纪60年代之初开始读卢梭，并对历史和政治的理论感到兴趣；从1767年起就多次讲授过'权利理论'。所谓历史理性批判，其内容实质不外是法国革命原则——即，(一)牛顿的自然法则，(二)卢梭的天赋人权，(三)启蒙时代的理性前年复制王国学说，——在康德先验哲学体系中的提炼。"①台湾中央研究院的李明辉教授也旗帜鲜明地支持康德的历史哲学，与何兆武一样，他也翻译了这本《历史理性批判文集》的台湾译本②，并撰写了《康德的"历史"概念及其历史哲学》作为导论。

鉴于以上情况，我们在这里不是要讨论康德的"第四批判"是否存在的学术问题，而是旨在呈现康德对历史问题的看法，以及在他的思想背景下，历史哲学关联其他学科的意义所在。

一、 康德有关历史问题的文章

关于历史问题的文章，康德基本上都创作于《纯粹理性批判》到《判断力批判》之间，这段时期正是他完成了《纯批》以及《未来形而上学导论》后，集中思考实践理性问题的时期——《判断力批判》虽然讨论的是美学和目的论问题，但其实是对前两个批判的补充与完善。所以康德的历史理性与纯粹实践理性问题是密切相关的，特别是，历史中的主体即个人的自由意志问题，而这正是实践理性讨论的主题。

目前，借由何兆武和李明辉两位前辈的翻译工作，根据时间顺序，我们可将康德论述历史哲学的论文情况罗列如下：

① 康德：《历史理性批判文集》，何兆武译，北京：商务印书馆，1990年，译序第2页。
② 康德：《康德历史哲学论文集》，李明辉译注，台北：联经出版事业股份有限公司，2013年。

《世界公民观点之下的普遍历史观念》(1784 年)

《答复这个问题:"什么是启蒙运动?"》(1784 年)

《评赫德尔〈人类历史哲学观念〉》(1785 年)

《人类历史起源臆测》(1785 年)

《论通常的说法:这在理论上可能是正确的,但在实践上是行不通的》(1793 年)

《万物的终结》(1794 年)

《永久和平论》(1795 年)

《重提这个问题:人类是在不断朝着改善前进吗?》(1797 年)

其他与历史目的论相关的作品还有《论目的论原则在哲学中的运用》(1788 年)与《判断力批判》(1790 年)等。

上述作品主要集中于《纯粹理性批判》(1781 年)发表之后,而康德《实践理性批判》完成于 1788 年,也就是说,其中《世界公民观点之下的普遍历史观念》《答复这个问题:"什么是启蒙运动?"》《评赫德尔〈人类历史哲学观念〉》《人类历史起源臆测》这几篇文章都是完成于实践理性批判的撰写时期。而《论通常的说法:这在理论上可能是正确的,但在实践上是行不通的》《万物的终结》《永久和平论》《重提这个问题:人类是在不断朝着改善前进吗?》这几篇文章则完成于《判断力批判》(1790 年)之后。

《世界公民观点之下的普遍历史观念》这篇文章,基本是这些论文中概述康德历史哲学的最完整的文本,它与《评赫德尔〈人类历史哲学观念〉》可以作为正反两方面的参照。前者正面论述了人类历史的发展的主要规律和九条重要命题,后者则通过批评赫德尔的历史哲学来反衬他自己的历史观念。赫德尔虽然曾经是康德的学生,但他不认同康德《世界公民观点之下的普遍历史观念》中的观点,因而本文以及康德次年所写的《人类历史起源臆测》,可以说都是对赫德尔历史观的批评与答复。而如果说康德没有直接提出历史哲学这个概念的话,赫德尔无疑已经在《人类历史哲学观念》中提出了自己的历史哲学,因而,对他的批判也可以视为是康德历史哲学的体现。

《人类历史起源臆测》与《万物的终结》这两篇文章,在内容上是对《圣经》中所涉及问题的阐述,前者对《创世纪》的第 2—6 章提出了完全不同的新解释,也隐含地批评了赫德尔 1774—1776 年完成的《人类最古老的文献》(*Älteste Urkunde des Menschengeschlechts*)。如果前一篇文章讨论的是人类的起源问题,并认为人是从恶逐渐走向善的历史的话,那么后者就是对《新约·启示录》进行解读，为人类的终结给出解释。

《重提这个问题：人类是在不断朝着改善前进吗？》与《永久和平论》则是对历史发展的一种预测。而尤其是后者，所涉及的内容与政治和国家问题直接相关，也可以说是一部政治哲学作品。康德在这里做的与其说是预测，不如说是规划，是自由意志在未来的善（和平）的实现，因而其副标题是"一部哲学的规划"。

《论通常的说法：这在理论上可能是正确的，但在实践上是行不通的》以及《答复这个问题："什么是启蒙运动？"》，从这两篇文章的题目就可以了解所讨论的主题，即关于人的实践和启蒙两方面，涉及了道德、善等目的论问题。

以上作品所涉及的主题，在《世界公民观点之下的普遍历史观念》上基本都有涵盖，故以下就集中以该文为基础，间或穿插其他文本，来概述康德历史哲学的特点。

二、 康德历史哲学大纲

何兆武先生根据康德哲学的特点，把他的历史哲学的中心线索概括为两个：即历史的合目的性与历史的合规律性。合目的性是应然，即它是根据一个合理的而又可以被人所理解的计划展开的；合规律性是实然，即在客观上它朝向一个为理性所裁订认可的目标前进。最终，目的王国与必然王国达到统一。统治这个王国的原则是：正义和真理、自由和平等，不可剥夺的和不可转让的天赋人权。[1]《普遍公民观点之下的普遍历史观念》这篇文章就是围绕着合目的性与合规律性这两方面的统一展开的。

(一) 世界公民与普遍历史

这篇文章在题目中就已显示出了它的两个关键词：世界公民和普遍历史。

1. "世界公民"（Weltbürger）意味着这些人类并不是一般意义上的人，不是自然人（human），不是市民（bourgeois）[2]，而是公民（citizen）。这也就意味着，在康德的视野里，历史的未来乃是一种政治共同体。与马克思去国家化的共产主义设想不同，康德的世界公民不单是社会性的，更是政治

---

① 《历史理性批判文集》，译序第2页。
② 世界公民（Bürger）这个词虽然与市民（bourgeois）具有词源关系，都来源于burg（城，镇）的词根，但是康德这里所使用的意义是来自于城邦政治含义的，即cosmopolitei的转写，因而这个词更接近于今天意义上的公民（具有政治意味的公民，而非社会角度的市民）。参看《历史理性批判文集》，第2页注释1。

性的。在《永久和平论》中，康德把世界理解为诸国家的共同存在，但这种国与国的区分不是彼此的争斗关系，而是类似于国家内部的公民之间的共和关系，国与国之间也同样保持着这种和平。

在这篇文章发表前，《哥达学报》的第十二期刊发的简讯中有如下一段话，概括了康德心目中的未来社会：

> "康德教授先生所爱好的一个观念是：人类终极的目的乃是要达到最完美的国家制度，并且他希望哲学的历史家能从这个观点着手为我们写出一部人类史，揭示人类在各个不同时代里曾经接近这个终极的目的或者是脱离这个终极的目的各到什么地步，以及要达到这个终极的目的还应该做些什么事情。"①

康德在看到了这段概括后遂撰写了该文。

2. "普遍历史"的德语为 allgemeine Geschichte。德语也常可以写作 Universalhistorie、Universalgeschichte 或 historia universalis。这个词可上溯到 14 世纪初，后来同"世界历史"（Weltgeschichte/Welthistorie/historia mundi）混用，在 18 世纪的欧洲特别是德国思想界流行。大体指地球上人类的各种活动范围的整体，具有超出地域和时代的特点。在康德这里，"普遍历史"有别于建立在经验基础之上的历史研究，是根据先天理念去研究人类历史：它是一种"引导的学问"（Leitwissenschaft），可以统摄各种具体的历史。②

在德语中，表示历史的有两个词"Geschichte"③和"Historie"，前者指实际发生的事件，即"历史事件"，是为人们所认识的对象，后者指人类对这些过去事件的记录和叙述。此前二者常混用，据说是康德最早对他们做出了区分。④在他的《论目的论原则在哲学中的运用》一书中，康德界定了"自然史"（Naturgeschichte）与"对自然的描述"（Naturbeschreibung），他这样写道：Geschichte"这个词在它所表述与希腊词 Historia（叙述、描述）一般无二的意义上，已经用得太久，以至于人们不应当轻易地容忍把能够表示起源的自然研究的另一种意义赋予它"⑤，这也就意味着在"自然"的"历

---

① 《历史理性批判文集》，第 1 页注释 2。
② 《康德历史哲学论文集》，第 4 页。
③ 这个词的动词 geschehen 指"发生""变革"之意。
④ 《康德历史哲学论文集》，导论第 X 页。
⑤ 康德：《康德著作全集》第 8 卷，李秋零主编，北京：中国人民大学出版社，2010 年，第 161 页。

史"问题上,康德区分了叙述与叙述的对象。并且,他所理解的"自然史"就是人类理性对于自然世界的探索,这不是"神学式的学问",而是"人类学的学问。"

而之所以在自然历史与对自然的描述之间作出区分,恰恰是因为康德认识到人类理性是有限的。可以说,神学论的历史认识和历史本身是一致的,而人类历史与人类对历史的描述则是有差别的。这也就是为何,在关于历史问题上,康德必须要用目的论的原则来弥补人类理性的不足,从而去揭示历史的原因。

在这一点上康德与后来的新康德主义者有所不同。新康德主义者严格划定了认识的限度,故否定了物自体的问题,因而可以说是将 Geschichte 意义上的历史取消了,由目的论来达到的历史认识与历史本体的一致性被切断,历史理性批判遂成为对历史认识(Historie)的研究。而康德的历史哲学根本上仍是以 Geschichte 为主要对象的。

"世界公民"与"普遍历史"这两个关键词的强调,是康德历史哲学得以展开的前提要求。当然,历史上首先存在的不是世界公民,而是一个个具有自由意志的个体。从个人的角度看,他们彼此区别且拥有各自行动的意志,也就是说皆是主体。但这样看似自由的主体所形成的人类群体,如果用长远的眼光去看,却会发现他们共同呈现出了具有合乎规律性的特点。

康德在这里不是论证,而是对事实情况的说明。他进一步需要做的是解释这种个体看似无目的的合规律性,也就是说:每一个个体的自由意志,是如何在整体中达到了一种合规律的趋势:

> "个别的人,甚至于整个的民族,很少想到:当每一个人都根据自己的心意并且往往是彼此互相冲突地在追求着自己的目标时,他们却不知不觉地是朝着他们所不认识的自然目标作为一个引导在前进着,是为了推进它而在努力着;而且这个自然的目标即使是为他们所认识,也对他们会是无足轻重的。"①

在这里,康德无疑提出了一种类似于黑格尔"历史的诡计"的观点。天下之人熙熙攘攘,各谋私利,结果却达成了一个出乎他们意料之外的历史目标。这种宿命论般的命运似乎使人的历史与自然历史没有了分别,同样

---

① 《历史理性批判文集》,第 2 页。

都被某种神秘的自然规律所限定。

但康德绝不会把人拉低到动物的水平。虽然在大命运的笼罩下,人与动物都有意或无意地遵循着它的必然,但与动物的本能不同,人并非仅凭借动物性的本能生活,他有自己的头脑和规划,而这些规划有时候与自然的进程并不协调,甚至会出现人们通常所说的"恶行"。

依托本能活动的动物无所谓善恶,因为它们没有选择,只是遵从自己的自然;人的特殊在于拥有自由意志,这样看上去似乎就意味着人类本不应有共同的趋向。但康德指出,正是自由意志所带来的对行动善恶的区分,使人从个体变为世界公民成为了可能,那些看上去愚蠢幼稚的邪恶行动,会随着自然的纠正(诡计)和个人的成熟,逐渐成为历史实现自身的工具,并最终在恶之消除时,与历史的终点实现一致。这种一致,就是在"世界公民"前提下的"普遍历史"的完成。

(二)历史哲学大纲的九条命题

命题一:一个被创造物的全部自然禀赋都注定了终究是要充分地并且合目的地发展出来的。

命题二:这些自然禀赋的宗旨就在于使用人的理性,它们将在人——作为大地之上唯一有理性的被创造物——的身上充分地发展出来,但却只能是在全物种的身上而不是在各个人的身上。

命题三:大自然要使人类完完全全由其自己本身就创造出来超乎其动物生存的机械安排之上的一切东西,而且除了其自己本身不假手于本能并仅凭自己的理性所获得的幸福或美满而外,就不再分享任何其他的幸福或美满。

命题四:大自然使人类的全部禀赋得以发展所采用的手段就是人类在社会中的对抗性,但仅以这种对抗性终将成为人类合法秩序的原因为限。

命题五:大自然迫使人类去加以解决的最大问题,就是建立起一个普遍法治的公民社会。

命题六:这个问题既是最困难的问题,同时又是最后才能被人类解决的问题。

命题七:建立一部完美的公民宪法这个问题,有赖于国家合法的对外关系这个问题,并且缺少了后者前一个问题就不可能得到解决。

命题八:人类的历史大体上可以看作是大自然的一项隐蔽计划的实现,为的是要奠定一种对内的,并且为此目的同时也就是对外的完美的国家宪法,作为大自然得以在人类的身上充分发展其全部禀赋的唯一状态。

命题九:把普遍的世界历史按照一场以人类物种的完美的公民结合状态为其宗旨的大自然计划来加以处理的这一哲学尝试,必须看作是可能的,并且甚至还是这一大自然的目标所需要的。

总体来说,这几个命题可以分成三类主题:

第一类包括命题一、二、三、四,讨论的是人的自然禀赋是什么,以及这种禀赋所产生的人与人的对抗的合理性;第二类包括命题五、六、七,讨论的是具有政治色彩的公民社会是如何解决这种对抗性;第三类包括命题八、九,讨论的是大自然与公民社会是如何在普遍的世界历史中达到统一的。

1. 人的自然禀赋

康德首先肯定了人源于自然,就像生物一样,皆来源于自然。但是,人的自然不同于一般动物的地方在于,动物依托本能生存,它的过去现在和未来都没有变化;但人却不同,人的自然禀赋是在运用理性的时候,可以朝向任意自由的方向去发展,这种自由甚至可以背离自然。因为人的行为都是出于某种目的,决定方向的正是这些目的。问题在于,每个人的目的并不一定与其他人乃至人类全体保持一致。在康德看来,生物的一切行动,要么出于本能,要么出于目的。非本能行动的动物必然不存在,因为本能是其生存的基础,试想一个没有吃奶本能的婴孩如何能够生存?而非目的的活动同样也不存在,虽然看上去它并不像非本能的内在矛盾那样急迫,似乎威胁不到自身的基本生存,但康德指出"一种不能加以应用的器官,一种不能完成其目的的配备——这在目的论的自然论上乃是一种矛盾"①。也就是说无目的在逻辑上似乎是可能的,但是在自然论上同样是一种矛盾,这一切都意味着康德那个时代对自然的理解:自然之中无悖论。后面我们还会看到这种理解的再运用。

那么目前的重点就在于,人所得的不同于动物的自然禀赋是什么?康德开门见山地指出:"理性"。但是他立刻给这个禀赋加了限制,"只能是在全物种的身上而不是在各个人的身上"。这个补充表明,每个人虽禀赋理性这项天赋,但是否真能体现出理性,将这种潜质发展出来,则并非由个人决定。因为个人完全可以出于某些目的,运用自己理性去做其他的事情,

———————
① 《历史理性批判文集》,第3页。

这就等于是把理性仅当作工具而非人的禀赋。可以说，事后人们批评启蒙时代的工具理性的思想，康德是有所考察的。如果用康德的话说，这种在个人身上所体现的"理性"充其量不过是算计或小聪明，根本算不上在全物种上体现的真正的理性。"这些自然禀赋的宗旨就在于使用人的理性"①，注意，康德在这里指出了人与理性的主次关系，理性实则是一种统领人类的能力，而不是被人所使用的工具。不是人在使用理性，而是理性在使用人。

那么，如何让理性不偏离正轨，或者说，人类如何恰当纠正并运用理性（实则被理性所运用）的过程，就是人类的历史。在这里，自然之中无悖论的特质再次展露出来。"大自然决不做劳而无功的事，并且决不会浪费自己的手段以达到自己的目的"②。言外之意，任何自然中存在的事情都是合理的，那些多余的东西并不存在。任何事物和行为都有它的目的，对于某些看似悖论或者弯路的事情，只是人们还没有看清其真正趋向罢了。

"被理性所使用的"（或说利用）这种话听起来多少有点令人不快，但事实又确实如此。因为作为有朽的人类，死亡就是他的大限，人类共同耕耘之后所获得的成果并不是能让所有人都拥有的，"每一个世代都得把自己的启蒙留传给后一个世代，才能使它在我们人类身上的萌芽，最后发挥到充分与它的目标相称的那种发展阶段"③。

正所谓"一将功成万骨枯"，人类是伟大的，但除了最后一代人④，前面的每一个人都很悲凉。因而有很多人可能会为了个体的幸福而背离这种命运，但历史的诡计从来没有落空，它恰恰利用了个体自私的背离，以及我们通常视之为"恶"的自私，推动了人类历史进一步的前行。恶并不是如宗教中所宣称的原罪，人们也没有理由把自己的邪恶推脱成是他们的祖先的原罪，人类历史不是一个永远背负罪恶的历史，而是由坏到好的进步。在人类历史的成长中，对自然必要的限制反而有助于生命体的进展，正如必要的修剪能够令树木更为挺拔向上一样。每个生命体自身的成长也与种群的进步一致，"每一个人都受到大自然本身的召唤来尽自己最大的努力做出自己的一份贡献"⑤。

---

① 《历史理性批判文集》，第 3 页。
② 《历史理性批判文集》，第 5 页。
③ 《历史理性批判文集》，第 4 页。
④ 《历史理性批判文集》，第 6 页。"唯有到了最后的一代才能享有住进这所建筑里面去的幸福。"
⑤ 《人类历史起源臆测》（《历史理性批判文集》，第 78 页）。

"大自然使人类的全部禀赋得以发展所采用的手段就是人类在社会中的对抗性"。每一个为自己私利的人,必然在社会中与他人产生冲突,而这种冲突就是历史的动力。一个运动的历史的活力就来源于斗争。康德再次用自然史比喻了人类历史的规律性:"犹如森林里的树木,正是由于每一株都力求攫取别的树木的空气和阳光,于是就迫使得彼此双方都要超越对方去寻求,并获得美丽挺直的姿态那样",竞争成为历史前进的必要动力,否则"那些在自由的状态之中彼此隔离而任意在滋蔓着自己枝叶的树木,便会生长得残缺、佝偻而又弯曲。"①

2. 公民社会

历史前进的动力就是人类的对抗,但这种对抗并非无度,它以"人类合法秩序的原因为限"。

合法秩序就是通过公民社会确立的。公民社会体现的是普遍法治。在公民社会中,法律所要求的每个人不一定是好人,但一定是好公民。公民社会的形成,实质上是对个体运用自己的"理性"为追逐私利而彼此竞争最终达到的结果。也就是说,公民社会是历史的终点,是人类最难以解决的一个重要问题——反过来,解决了这个问题,人类也就实现了幸福与完满。

在《永久和平论》中,康德进一步提到,为何这样的一个社会必须是公民的,且是宪法的。与马克思不同,康德历史终点的设想并不是一个非政治的自由人联合体。在他看来,自由和非政治都不是人类幸福的终点,而是过程。自由本身所蕴含的自律,就是人类行动合规律性的体现;而人类的联合体,非政治的行为不能保证人类同一性,国家才是这种个体凝聚与团结的表现。但国家的形态必须是共和制。

古典作家已经把国家的形态总结为至少三种,即一人统治、少数人统治和全体统治的。康德选择了第三种。因为作为历史的进展,单个人的理性并不足以代表全体人类。哲人王的政体看上去似乎是最正义的,这个人确实也有可能具备哲人的英明,但康德指出了权力与理性的不相容:一旦这个人掌握了权力后,那种英明也不可避免地会被权力败坏。②在这一点上,他承接了近代而非古代政治哲学的思想,将权力与理性(政治与哲学)做了相互攻讦的断定,因而,在权力无法与理性保持平衡的情况下,节制力量而张大理性就是它的解决方式,甚至恶魔都会服从理性的训诫,不

① 《历史理性批判文集》,第 9 页。
② 《永久和平论》(《历史理性批判文集》,第 129 页):"不能期待着国王哲学化或者是哲学家成为国王,而且也不能这样希望,因为掌握权力就不可避免地会败坏理性的自由判断。"

再作恶。因而,限制权力的共和制就是每个国家都应该采用的政体形式。不仅如此,国与国的关系也应该采用这种等同于公民与公民之间平衡的共和制。国与国之间最终达到和平状态。就像前面提到的,历史的终点不可能是战争而只能是和平,因为战争意味着活动的继续,代表着历史尚未完结。

3. 自然与历史的同一

大自然与人类历史虽然有别,但是二者并非分离。历史是自然的"最后目的",历史的终结并不是世界的灭亡,而是永久和平,这种和平同时也是人类与自然的和谐一致,是人实现了自己的合目的性与自然规律性的一致。

正如《永久和平论》副标题所揭示的那样,康德对历史终结的描述与其说是一种**预测**,不如说是一种**规划**。历史哲学本身的合规律性同时也必须同步于人类行动的目的行为。也就是说,这种规律不同于自然规律之处在于,个人必须通过自己的行动,在合目的性的行动中去实现二者的同一。而在这之前,公民的反思和启蒙就是必要的。

也就是说,每个公民都已经告别了自私的个体性,他不再是一个特殊的人,而是具有普遍性(general)的公民。公民从特殊到一般的转变依托于启蒙。**"启蒙运动就是人类脱离自己所加之于自己的不成熟状态。……要有勇气运用你自己的理智!"**[①]在康德看来,有些民族即便有了历史记载,但只要他们的文化未能成熟到拥有足够明确的历史意识,严格来说他们就还未进入历史世界。唯有已经启蒙的民族才算真正进入历史。如果一个民族已经拥有"学者"并对自己理性的自由公开地应用——"指作为学者在全部听众面前所能做的那种运用"——即一个传播知识的阶层,才能表示这个民族已经启蒙了。

历史意识是文明发展的结果。作为历史主体的人就是作为自然的"最终目的"的人,一个已经告别梦寐而启蒙的人。理性在未能得到全面展开以前,人类历史就不可能达到终点。即便此时已经构建出了一个完美的"理想国",但人自身的理性若未能充分发展就同样无济于事。所以,启蒙与公民的塑造是与历史进程一致的。

三、 历史哲学与教育启蒙

(一) 作为人类事业的教育

在康德看来,教育可以分为三种:照管(供养、抚养)、训诫(管教)和教

---

① 《答复这个问题:"什么是启蒙运动?"》(《历史理性批判文集》,第 22 页)。

导(塑造)。它们也正对应着人生主要受教育的三个时期:婴儿,幼童和学生。婴儿时期是人类最脆弱的阶段。他必须要靠父母或他人的抚养与照管才能生存。这一阶段的教育基本上不会有太大问题,只要依靠父母的自然抚养和保护就可以实现完成;幼童的教育在于训诫,旨在剔除掉人身上的野性;在学生阶段,教育在于教导和培养,意在祛除人之生蛮。训诫的教育在于幼童时期,越久就越困难;培养则贯穿人之一生。被教育者的教育一般至少要持续到 16 岁之后,也就是一个可以成为父亲的年龄,并且能够去教育他人①。但这并不意味着他可以不再接受新的教育了,而是指可以使用其他的教育手段,如隐蔽或潜移默化等方式。故而,从整体上来说,教育本身是一件未完成之事业。就每个具体时代来看,人也从未达到自己的完善。教育仍旧是成就人类完善的最终方式,背后隐藏着人类完善性的重大秘密②。这里必须要指出的是,这一完善性的目标是康德在历史哲学上的设定:"设想人的本性将通过教育而发展得越来越好,而且能够使教育有一种合乎人性的形式,这是令人陶醉的。这为我们展示了未来更加幸福的人类的前景"③。

在康德看来,教育是一门艺术④,需要通过很多世代才能够完善和实现。每一代都秉承前代的知识,并能为后世做出一份贡献,把整个人类导向完善。这一过程十分艰难,每一代的被教育者首先要能够承接前代的知识和经验。每个世代都应当比过去更好,因而它既要摈除天然所带有的野性,同时也要吸收和学习前人积累下的知识,这也就意味着,他们必须首先攀登到前人曾经达到的高度:前人所留下来的知识,都是经过了大浪淘沙般的考验,是前代思想精华的积累,故而攀登这一高峰也格外艰难。同时,这个时代在传承了先辈留下的知识后,也要附加上本时代的精华,并将其传给下一代。其中任何一个世代的退废都可能毁掉人类此前所建立的全部成就。教育作为一个过程,绝非一蹴而就的事情。要随时反思教育自身的问题,只有好的教育者才能教育出好人,才有可能维系教育链条的持续。因而,从连贯性和进步意义上来看,教育的艺术也必须是科学。

教育在内容上首先要发展人的向善禀赋。康德指出,人的天性中并没有道德的维度,天意并未将其现成地植入人的身体,为了使自己更好,人必须培养自己。经过反思,人可以认识到自己的恶。"洞视取决教育,教育又

① 《康德著作全集》第 9 卷,第 453 页。
②③ 《康德著作全集》第 9 卷,第 444 页。
④ 《康德著作全集》第 9 卷,第 446 页。

取决于洞视"①,这看似是循环论证,但只有实践地进入该循环,循序渐进地行动,两方面才能都实现。故而,教育也是件逐步完成的事业。惟有通过一个个不同世代的积累和沉淀,将每个时代自己的经验和知识传递下去,才能最终产生关于教育方式的正确概念。它必然是在未来很远的时候才能实现,现在的人们也还不能完全弄清它。所以,教育就必然不能为当下的状况所束缚,而应以人类未来的更好状态为目标。康德看到,很多父母的教育在这一点上都陷入了误区,他们通常只是让孩子适应当前的世界,哪怕这个世界是不完美甚至是堕落的。如此教育出来的孩子,就只能适应当下环境,而不具备实现人类完善的能力。他们至多培养了一个时代影响下的结果,而不是对人类教育的前进和推动,这也是私人教育的弊端。

(二) 从私人教育到公共教育

"教育要么是私人教育,要么是一种公共教育"②。私人教育要么是父母们进行的,要么是家庭教师来担当;公共教育依托学校。一般来说,私人教育首先关注于自然目的,它能发展出一些自然禀赋所蕴含着的东西。然而由于具体展开私人教育的诸多家庭环境的差异,每个家庭所培养出来的孩子也各有不同。这就体现了私人教育的另一缺陷:从教育所培养出的众多的不同行事方式的人来看,教育并未能达到自己的理想存在。因为在康德看来,惟有当被教育者按照最好的——必然也是惟一的——原理去行动,"而且这些原理才必定成为它们的另一种本性时,它们中的齐一性才能出现"③,人类教育才算真正完成。

从人类教育目标上看,公共教育是私人教育的补充。公共教育注重伦常和道德的塑造。而道德问题,在康德看来,是人类问题中最重要的。就教育而言,一般包括训诫、培养、文明化和道德化四部分。人们生活在训诫、培养和文明化的时代,但还远远不是道德化的时代。而学校有助于培养公民在共同体生活中应当具备的必要的道德,即政治美德。

公共教育的一般形式是学校。它不仅使人类具有一般的技能,而且最重要的是,它以培养道德为主要目的,从而有利于人性的发展。在康德看来,教育最大的问题在于训诫与自由之间的矛盾。即怎样将"服从公共的强制"与"运用自己的自由"二者协调起来?这一问题的解答需要靠公共教育来完成。集体的生活使孩子认识到,为了达到自己的目的,就必须依靠

---

① 《康德著作全集》第9卷,第446页。
② 《康德著作全集》第9卷,第452页。
③ 《康德著作全集》第9卷,第445页。

他人。对他人的尊重才能换来别人对自己的尊重。另一方面,自由也不是绝对的,离开了教育,一个人也就不会懂得如何去使用自己的自由。康德在其他作品中指出,自由从来不是通常理解的任意妄为的绝对自由,自由永远与自律相联,自由与内心的道德律相关。只有一个能内在自律的人,才是真正自由的人。一个孩子还不具有自制的能力,因而必须给其施加某些强制,从而培养他的自律,引导他懂得真正地运用他的自由。他必须尽早感受到社会的不可避免的阻力,以便认识到独立生活的困难与艰辛。

(三)潜在的问题

康德把"教育艺术"与"政治艺术"作为人类最难的两项发明。他坚信美德可教,并且将这一希望寄托在公共教育以及人类历史的发展上,如果追问:与近代的自由主义相比,古典时代的公共教育要更加完备,但却终究没能实现人类最完美的教育的原因是什么,康德或许会回答,是因为历史还没有发展到那个足够清明的时代。但我们可以继续追问,当他认为美德可教时,为何却并没有如柏拉图那样首先回答它是否可能? 实际上康德只是绕过了这个问题,在他那里,美德理所当然地成为了一门可以传授的知识。

康德另一个问题有关历史,他毫无论证地就把人类的幸福和完善建立在历史的未来发展上,康德的历史乐观主义思想来源于悠久的德国传统,甚至在他看来,历史中表现出来的恶都是历史为实现自身完善性所使用的手段,这样的信心来源于启蒙时代崛起的历史意识。维柯是这一传统的始作俑者,然而通过对《新科学》的考察可以发现,维柯恰恰是在作为一个科学的反叛者——他严厉地批评笛卡尔的几何学方式——为历史学找到一种不同于几何学的研究方法。但历史主义学者们仍旧是在历史道路上行进。历史的前进和展开问题可以上溯到基督教的时间观,而时间与历史都成为上帝实现人类从堕落到最终救赎的一个舞台。通过这一系列简单的追本溯源就能发现,历史发展的乐观主义态度有更深的基督教救赎背景,虽然启蒙理性对神学展开了批判,并意图用科学而非神学的方式解释人,但它根底上却接受了神学历史观的思维方式。

以上两方面康德没有考察就接受它们并作为了自己的前提:第一个来自古典,他理所当然地将德性教育当作一门可以传授的知识加以使用;另一个来自近代的历史意识,他没有考察历史乐观主义背后的根源就满怀信心地接受了它。这两个来源都与启蒙时代的精神息息相关。

综上,康德的历史哲学,就是在公民、国家以及历史三方面达到了这种同一。在公民方面，被启蒙的需是具有开阔视野的世界公民；在国家层面，政治关系是公民之间的基本关系，但这种关系是保持在共和制的平等与开放基础上的，国与国的关系也同样遵循这一准则；在历史层面，历史的终点就是这种告别了历史进程中的曲折，终结于永久的和平与幸福。

总起来说，康德历史哲学中所涉及的诸如本质与现象、个人与整体，普遍与特殊、恶行与至善……这些看上去都充满了对立的地方，乃是他整个哲学体系二元论的表现，克服这种对立的方式就是在实践和行动中随着历史进程而逐渐达成的一致。从这方面看，他与黑格尔的历史哲学似乎又有很多相似之处，只是同后者相比，康德的历史哲学与其说是一种科学，更不如说是批判与规划。

四、 小结

康德不算是一个好学生，他曾经说是休谟令他从独断论的梦中惊醒，但最终他并未成为一个怀疑论者，而是为理性划定了一个有效的应用范围[①]；他曾经读卢梭的《爱弥儿》不能自拔，令哥尼斯堡以康德为标准时间的市民惊恐不已，但他的哲学同样没有把孤独的"自然人"的生活视作幸福完满，而是将公民社会立作普遍历史的终点。[②]所以康德的历史哲学肯定了人的目的性与自然规律的一致，同时也认可了人类理性对美好未来的规划。一个在启蒙进步的观念下形成的欣欣向荣的历史轨迹，即便没有被他所看到，却也为他所满足了。

在《纯粹理性批判》中，康德提了三个问题：我能知道什么？我应当做什么？以及我可以希望什么？在《逻辑学讲义》中他又提了第四个问题"人是什么？"

如果说《纯批》解决的是第一个问题，《实批》解决的是第二个问题，那么《判断力批判》和历史哲学却并不能做此类对应。事实上，第三批判和历

[①] "康德拒绝了休谟学说中肯定的一面，也就是这一学说的经验主义。……以经验为根据的判断必然是综合的；他们是后天综合判断。但这样的经验之所以可能，前提是存在先天的综合判断——具有逻辑的必然性和普遍的有效性，因此是不能被经验证实的判断。例如，一切经验都以因果关系的原则为先决条件，像休谟所表明的那样，这个原则不是分析的，休谟没注意到，这个原则不可能源于经验，相反，它倒是一切可能的经验的先决条件。"《政治哲学史》，第696—697页。

[②] "康德并不认可休谟的怀疑论，也同样不认可卢梭的历史与国家学说。……康德还与卢梭不同，他认为人类实现道德进步是可能的，'人的创造天性'已经确保，凭借自己的不受本能所限制的理性，人类渴望达到并能够达到更高的境界。"马克·戈尔迪、罗伯特·沃克勒主编：《剑桥十八世纪政治思想史》，刘北成、马万利、刘耀辉、唐科译，北京：商务印书馆，2017年，第565页。

史哲学始终都是融汇在整个康德哲学内部的,这就像这四个问题并不是彼此并列的问题一样。如果说第一个问题和第二个问题还是认识与实践的区别的话(虽然这种区别本身也是可以被质疑的,认识必然是某种实践,而实践行动也必然包含了一定程度的认识),"我希望什么?"的问题无疑是在"我应当做什么"的限度下的展开,而"人是什么?"的问题则更是统领了以上三个问题。所以,康德《判断力批判》并不是单纯在谈美学问题,更重要的是要研究目的论,也就是人如何行动,并且这种行动是如何以合目的的方式合乎了客观的规律;而这一系列出于目的的人类行动整体就构成了历史,人就是人的历史定义,人是什么的问题也就是反思人类历史后才能给出回答的问题。

在 1798 年发表的《实用人类学》中,他如此评价卢梭的历史哲学:

> "就幸福而言,人类似乎同样很少达到它的规定性;人的本性驱使人不断地去追求幸福,但理性却把他限制在配享幸福的条件,亦即道德之上。——人们同样不可以把**卢梭**敢于走出自然状态的人类的忧郁的(情绪恶劣的)描述视为宣扬重新回到自然状态和回到森林,并把这当做他的真实意见,他是在表述我们人类进入不断逼近自己规定性的轨道的困难;人们不会凭空捏造出这种描述。古代和现代的经验必定使每个对此加以思考的人都感到困窘和怀疑,我们人类的状态是否在某个时候会变得好一些。……**卢梭**在根本上并不想让人重新**回到**自然状态,而是让人从他现在所处的阶段上回顾。"①

从这一点来看,康德认同了卢梭以历史的方式反对自然,并和他一道,将视野放在未来的规划与设定之上。但另一方面,他又不无悲观地指出,人的道德教育问题不单在程度上,甚至在最根本的原则上也都未能得到解决,"因为人类天生的恶的倾向也许受到普遍人类理性的谴责,可能的话也受到抑制,但毕竟没有由此被根除。"②所以借由政治上的公民宪政的方式,把善提高到其规定性的最终目的就成为康德历史哲学的最高要求。

1781 年到 1798 年这些作品实际上所反映的是康德历史哲学的特点,远不能说是系统的关于历史哲学的体系论述。如果对比同期出现的

---

① 《康德著作全集》第 7 卷,第 321—322 页。
② 《康德著作全集》第 7 卷,第 322 页。

如赫德尔的《人类历史哲学观念》就会发现,其所涉及的内容不仅有人类,还有自然界以及生物的历史进展等细节,在康德的那些论文中并没有涉及很多这方面的内容,纯粹以经验方式(记录)撰写的历史是实证史,包括资料采集、辨伪、考证、统计的工作,康德并无意将历史哲学来取代这种实证的历史,正如他无意以形而上学来取代自然科学一样。但另一方面,他又强调了历史(哲学)与史料的不同,强调了历史观点对史学研究的重要性。如果史学家留给后世的只是一堆杂乱的材料,而不能根据人类理性的兴趣(最基本的就是道德兴趣)赋予其意义,那么它们只不过是一些流水账罢了。

所以,康德这里所做的讨论是历史观或说对历史问题的论断,这其中就包括了方法层面的划界与有效性研究,也就是类似于后人所总结的历史理性批判的事情。而更进一步的展开则是新康德主义者们的工作了。

第二节　黑格尔的历史哲学

黑格尔的哲学可用"大全"来概括,"从哲学的角度看,黑格尔希望实现古典的(或实体的和具体的)道德和基督教及康德式(或内在的和抽象的)道德的综合,并实现以理性和美德至上为基础的柏拉图的政治学与以欲望的解放和满足为基础的马基雅维利、培根、霍布斯和洛克的政治学的综合。"①综合这些思想的手段就是历史。他以"精神"(Geist)这一概念贯通了近乎所有学科,作为实践哲学②的最后,历史哲学成为描述精神在历史中展开的舞台。他在《历史哲学》③中这样描述:"哲学的世界历史(die philosophische Weltgeschichte)并不是对世界历史作出一些普遍观察——这些观察乃是我们从其记录中研究提取、又通过它的事实来阐述——的集合,而是世界历史本身。"④黑格尔在书中提到的历史已不再单单是某个民族的历史,而是普遍民族的历史——这一普遍性在卢梭的"自然人"假设里就已经预示了。所有的民族,不分时间和地域,都源出于相同的本源,历史

----

① 《政治哲学史》,第855页。

② 这里注意同亚里士多德体系的区分。黑格尔已经将历史哲学作为与伦理学、政治学一样高度的实践哲学。

③ *Vorlesungen über die Philosophie der Weltgeschichte*,中文版译为:黑格尔:《历史哲学》,王造时译,上海世纪出版集团,2006年。英文版参考:*The Philosophy of History*,translated by J. Sibree,Prometheus Books,1991.德文版参考网络电子版:*G. W. F. Hegel Werke*,*12*。

④ *The Philosophy of History*,p.1.

乃是世界的历史,它囊括了人类活动领域中的所有时间与空间。

从维柯开始,"历史"才被认为是各项基本法则的体现,是"理性"的产物。①早先的历史是上帝之伟大的见证,它隶属于神学而非理性,这在奥古斯丁那里尤其明显。卢梭同样摈弃了神学研究历史的方式,将历史视为人类可完善性本质的体现,然而这个本质与其说是本质,不如说是偶然,人的历史乃是偶然所致的堕落,他的未来也不知所终,唯一可以导向幸福的只是"自然"所设立的完善的标准,至于能否达到这一目标则另当别论。

黑格尔统摄了前人的思想,如维柯之后的很多德国哲学家一样,他吸收了前者"理性"考察历史的方式,但在他看来,维柯的时代是"观念"诞生的时代,其羽翼未丰,对历史的研究还必须依托古典的方式,而非现代的史料。故维柯在表述时仍带有许多含混之处,未能体现历史不断进展的趋势;卢梭把人类社会归为偶然,揭示了社会存在与自然存在的永恒冲突;黑格尔则通过历史与精神的关系揭示:精神是万物的绝对决定者,它并不由偶然所摆布,反倒是利用了偶然,将社会的不合理性转变为了合理性,将偶然事故转变成历史发展的必然环节。在自然方面,他提醒人们注意不要重蹈卢梭的覆辙:卢梭所认为的野蛮人的自然并非至善。在黑格尔看来,野蛮人缺少了最关键的自觉的自由,它们的自由出于无知与懵懂,而"自由在本质上是积极的"②,从积极的自由获得的幸福才是"最高度自觉的幸福";在神学与世俗的融合方面,黑格尔把历史的完成归为基督教与自然世界的融合。这一融合正式开始于宗教改革,他"把历史当作是一个合理的(rational),理性的(reasonable)过程,是一个进步,其顶峰为合理国家、后革命国家。基督性是真正的宗教、绝对的宗教;而基督性在于,在世界完全的世俗化中与世界,saeculum[世间]达成和解,这个过程开始于宗教改革,被启蒙运动所延续,最终在后革命国家中得到完成"③。宗教的完成也是宗教的消亡,宗教改革的意义既在世俗世界的基督教化,同时也在于基督教的世俗化。④当基督教把它内在之本质与文明和自由的国家融为同一物后,时机也就成熟了,"不但可以有一部以哲学为根据的历史,并且可以有'历史哲学'的出现"。⑤

---

① 《历史哲学》,"甘斯博士为原书第一版所做的序言",第7页。
② 《历史哲学》,第327页。
③ 《现代性的三次浪潮》,第93页。
④ 《政治哲学史》,第858页。
⑤ 《历史哲学》,"干斯博士为原书第一版所做的序言",第8页。

一、哲学的历史

对世界历史的考察首先要找到合适的方法,黑格尔列举了三种历史研究的方法:原始的、反省的和哲学的(die philosophische)。原始的历史与反省的历史都是前人所使用的两种方式。而哲学的历史却是黑格尔着重提出的,它是对**历史的思想进行的思考**(the *thoughtful consideration of it*)①。"思想"(das Denken)使人类不同于动物,所有的感觉、知识和认识,以及本能和意志方面,只要归属于人类的,都含有"思想"。就历史来看,它是对现在与过去确实发生过的事情和行动的记录,越接近事实就越真实;而哲学似乎与历史正好相反,它从某些自生的观念(ideas)出发,与实际并无太大关联。针对历史与哲学的这一通常理解,黑格尔指出,**理性**(der Vernunft)这个概念是哲学用来考察历史所使用的唯一"思想"。②理性乃是世界的主宰,它是实体,也是"**无限的权力**(Infinite Power)自身的**无限的质料**(Infinite Material),做着它所创始的一切自然的和精神生活的基础,还有那**无限的形式**(Infinite Form)推动着这种'内容'"③。可以从两方面理解理性:一方面它是宇宙的实体(substance),凭借它一切现实才得以存在和生存;另一方面,理性是宇宙的无限的能量(Infinite Energy),它不仅仅是一个人头脑中的理念,还是"万物的无限"(Infinite complex of things),是它们的本质(Essence)和真理(Truth)。理性以自己活动的能量(Active Energy)来创造的正是自己的质料——它不需要外来的质料,也不需要活动的客体。理性自给自足,既是自己的生存基础,又是自己最后要实现的目标,同时还是实现这个目标的绝对能量。它不仅把这个目标在"自然宇宙"中展开,还在"精神宇宙"的世界历史中实现了。它在世界中展示(reveals)出来,同时也是**唯一**在世界中展示的东西。历史研究必然从经验和事实开始,忠实地采用(faithfully adopt)一切历史的东西,这是历史研究的第一条件。然而黑格尔提醒读者们注意区分"忠实地采用"背后的平凡的(ordinary)和所谓的"不偏不倚的"(impartial)历史学家的问题:他只是固守在死的材料中,"他离不开他的范畴,只能从范畴来观察他心目中的所见到的各种现象"④。理性对待历史的态度要清明很多,它时刻反省着,并用合理的眼光来看待历史与世界,如此,这个世界也就能够展现出它合

① *The Philosophy of History*, p.8.
② 《历史哲学》,第 8 页。
③ 《历史哲学》,第 8 页。重点为原文所有。译文有改动。
④ 《历史哲学》,第 10 页。译文有改动。

理的样子,二者交互相关。

二、 世界历史的区分

虽然看上去,哲学的历史这一方法充满了观念与思辨,但黑格尔始终没有忽视"经验的事物"和"现象的事物"。他不是在用神学来创造历史,而是探讨现实中的历史,并揭示其背后的理性与观念。历史哲学研究的主旨在《法哲学原理》中已有所揭示:

> "历史是精神的形态,它采取事故的形式,即自然的直接现实性的形式。因此,它的发展阶段是作为**直接的自然原则**而存在的。由于这些原则是自然的,所以它们是相互外在的多元性;因而它们又是这样地存在着,即其中**每个**归属于**一个民族**,成为这个民族的**地理学上**和**人类学上**的实存。"①

"世界历史"记载的是各民族"精神"的活动,而"精神"在现实外部世界中所具有的个体形态(indiviual form)则以专门的历史体现。同样,哲学也必须依托于具体的国家和哲人才能出现。在黑格尔看来,东方与西方的区别并不是地域的,而是历史发展的前后关系,地球是一个球体,但历史并不绕它旋转。历史开始于一个确定的初始,在黑格尔看来那就是远离欧罗巴的亚细亚。与许多其他自我中心的民族一样,黑格尔的中心是他所处的日耳曼人的欧洲,是历史最终要发展的结果;远东的国家则是在东方中最东方的国度,它是历史开始的开始。在黑格尔看来,历史可以分为三个阶段,而区分标准是自由的程度:根据"一个人"(One),"一些人"(Some)和"所有人"(All)所拥有的自由,世界便可分为三大类:东方是专制政体(Despotism),因而只有专制君主才是那个自由的人;希腊和罗马对应着民主政体(Democracy)与贵族政体(Aristocracy),在这一政体中自由的是一些公民;而日耳曼的君主政体(Monarchy)则是全民自由。为何"自由"能够作为区分历史类别的标准呢?黑格尔指出,因为世界精神之本质就在于"自由"(Freedom)②,世界历史乃是

---

① 黑格尔:《法哲学原理》,范扬、张企泰译,北京:商务印书馆,2021年,第401页。

② 关于黑格尔两种自由的区分,即自决自律的自由(Freedom,德语:Freiheit)与摆脱所有束缚而不经良心(consicence,德语:Gewissens)的自由(Liberty,德语用 Freiheit 来指称),以及他对后一种自由所导向的自由主义(Liberalism,德语:der Liberalismus)的批评,参看《历史哲学》,第421—424页。以及第414页注释一和注释二英译者对"意志的自由"(Freedom of Will)与"意志的放任"(Liberty of Will)和"形式的自由"(Formal Freedom)的总结。

精神的发展和展开，追求自由是它的唯一目的。英译者对此作了如下总结：

> 在精神（Spirit）已经达到成熟生长的时候，当一个人承认良心（Conscience）的制裁为绝对合法的时候，个人（Individual）"对于他自己便是法律"，这种"自由（Freedom）"也便算是"实现"了。但是在道德和文明的较低阶段里面，他**不知不觉地**使这个立法原则成为某些"统治权"（一个或多个），服从它好像一个外界的外来的力量，而不像服从他自己（虽然在这个阶段并不完全）所混为一体的那种精神（Spirit）的声音。历史哲学（The Philosophy of History）解释了他达到自觉的各个阶段，所谓自觉就是统治**他自己的内在的存在**——比如一种自主意识或者说"自由（Freedom）"。①

虽然历史可以根据自由程度分为三种，但在第二种里仍可细分为希腊世界与罗马世界两部分。这样，整个世界历史就变成了四个，即：东方世界、希腊世界、罗马世界与日耳曼世界。

这四个世界历史的王国代表着精神的展开与回归：

（1）东方世界。它可比作历史的"少年时代"（boyhood），它是精神的最初形态，主观的意志和意识的关系是信仰、信心与服从。所有人的存在都围绕一个中心：国家元首（sovereign），他类似于家长那样统治其他人，所有荣耀都归属于这"唯一者"，一切都隶属于他。东方世界中的国家都很少变动，黑格尔称它们为"仅仅属于空间的国家"，因为稳定相对，所以自身也鲜有变化。但另一方面，单个国家的相对稳定却并未能避免彼此之间的争斗，它们常常相互厮杀，征战不断。东方世界的国家乃是中国、印度和波斯。在他看来，这三者形成了第一个"正反合"圆圈。

（2）希腊世界。它可比作世界历史的"青年时代"（adolescence）。在这一时期，道德成为个人自由意志的表现。个人无反省地遵照习俗和法律行事，他们的行动具有不自觉的统一性。这时的艺术也是直接的，美还没有抽象，而直接与"现实的东西"交织在一起。希腊的雕塑与建筑正是当时艺术的最好代表。这一时期的代表城邦是雅典、斯巴达以及最后的马其顿。黑格尔对雅典予以肯定，而对斯巴达否定很多，马其顿则被视为希腊世界的最高峰。

---

① *The Philosophy of History*，p.104. 英译者注。重点与强调为原文所有。

（3）罗马世界。这是世界历史的"壮年时代"（Manhood）。罗马世界虽也有暴君（despot）统治，但这一时期的行动者们并不遵照君主的任性，也不服从他们自身优雅的任性，他们所遵从的是一种普遍的目的。这时的国家已经有了某种抽象的存在，并且为着一个目标而展开行动。但是，这种活动并不是完全的，因为**个人必须牺牲自己来为这个普遍目标服务**，"普遍"（Universal）克服了"诸个体"（individuals）。罗马世界可用罗马的三个时期来划分：王政时期、共和时期以及帝国时期。王政时期是罗马从建城到第二次布匿战争的时期，这一时期是罗马精神的塑造期；第二个时期是从罗马与迦太基的第二次布匿战争到帝国时期，这一时期是罗马克服迦太基，逐渐成为一个强大的帝国的时期；第三个时期是从帝国建立到毁灭的时期，这一时期基督教开始融入罗马，罗马的衰落意味着日耳曼世界的崛起。

（4）日耳曼世界。这第四种虽被称为"老年时代"（Old Age），但是它并不意味着衰弱，因为身体的老年意味着衰退与沧桑，精神的老年却是完满与成熟。经历过上述的三个世界，精神与自己重新合体。它是以"精神"的身份重新回到了自身。像前面提到的那样，日耳曼世界从与基督教的"和解"开始，并在自身中实现了完成。这一时期是基督教世俗化、世俗基督教化的时期。日耳曼世界同样可分为三个时期：第一个时期是从日耳曼人出现在罗马帝国到查理曼大帝的时期，这是日耳曼逐渐与基督教融合的阶段；第二个时期是教会与现实国家的冲突时期，其中最激烈的当属宗教迫害与十字军东征；第三个时期从宗教改革到现代，这一时期宗教与世俗开始融合。宗教改革的结果是：宗教世俗化，世俗宗教化，宗教与现实的矛盾消失。在国家中，自我认识在有机的发展中找到了其实体性的知识与意志的现实性；在宗教中，它找到了作为理想本质的感情和表象；在哲学中，则找到了这种真理的那种自由的且被理解的知识，认识到了这两者的补充：即在国家、自然界和理想世界（艺术、宗教和哲学的世界）中，原来它们是同一物。①

这四个世界中，每个世界都又可分出类似的三个阶段：分别对应着崛起、成熟与衰落。而每个世界最后的衰落，都与下一个世界的崛起重合。这样我们可以用下面的简图来表示：

①《法哲学原理》，第 409 页。

从上图可以看出,每一个世界都分三个时期:崛起,成熟和衰落。而每个时代的衰落期,正是下一时代的崛起时期。例如,东方世界分为中国、印度和波斯:东方世界的衰落(波斯)与希腊世界的崛起同属一个时期;波斯的衰落意味着希腊世界的崛起(波斯与希腊城邦的交流时期);而希腊的衰落期,则正是罗马世界崛起的(王政)时期。正是因为前一个世界的精华在最后的时期保留在了下一个世界的开始,世界历史才保持了一条连续并且逐渐上升的道路。

虽然从历史事实上看,历史中的每个世界、城邦和王国都经历着由盛转衰的过程,但历史中具体实体的衰亡并不意味着精神会随之死去。历史哲学研究的是"精神的观念",在世界历史中的一切都是"精神观念"的展现。[①]历史具有时间性,过去只能成为过去,现在和将来也将成为过去,但在哲学上,过去乃是"过不去的过去",它并没有在过去中消失,"观念"永远是现在。精神是不朽的,精神不是过去,也不是将来,而只是本质的"现在"。精神是历史哲学研究的根基,它使得历史不再只是过去。

第三节　托克维尔的历史哲学与自由问题

1850 年 12 月 26 日,在写给博蒙[②]的一封信里,托克维尔这样说道:

　　"很久以来,我一直在酝酿一部新著。经过再三思量,假如我要在这世界上留一点印记,立言比立功更好。我还觉得,比起 15 年前来,我今天更能著书。因此,我一边穿越索伦托的群山,一边开始寻觅主题。它对我来说必须是当代的,并能为我提供一种手段,把事实与思想、历史哲学与历史本身结合起来。"

托克维尔 22 岁(1827 年)从政,晚年(1851 年)告别政治,着手《回忆录》与《旧制度与大革命》[③]的写作。照理说,他很早便实现了柏拉图从政

---

　　① 《历史哲学》,第 73 页。

　　② 居斯塔夫·德·博蒙(Gustave de Beaumont),托克维尔的好友和同事,1831 年两人一同赴美考察美国的监狱制度。1832 年,博蒙因拒绝在一个案件中表态而被撤职,作为回应,托克维尔也一并辞去法官职务。

　　③ 中译本参看《托克维尔文集第 3 卷》,冯棠译,北京:商务印书馆,2013 年。

的志向,但仍认为,最终若要留下些什么,"立言要比立功更好"。严格地说,托克维尔的政治生涯并无太大建树,也常抑郁不得志。今天留下的大都是他的著作而非政绩。①政治抱负之成功在于机遇,纵使慧眼洞悉民主的弊端与专权之枷锁,但现实改革依凭的仍是权力而非言辞。所以,晚年托克维尔清醒地认识到了历史与政治间的某种必然联系,当然这并不意味着他要用决定论的方式来思考历史。事实上,有两个大的背景笼罩着历史问题:一是历史运动的必然性,二是作为历史主体的人。雷蒙·阿隆称此为历史社会学②问题。一方面,作为社会学家,托克维尔研究问题的起源,指出社会很大程度上是以某些整齐划一和集权管理的方式为基础的;另一方面,托克维尔也反对用空洞的规律来预测历史,"他不相信过去的历史是由不可避免的规律所支配的,不相信未来的事情都是预先决定好了的。托克维尔像孟德斯鸠一样,希望历史明白易懂,而不是取消历史。"只有孔德或马克思才想取消或终结历史,"因为在历史成为历史之前就了解历史,意味着使历史失去其特有的人性上的意义,即人的行为的意义和不可预料的意义。"③种种偶然事件和个人自主的决定对这种趋势也产生了新的影响与改变。④从某种程度上说,立言就是对历史的一种影响,《旧制度与大革命》就是用社会学的方法对当前历史危机做出阐释。⑤他将《旧制度与大革命》的写作方式称为"历史哲学"(la philosophie de l'histoire)。

一、 托克维尔的历史哲学

在伏尔泰看来,历史哲学隶属于哲学,它是哲学在众多学科中的一种。

---

①　1850 年,在写给路易·德凯尔格尔莱的信中,他这样说:"过去的十年中,我在许多方面都一无所获,但这十年给了我对人事的真知灼见和洞察精微的辨别能力,并未使我丢掉我的才智素有的透过众多现象观察人事的习惯。因此我自认为比起写《论美国的民主》时更能处理好一个政治学专著的重大主题。"

②　历史社会学有两层含义:一方面涉及社会学的普遍性,另一方面涉及历史主体的自由。阿隆就把托克维尔的历史哲学看作这样的历史社会学。在《社会学主要思潮》中他这样写道:"他(托克维尔)之所以在法国未引起社会学家的注意,那是因为涂尔干的现代学派是得传于奥古斯特·孔德的,因此,法国社会学家注意社会结构现象,忽视政治结构现象,托克维尔未被看作大师之一,可能就是这个原因。"雷蒙·阿隆:《社会学主要思潮》,葛智强、胡秉诚、王沪宁译,上海:上海译文出版社,2006 年,第 176 页。

③　《社会学主要思潮》,第 207 页。

④　"我看到了一些可以在历史上看到的最普遍的情景:浑浑噩噩、本着无能的大臣,放荡不羁的神甫,轻浮的女人,贪婪大胆的阿谀奉承者,还有一位只有虚伪的、危险的道德的国王。可是我发现正是这些小人物为这一壮举提供了方便,促进和加速了这一壮举的成功。"(转引自《社会学主要思潮》,第 197 页。)

⑤　《社会学主要思潮》,第 189、198 页。

历史哲学是一种方式，是哲学家用来考察历史、使过去能够切近当下的方法。可以说，正是历史哲学中超时间的普遍"哲学"，才使历史时段的间距缩短甚至消失。托克维尔同样是以这种方式来考察大革命与旧制度的。当他将1789年及其后的六十年视作统一的"大革命"时①，就已经为历史事件作出了评判。过去的事件只分先后，无所谓整体。"大革命"是后人赋予的称谓，是对历史事件的区分与整合。托克维尔说自己不适合叙述历史，而只适合评论历史，但即便以叙述为鹄的历史学家也无法不做判断地指称某一历史事件，在根本上，叙述者与评述者并无本质差异。②若说历史哲学与历史叙述不同，只在于历史哲学不单要叙述大革命的历史，更要找到这段历史背后的原因。

这种述评方式令人不由得想到孟德斯鸠，在《罗马盛衰原因论》中，他只用两百页的篇幅就囊括了整个罗马从兴盛到衰亡的历史。《罗马盛衰原因论》写的不是罗马的编年史，而是挑选最重要的事件加以分析，每一章都旨在回答某些关键问题。托克维尔毫不保留地称赞了孟德斯鸠，并在形式上模仿了他。《旧制度与大革命》分二十五章③，每一章也都以问题为导向。借助这样的方式，托克维尔跨越了历史时间而直接分析事件背后的原因。④与基督教、黑格尔以及德国历史学派的历史观不同，托克维尔的历史哲学不是研究**历史**的问题，而是研究**历史中**的问题。

托克维尔并不认为存在确定的"历史"。他将那种把政治哲学与某种历史理性结合到一起，从此将政治当作关于人类总体的命运，而不再是特定人群中建设维系邦国的艺术的观点视为"宿命论"或"预定论"。⑤有"制度正义感"的人通常认为好的未来取决于对的制度。托克维尔则不做此

---

① "我把自1789年至今这个大时段继续称为法国大革命"。《旧制度与大革命》导言，第3页。

② 托克维尔丝毫没有放弃对原始材料的收集，在准备《旧制度与大革命》前，他参阅了很多法国各个地区的方志和政府文件，这些都是他能够得出结论的必要支持。但正像他所表明的那样，《旧制度与大革命》是为了寻找这些事件的原因，为了明确目标，他把这些材料用尾注的形式放在了文末。《托克维尔文集第3卷》前言，第37页。"我本来可以把大量的注释放在每页下面；不过我还是把它印在卷末，并且为数很少，而且一一注出页码。读者从中可以找到史例和证据。如果本书对某些读者有所启发，他们想要更多的例证，我愿另外提供。"

③ 在托克维尔生前，《旧制度与大革命》发行了四个版本：1856年的第一版，1856年的第二版（将第一版的第二卷分为两卷，即第二卷十二章，第三卷八章），1857年的第三版和1858年的第四版（这两版是一样的）。1859年托克维尔去世。

④ "但我主要的事不是讲述史实。特别是我要使人们明白那些大事，要使人们看到由此产生的种种原因。"《托克维尔文集第3卷》导言，第4页。

⑤ 杨伯：《解读旧制度与大革命》，石家庄：河北出版传媒集团，花山文艺出版社，2013年，第198页。

想,他确实反感社会主义,但也乐于发现社会主义的合理之处。在阶级分析上,他也曾说过与马克思类似的话:"唯有阶级才能占据历史"①;但他更认为没有哪种制度代表着必然,没有哪种制度能够一劳永逸地决定未来。历史的主体是人,人的自由意志可以影响历史的进程。

从历史方面说,托克维尔研究了旧制度与大革命的两个阶段:一是对旧制度中王权与贵族的反抗和削弱阶段,造成的结果是平等;二是权力平等后的权力集中和不断加强的阶段,造成的结果是专制。②从哲学方面说,在旧制度与大革命的联系上,托克维尔抓住的是自由问题。这牵连到自由是如何在大革命爆发时成为一面旗帜,却在革命结束后被丢弃的问题。

二、 自由问题

在历史哲学内部,自由与历史之发展有着非常密切的关联。这就是个人与历史整体的关系问题。

自由是一种自足,它摆脱孤独、摆脱金钱崇拜和日常琐事,用高尚的激情取代幸福的沉溺,遵循自己而非强权制定的法律。自由不同于独立,二者就像卢梭的自然自由与公民自由的差异一样。自由能够纠正独立所带来的孤独、软弱与混乱,它使个体的人成为主体,使心灵趋向伟大。

没有自由的人就没有自主的意志,更不可能有影响和改变历史的能力,他会屈就于一种随波逐流的宿命论或历史决定论。民主时代的史学充斥着这样的宿命理论,学者们"大都认为个人对人类的命运几乎不发生影响,而少数公民也不能影响全民的命运。……他们用一些普遍的重大原因去解释所有的微小事实。"他们会考察社会模式、人类学结构、历史规律,提出各种"经济人""理性人"的假设以构成今天社会科学的基础,但就是不会有人去肯定个人的作用。因为他们将个人置于"不可能更改的天意或是盲目的必然性"的摆布之下,不相信人有改变自身乃至社会的能力,不承认改变当下处境的可能。民主制度里的每一个人都是这样的"无能者"。这种宿命论的历史观不仅否认了人的自由意志,而且还损害了它,"如果现代的历史学家如此醉心的这个有害学说从作者传到读者,并深入到全体公民和控制了舆论,那么,我们可以预言:用不了多少时间,这个学说就将使新社会的运动瘫痪,使基督教徒变成土耳其人。"③

---

① 《旧制度与大革命》,第 161 页。
② 《社会学主要思潮》,第 206 页。阿隆将这两个阶段解释为:(1)政治决定力被削弱;(2)权力活动范围的扩大。
③ 《托克维尔文集第 2 卷:论美国的民主(下)》,第 107 页。

托克维尔高扬自由的大旗,在他看来,自由是所有人都需要追求的东西,即便一个专制者也不会否认它的美好——只不过他认为只有自己才配享有罢了。人之为人的基本权利在于自由。平等本应是自由的保证,而非它的目的。托克维尔的生活跨越了第一与第二帝国时期,但无论1789年的革命,还是1848年的革命,都极其相似地在革命之后诞生了专制帝国。因而他将1789年及此后的六十年全都划归在"大革命"的范围之内。平等与自由是大革命的灵魂,革命者要建立一个民主自由的新社会。他们不仅要摧毁特权以求平等,更要借此确立个人的权利。革命者期待着一个祛除腐朽与奴役、充满年轻、热情、自豪、激情澎湃、真挚的新时代,然而在最初几年这个愿望昙花一现,革命结束后就丢失了一半。甚至在"平等"与"自由"之间,人们宁可要"不自由的平等",却不要个人的"自由"。在托克维尔看来,自由错被人们当作手段而非目的,它只是人们痛恨主子的工具,当革命把这些主子推翻的时候,"自由"也随之被抛弃了。他们并没有摆脱奴隶状态,因为"谁在自由中寻求自由本身以外的其他东西,谁就只配受奴役"[1]。两个拿破仑的帝国都证明了抛弃自由的民主背后的奴性。

(一) 民主对自由的戕害

什么是民主? 阿隆在《社会学主要思潮》中这样总结:"在他(托克维尔)看来,民主就是地位平等。不存在等级和阶级的差别、组成集体的每一个人在社会上彼此平等的社会才是民主的社会"[2]。平等不是智力上的,因为人的自然禀赋各有不同;平等也不是在经济上的,因为财富可以流动,即便在某一时刻保证财富的平等,但商业交流会使财富重新流转。

民主诉求的是社会地位上的平等:人与人之间没有特权和地位的尊卑,人人都能得到各种工作、各种职业、各种尊严与荣誉。社会平等使大家的生活彼此相似,"民主的思想既要求社会平等,又要求生活方式和水平趋于一致。……这是一种不以强盛和荣誉为目的,而以繁荣和安宁为目的的社会,是一种人们所称的小康社会"[3]。

> "在民主社会里,存在着对平等的炽热愿望。这种平等的愿望必将超过对自由的爱好。社会对消除人与人之间、集团与集团之间的不平等的关心将甚于维护法制和对个人独立性的尊重。这种社会性的生命力在于对物质福利的关心,并且由于经常考虑着这种物质福利而

---

[1] 《旧制度与大革命》,第208页。
[2] 《社会学主要思潮》,第177页。
[3] 《社会学主要思潮》,第177页。"小康"法文为:"petite-bourgeoise"或译为"小市民"。

总是忧心忡忡。但是,事实上物质福利和平等并不能创造一个安宁的、人人得到满足的社会,因为每个人都在与别人作比较,而且社会的繁荣昌盛也从来得不到保证。但托克维尔却认为这种民主社会不会是动荡不定的,也不会有什么深刻的变化。

> "表面上喧喧嚷嚷的这种社会将导致自由。不过人们热爱自由是把自由作为物质福利的条件,而不是热爱自由本身,……在某种情况下,如果自由的政治机构运转不灵,影响繁荣的话,那么人们就会宁可牺牲自由也要保持他们所向往的福利。"①

民主社会的人当然爱好自由,只是,当它与平等出现冲突时,人们却宁愿选择在被奴役中去寻找平等,也不愿在贵族政治里寻找自由。这就是民主社会戕害自由的原因。

在民主社会中,人们的状态相对稳定,只要他们满足于被奴役下的平等,而对集中了大权的统治者来说无疑也是安全的,社会也是平稳的。但这样的社会却也是没有活力、畏惧变化的,"人们认为新社会将每日每时改变着面貌。但我却害怕它最终会抱着相同的机构、相同的偏见和相同的习俗不放,使人类裹足不前,变得目光短浅,使人的精神永远停留在原有的水平上,产生不了新思想,使人类在孤立无援的和徒劳无益、微不足道的活动中疲惫不堪,虽然不断努力,还是毫无长进。"②民主之正当性是以为更多人造福这一事实所证明的,但是这种福利既不光彩夺目又不崇高伟大,而它每前进一步,都难免要遇到政治上和道义上的风险。③

(二) 贵族与自由

自由精神的最佳代表是贵族。古典社会是一个贵族起主导作用的社会,那时史学家的注意力大都集中在政治上少数重要的领袖和伟人,他们把公共生活视为贵族阶级的领地,历史也主要受这些重要人物的影响。甚至王公贵族们的举手投足都可以影响一个国家的命运与发展。

在赞扬自由时,托克维尔同样未掩饰自己对贵族消亡的失落。在大革命之前,贵族是社会的中流砥柱。托克维尔一直记得祖母的谆谆教导:"还有,我的孩子! 千万不要忘记一个人应对祖国应尽的义务;不对祖国尽义务,就不能为国献身;不能对祖国的命运漠不关心;上帝要求人随时准备贡

---

① 《社会学主要思潮》,第 201 页。
② 在这一点上,阿隆认为托克维尔未能看到工业(孔德)与科学(马克思)对社会发展起到的推动作用。《社会学主要思潮》,第 204 页。
③ 《社会学主要思潮》,第 187 页。

献一切,用自己的时间、财产甚至生命去为国家和国王服务。"①代表自由精神的贵族对社会稳定具有举足轻重的作用,他们是中央权力与地方自治间的平衡。亚里士多德理想的政体也是一个由贵族占主体统治的政体,因为贵族可以不受金钱和生活的束缚,使自己有充足的时间和精力关心国家政事。同时,因为他们生活充裕,拥有闲暇,还可以接受最好的教育,将其所学致力于城邦政治方面。

此外,与近代不同,古典的自由更多地涉及政治层面。一个自由的人,是一个能自由表达政治观点的公民,它与城邦共同体有密切的关系,"古代人的自由在于以集体的方式直接行使完整主权的若干部分"②,也即是一种"政治自由";而近代自由更多与个人的利益相关,"它是每个人表达意见、选择并从事某一职业、支配甚至滥用财产的权利"③。古代政治家不会理解除了政治美德之外的任何其他权力,而民主社会则只关注于商业、金融、财富甚至奢侈品。古代贵族们具备着民主时代所缺乏的自我牺牲的公共精神和刚毅的美德。这种精神和美德改变着历史,它推动了历史向更卓越方向进展。社会的变革使得代表自由的贵族精神没落了,它是古典社会退变到民主社会,进而沦为集权社会的主要原因。

(三)贵族的没落

大革命在形式上将贵族阶级消灭了,但在本质上,大革命是贵族德性丧失的结果,而非原因。在《论美国的民主》中,托克维尔称赞美国的宗教精神和自由精神是其自由民主的基础,但在《旧制度与大革命》中,他却揭示了法国相反的一面:在意识形态民主化的法国,人们已没有了信仰,他们变成了反宗教和反教权主义者。④宗教并不是自由的必然保证,但它可以使心灵有力量与闲暇去驰骋,宗教精神可使其获得自由与休息。

贵族的瓦解使这一部分权力分散掉了,它最终又集中在了政府手中。托克维尔不无遗憾地说:"……我们破坏了原来可以独自抗拒暴政的个人的存在。但是,我又看到政府却独自继承了从家庭、团体和个人手中夺来的一切特权。这样,少数几个公民掌握的权力,虽说偶尔是压迫性的和往

---

① 《托克维尔文集第 4 卷:托克维尔回忆录》,编者导言第 8 页。
② 贡斯当:《古代人的自由与现代人的自由》,阎克文、刘满贵译,北京:商务印书馆,1999年,第 26 页。
③ 《古代人的自由与现代人的自由》,第 26 页。
④ "如果没有宗教,民主时代绝大多数人在不承担精神独立的重负时,宁肯放弃思考,只满足于物质世界的安逸,这时他们很乐于接受一个主子,所以一个人'要是没有信仰,就必然受人奴役;而要想有自由,就必须信奉宗教'"。《回想托克维尔》,刘小枫、陈少明编,北京:华夏出版社,2006 年,第 43 页。托克维尔原文参照《论美国的民主(下)》,第 28 页。

往是保守性的,但却使全体公民成了弱者而屈服。"①

此外,民主社会要求的平等也使权威不但成为民众**不得不**接受的现实,更成为了他们**认同**的现实:

> "财产的过小分割,缩短了贫富差距。但是,随着差距的缩短,贫富双方好像发现了彼此仇视的新根据。他们互相投以充满恐惧和嫉妒的目光,都想把对方拉下权力的宝座。无论穷人还是富人,都没有权利的观念,双方都认为权势是现在的唯一信托和未来的无二保障。"②

与平等不同,自由不单纯是一个口号,它关涉的是个人最重要的权利。"我仅仅希望政治领域的平等是实现所有人平等的自由,而不是像现在人们常说的,所有人平等地服从同一个主人。"③自由与伟大关联,其意义在于通向伟大和卓越,它是潜在的卓越。而平等则可能导致其无从实现:平等都要求每个人彼此的一致,生活方式与政治活动的单一和趋同。一个自由的人才能创造,才可以展现自身生命之活力。而一个追求平等的人只有僵固和不变,少数新思想的出现很快会被多数的平庸所扼杀。

托克维尔当然反对历史决定论,但这不意味着他要逆潮流而动。既然历史已经把法国推到了民主时代,那么人们就必须立足当下来寻求出路。现代社会是商业与工业的社会,谋私与个人主义就是当下之主流。托克维尔认为,大革命之后,自由的基础和保证不再是地位的不平等了,它的精神基础和社会基础都已不复存在,再想恢复传统的贵族权威与特权是不明智的。他真正思考的是:在各人命运趋向一致的平等社会中,怎样才能使个人不陷入专制的政治制度。或者说,**怎样使平等与自由并存?**

托克维尔从同时代的他国寻求出路,英美都是当时可资借鉴的榜样。照理说,英国离法国最近,又与法国有相似的封建传统,其"光荣革命"也一直为学者和政治家们所称道。但托克维尔认为,英国模式并不适合法国。因为英国革命发生的时代和背景与法国不同。英国的宪政制度有其独特的系统,贵族在英国始终都存在,并且革命改变的也只是政体,远未触及社会的根本结构与风俗。法国大革命将古老的政治制度一举推翻,不但贵族已经消亡,更根本的社会结构也发生了改变。欧洲大陆的改革模式不再适

---

① ②　《托克维尔文集第 1 卷》,《论美国的民主》绪论,第 13 页。
③　《托克维尔传》,第 154 页。

合于法国，因而他主张放弃英国而学习大洋彼岸的美国。《论美国的民主》就是一部为法国人所写的政治参鉴，他揭示了美国如何在个人主义的社会背景中避免集权与专制，建立起一个民主自由的国家。

美国是个全新的国家，它拥有与法国类似的民主思想。那里没有欧洲大陆传统意义上的贵族身份（noblesse），但却有具备贵族德性的绅士群体。[①]这些绅士通过财富和教育进入统治阶级，并作为一种中坚力量承担了托克维尔所珍视的贵族责任精神。与孟德斯鸠观点相似，他认为美国的自由制度源于法律，而法律则源于社会风俗。既然法国的社会结构已经变了，那么制度上必然发生了转变。但托克维尔并非主张风俗决定政治，在一定条件下，政治同样可以改变风俗。在法国，自由的民情已经不复存在，因而，政治建设就成为反过来影响社会的必要手段，让平等的民主制下的公民重新获得自由。[②]

三、结语

《旧制度与大革命》与《论美国的民主》存在一种天然的呼应关系。《论美国的民主》不是一部单纯考察美国民主制度的文献，它思考的是为何是美国而非法国，在民主社会中保留了自由。若说《论美国的民主》是用比较的方式来考察美国和法国的民主制的话，那么《旧制度与大革命》则是用比较的方式在本国历史内部考察大革命前后的两种社会关系，这就必然要思考"旧制度是如何过渡到大革命"的问题。用托克维尔的话说，"去考察那逝去的、坟墓中的法国"。在这后一种的比较中，托克维尔发现了旧制度与大革命之间貌似决裂，实则相通的地方，它使得旧制度与大革命并不像看起来那般泾渭分明。

在《旧制度与大革命》中，托克维尔毫不掩饰其对自由的热爱，他延续了《论美国的民主》中对民主与自由问题的思考。在法国，民主制度的建立未能保持自由的权利。他想**知道自由是如何在大革命中死去，更要思考它如何能够免于一死**。自由在大革命的历史中死去了，但是今日之法国与未来之社会并未结束，托克维尔的历史哲学就是要绘制一幅自由如何能够免

---

① 在《旧制度与大革命》（中译本第 125 页）中，托克维尔区分了两种贵族：gentleman（绅士）来源于法语 gentilhomme，可泛指美国公民中的有教养者。gentilhomme 在法国偏重于血统意义上的贵族。gentleman 与血统无太大关联，它代表着一种新贵族的"绅士"风度。

② "托克维尔确切希望的倒不是民主运动不要把旧法国的政治机构卷走，虽然这一运动是不可抗拒的，而是希望尽可能地以君主政体的方式和贵族精神的方式把旧制度的政治机构保留下来，为捍卫以谋求福利和社会革命为己任的社会中的自由作出贡献。"《社会学主要思潮》，第195 页。

于一死的图画。①

托克维尔处身民主时代,在这个敌视权力、要求平等的社会,教育之影响要远优于统治,所以他认为写书要比从政更有意义。历史哲学的方式使他可以自由地褒贬历史,将思想与事实结合起来。与对历史作出解释并最终为得出历史终结论的黑格尔、马克思甚至孔德等人不同,托克维尔接近于伏尔泰:在《旧制度与大革命》中,他始终将历史哲学视作一种研究方式,正如《论美国的民主》问题是在思考法国与美国民主制度下的差异一样,社会学的比较也是这本书的研究方法而非研究目的。

如阿隆所说:"他(托克维尔)属于不作评论就无法分析各种政治制度的古典政治哲学家传统。在社会学史上,他很接近于列奥·施特劳斯所解释的古典哲学。"②如果有人质疑,那么他很可能像孟德斯鸠或亚里士多德那样回答:作为现象的历史与作为思想的哲学必须寻求一种结合方式,因为它们本质上是不可分割的,倘若描述不包含与描述有内在关联的评论的话,那么这种描述就绝算不上一种忠于事实的描述。而从他一边写作,一边不停地作评判来看,正表现了托克维尔历史观察者与历史介入者合二为一的特色。③

第四节　马克思的历史唯物主义

马克思的历史哲学基本可用历史唯物主义来概括:一方面,马克思将唯物主义与辩证法结合起来形成了方法论上的辩证唯物主义;另一方面,他将这种方法论应用于人类历史的生产实践上,从而诞生了历史唯物主义。历史哲学从诞生到今天,也至少经历了两种变化,第一种是启蒙哲人伏尔泰式的,即用哲学的方法来学习历史;另一种是历史整体观,这种整体观的集大成者是黑格尔,马克思也属此类。黑格尔的体系化把历史与哲学统一起来,在历史发展的最高阶段,不是艺术,不是宗教,而是哲学。历史与哲学的统一就是人类的终点,它是绝对精神经过"正反合"的一整套流转

---

① 在《旧制度与大革命》的文末,托克维尔曾预示其第二部作品将以研究大革命本身(elle-même)为主题,最后亦即第三部分将评判大革命所产生造就的新社会。根据此三部分的连续性以及每部作品内在的联系,我们或许可以大胆地预测后两部的题目为:《大革命的本质》与《大革命与新社会》。总起来说,这是《旧制度与大革命》三部分的总思路。

② 《社会学主要思潮》,第188页。

③ 阿隆有一本名为《介入的观察者》的作品。他认为:人类既思考着历史,同时也在这种思考所指导的行动中影响着历史。

后自身的实现。马克思的历史哲学扬弃了绝对精神的运动,将这种思辨哲学重新拉到物质生产层面:不是意识决定生活,而是生活决定意识,这种生活就是决定历史进程的基本动力与因素,人们创造历史的前提必须是先能够生活,而为了生活,就需要吃喝穿住用等其他东西。因而,马克思整个历史唯物主义的基础都建立在生产关系与生产力之上的。

需要注意的是,马克思不同于马克思主义,因而这里对马克思的分析定位只限于马克思本人的作品上,不欲找出一种对马克思思想的更高的解释——这是马克思的后学及马克思主义者们的工作。退一步说,倘若解释者自己都没有读懂马克思就做"超越马克思"的解释,那么最好还是如作者自己理解自己那样去理解作者,所以这里会把《资本论》置于马克思思想的中心地位,"因为《1844年经济学哲学手稿》是这位年轻人在了解黑格尔甚于资本主义的那个时期里,对黑格尔和资本主义尚在思辨过程中写下的、尚未定型的、既可说是质量平平也可说是才气横溢的草稿"[1],而马克思本人对青年时期的这些作品态度也十分谨慎,"以致不惜弃之不顾,让老鼠来批判"。

严格说来,马克思并没有对共产主义和社会主义做明确的描述,他总是说人类无法事先认识未来,"现在提出这个问题是不着边际的,因而这实际上是一个幻想的问题,对这个问题的唯一的答复应当是对问题本身的批判"[2],"新思潮的优点恰恰在于我们不想教条地预期未来,而只是想通过批判旧世界而发现新世界"[3]。因而,马克思并非要构想乌托邦的细致模样,而是反过来批判资本主义,"对现存的一切进行无情的批判",通过这种批判,反向地思考社会主义或共产主义"不是"什么。而关于资本主义的批判,就必须关注两个关键问题:劳动与私有制。

一、 劳动价值理论与私有制现实的矛盾

劳动价值理论主要在《资本论》的第一卷中展开。资本主义的基础是商品交换,因而,在该书第一篇第一章[4],马克思首先从商品问题切入。正是在这里,他创造性地揭示了商品的价值来源:劳动。

《资本论》(第一卷)的结构简言之,即是资本家通过占有生产资料,以其作为自己的资本收取劳动产品所带来的新价值。这部分资本以不变资

① 《社会学主要思潮》,第108页。
② 《马克思恩格斯选集》(第四卷),北京:人民出版社,2012年,第541页。
③ 《马克思恩格斯文集》(第十卷),北京:人民出版社,2009年,第7页。
④ 《资本论》(第一卷),北京:人民出版社,2008年,第47页。

本和可变资本的混淆而使得剥削隐匿不彰。马克思在第三篇中根据劳动创造价值的本质,揭示出在商品的生产中,价值的转移属于原料、固定厂房等不变资本,而价值的增值部分只能为劳动所创造。因而,在产品的价值中,新增加的部分应当全部归劳动者所有。但资本家通过模糊劳动的价值与劳动力价值,使二者之差成为其无偿占有的剩余价值。如此看来,整个资本的运转始于资本家提供生产资料、劳动者提供体力,但在生产与销售之后,资本家却不单占有了原材料成本的转移部分价值,同时还多占了劳动者创造出的新价值。

劳动价值理论揭示隐藏着的工人工资与劳动所创造的价值的不对等,进而也揭示了资本家占有劳动工人剩余价值的本质。然而单纯从这一点来看,仍不足以对资本主义形成彻底的批判。马克思又追溯了在这种不平等中的私有制的历史起源,揭示整个资本家在原始积累和资本再生产这一整套系统中,都存在着的现实的不正义的剥削与豪夺。

恩格斯曾经用三种影响的结合来解释马克思的思想,这三种影响为:德国古典哲学、英国古典政治经济学和英法空想社会主义。古典政治经济学催生了《资本论》《政治经济学批判》等经济类作品,空想社会主义则为马克思提供了社会理论批判和共产主义目标的设想。在空想社会主义的创始者托马斯·莫尔那里,他借希斯拉德之口,第一次提出了私有制的问题:"亲爱的莫尔,把我内心的感想坦率对你说吧:我觉得,任何地方私有制存在,所有的人凭现金价值衡量所有的事物,那么,一个国家就难以有正义和繁荣"①。在希斯拉德看来,任何哲学家都没有能力在私有制的基础上建立一套真正公正的法律,因为恰恰相反,法律是奠基于基本制度之上的。因此柏拉图才不肯给拒绝财产共有的人们立法。《乌托邦》在马克思心中占有非常重要的地位,不单希斯拉德对私有制的批判为马克思所吸收,就连其中"羊吃人"的故事都被他引用到了《资本论》里②。而《共产党宣言》中的口号:"共产党人可以把自己的理论概括为一句话:消灭私有制。"③俨然就是希斯拉德思想的翻版。

其后,私有制问题在卢梭那里进一步得到深化。卢梭通过第二篇论文,极具天赋地揭示了私有制作为人类不平等的起源和基础的本质。在文中,他用一个非常形象的例子展现了私有制是如何被一个欺骗者非法占有

① 托马斯·莫尔:《乌托邦》,戴镏龄译,北京:商务印书馆,2017年,第43页。
② 《资本论》(第一卷),第827页。
③ 《共产党宣言》,中共中央马克思恩格斯列宁斯大林著作编译局编译,北京:人民出版社,2016年,第42页。

的，而这种占有最早就是以土地作为生产资料被私有的。①在《乌托邦》和卢梭第二篇论文里，"私有制"指的是财产的私有，不是《共产党宣言》里的生产资料的"所有制"（Eigentum）。私有财产是私有制产生的前提，而私有制和阶级相伴而生，"共产主义的特征不是要废除一般的所有制，而是要废除资产阶级的所有制"②。这是马克思恩格斯在私有问题上的深入，因为"不消灭私有制，就不可能消灭物品固有的实际效用和这种效用的规定之间的对立，以及效用的规定和交换着自由之间的对立；而私有制一旦被消灭，就无须再谈现在这样的交换了。"③

在理论上，劳动创造价值；在现实上，私有制导致不平等。"资产阶级是与生产资料的私有制以及国民收入的某种分配方式联系在一起的"④，生产资料私有制是社会矛盾和工人苦难的最终原因⑤，这两方面共同揭露了资本主义生产方式对无产阶级的剥削本质。"马克思的中心思想是把资本主义制度当作一个矛盾着的、即为阶级斗争所左右的制度来解释"。⑥

二、 矛盾推动下的社会历史

对劳动价值理论和私有制问题的剖析最终揭示了资本主义的内在矛盾，然而，在这里还需进一步说明，为何资本主义社会所体现的矛盾，既是资本主义毁灭的原因，同时也是社会进一步发展的动力。因为根据一般历史主义的看法，对某一问题的分析只适用于当下的分析对象，对资本主义的经济分析也只应适用于资本主义社会。历史唯物主义虽依托政治经济学，但它必须要超越这种带有相对性的历史主义。马克思"既要根据资本主义的社会结构来说明资本主义制度的运行方式，又要根据它的运行方式来说明资本主义制度的变化。"⑦

政治经济学不同于经济学，经济学考察的是具体经济影响因素，政治经济学考察的视野更全面。其实从"经济"的本义来说，这个词译自西文的"economy"，它非常古老，可以追溯到古希腊，色诺芬就有一篇同名的文章

---

① 《论人类不平等的起源和基础》，第 111 页。
② 《共产党宣言》，第 42 页。
③ 德语的 Privateigentums 有两层含义，既指"私有财产"，同时也有"私有制"的含义。所以在翻译成中文时也常出现混淆。《马克思恩格斯全集》（第三卷），北京：人民出版社，2002 年，第 451、452 页。
④ 《社会学主要思潮》，第 115 页。
⑤ 雷蒙·阿隆：《论自由》，姜志辉译，上海：上海译文出版社，2007 年，第 20 页。
⑥ 《社会学主要思潮》，第 113 页。
⑦ 《社会学主要思潮》，第 118 页。

《经济论》。严格说来这个翻译并不确切,因为 economy 由 eco 和 nomy 两部分合成,eco 来自古希腊语的 oîkos(οἶκος),指"家""家庭",而 nomy 指管理,直译应为"家政",所以色诺芬的那篇文章应该译为《家政篇》或《齐家篇》,且全书的内容也都是在讨论家庭如何保持收支平衡。

在今天的语境下,"经济"应当至少与国家管理关联在一起,马克思在《政治经济学批判》导言中也提到:"当我们从政治经济学的角度观察某一国家的时候,我们从该国的人口,人口的阶级划分,人口在城乡、海洋、在不同生产部门的分布,输出和输入,全年的生产和消费,商品价格等等开始"[①]。看上去,经济学从生产行为的基础和主体的人开始是有道理的。但是仔细考察会发现,如果抛开人的阶级,那么人就是一个抽象的概念。如果不知道这些阶级所依据诸如雇佣劳动、资本等等的因素——这些因素又以交换、分工、价格等为前提。抛开这些,阶级就是一句空话,人也只是一个抽象。因而,《政治经济学批判》与《资本论》一样,即是一部经济学著作,又是一门资本主义社会学,也是一部在实现共产主义的人类史前史时期一直受到自身冲突麻烦的人类的哲学史。[②]

"至今一切社会的历史都是阶级斗争的历史"[③],《共产党宣言》里的这句话指明了阶级斗争在整个人类社会中的贯通性。

关于人类社会总体描述的哲学属于历史哲学。做出这种预测的不单有马克思,还有黑格尔、孔德、康德甚至还可追溯到《圣经》。历史哲学的研究对象是历史整体,这要求把人类在时间与空间各方面上统一进"世界历史"的范围内。总体的预测不仅包括其中促进的部分,同时也要包容阻碍历史进程的,比如恶的部分。而面对这后一部分的问题,基督教和神学家用上帝的反面撒旦来描绘,并最终以光明战胜黑暗来结尾;世俗世界的恶则成为历史哲学家们的处理对象:康德在"关于一种世界公民观点的普遍历史的观念"的命题四中给出了一种解释:"大自然使人类的全部禀赋得以发展所采用的手段就是人类在社会中的对抗性,但仅以这种对抗性终将成为人类合乎秩序的原因为限。"[④]这种对抗不再是某些反面的东西,反成为"社会合法秩序"的必要原因。因为正是凭靠这种对抗,使它转变成世界历史继续活动和进展的力量来源。这种把恶的存在以及斗争囊括进历史的倾向,在黑格尔那里达到了顶峰,辩证法的活力就在于这种"否定之否定"

---

① 《马克思恩格斯文集》(第八卷),北京:人民出版社,2009 年,第 24 页。
② 《社会学主要思潮》,第 118 页。
③ 《共产党宣言》,第 72 页。
④ 《历史理性批判文集》,第 6 页。

的对抗。

马克思同样运用了这种对抗性，他力图说明"这种对抗性是与资本主义的基本结构分不开的，同时它也是历史发展的动力。"①因而，无产阶级与资产阶级的冲突不但反映了资本主义社会的矛盾，同时它也是一切阶级社会的根本矛盾，是阶级社会更迭的动力，据此就可以预测历史的发展。

马克思用孔德的社会学的方法，根据经济制度的差异区分了四类历史时期，这四个时期分别由相应的生产方式所决定：即亚细亚的生产方式、古代生产方式、封建的生产方式和资产阶级的生产方式。这一区分之后成为马克思主义关于人类社会五种形态发展的雏形。除了亚细亚的生产方式以外，西方历史所经历的三个阶段都以劳动者间的某种关系为特征，生产者与统治者始终处于阶级差异和斗争之中。所以，社会主义的生产方式将不允许人剥削人，不允许劳动者从属于一个既掌握生产资料同时又掌握政治权力的阶级。

三、 小结

马克思的历史唯物主义奠基于资本主义的经济批判，以及从社会学层面对人类社会更迭做出的总结和预测。从这一点看，历史唯物主义不同于某些历史主义，特别是那种认为历史研究只有当前适用性的历史相对主义。②因而波普尔把马克思视为另一种历史主义，一种不同于只对当下历史和价值做出判断的历史相对主义。历史唯物主义常常与先知主义和乌托邦主义联系在一起，以"规律"来领导历史。在他看来，历史唯物主义预告并许诺了一个适合所有人的普遍历史，这种带有宿命论倾向的历史主义其实是一种黑格尔式的历史哲学。

虽然马克思的思想可分为哲学、经济学、社会学等方面，但这并不意味着这些部分是彼此割裂的。正是在哲学上的思辨，才使得马克思在经济学方面能够剖析资本主义的本质，从哲学的"异化"与"私有制"问题来揭示资本主义的本质；而社会学使得这些经济理论超越了每个制度，以一种超越具体当下的视野从整体上把握人类社会制度的更迭。因而在马克思那里政治学并不是根本的，在人类社会发展的第一个和最后一个社会中，没有国家、没有政治，只有"社会"。正是这种统摄了经济学和社会学的微观和

---

① 《社会学主要思潮》，第110页。

② 在梅尼克和特罗什看来，历史主义通常指人类的发展演化是为当时的社会和环境所决定的，也就是由每个社会或每个时代所特有的多元化所决定。这种多元化就表现为一种相对主义的特征。

宏观视野,让马克思能够有一种历史哲学。这种历史哲学不是历史相对主义,但也并非如通常理解的宿命论。从这点看,波普尔错误地把马克思的历史唯物主义视为与德国历史主义相反的黑格尔式的大全历史哲学。马克思的历史唯物主义区别于黑格尔,从人的"劳动""共产主义之前的史前史"以及"阶级斗争"等方面就可以看出,马克思并没有给人类的历史扣上一个严苛的盖子,他承认人的自由,并把共产主义设想为从必然王国向自由王国的转变;同时,历史唯物主义也不是历史相对主义的分支,否则任何对历史的分析都只能囿于当下,不能为其他社会制度提供助益。

从这方面看,马克思的历史哲学乃是在历史的相对主义与绝对的宿命论之间寻找人与历史的关联。雷蒙·阿隆曾说过:"在某种意义上我们都是马克思主义者:所有现代社会都想建立符合其理想的秩序,拒绝听任命运的安排。"①马克思同样高扬人在历史中的主体地位,但他还看到了人的本质,即背后错综交叉的"一切社会关系"以及"劳动"的本质:前者将人还原为社会结构关系,后者以"劳动"的革命性来揭示人的成长。

第五节　本雅明的历史哲学

从德国历史学派到悲观历史主义的过渡时期,瓦尔特·本雅明(Walter Benjamin)正好夹在其间。他承继了历史学派的乐观主义,同时又敏锐地发现了他们骨子里的相对主义,并决意与之断绝。他的犹太身份与马克思的历史唯物主义也体现着此类张力,它们在本雅明身上十分显眼,似乎最代表他思想的不是别的,而只是那些冲突与矛盾。正如理查德·卡尼(Richard Kearney)所说:"他既是诗人神学家,又是历史唯物主义者,既是形而上学的语言学家,又是献身政治的游荡者,……在纳粹德国,他是一个犹太人;在莫斯科,他是一个神秘主义者;在欢乐的巴黎,他是一个冷静的德国人。他永远没有家园,没有祖国,甚至没有职业——作为一个文人,学术界不承认他是他们中的一员。他所写的一切最终成为一种独特的东西"。

本雅明的作品常令人觉得晦涩难懂,这并不在于他使用怪癖的语法和结构,而是他诗人般的风格,在于他"诗意的思考"——但他并不是一个诗人②。

① 《论自由》,序言第 1 页。
② 汉娜·阿伦特编:《启迪:本雅明文选》(以下皆以《启迪》简称),张旭东、王斑译,北京:生活·读书·新知三联书店,2012 年,导言第 24、33 页。

《论历史的观念》(*Über den Begriff der Geschichte*)①就是这种诗思类的格言体作品，全文分十八段，加上最后两个附录，各成一节，共二十小节。在众多自成一体的小节中找到彼此间的逻辑关系实属不易，我们难以还原本雅明当下写作时的处境，况且这些段落短小，要梳理出**一条**逻辑思路很可能会妨害各部分自身的场域。所以为了理解，"首先在于读"——从气质上来接近本雅明。与其说准确解释作品，不若说更是去"贴近"本雅明，解释或许可以精确到"知识学"的层面，理解却是接近与领会。尝试复活业已凝结成灰烬前的活火。火没有固定的形态，"在一定尺度（measures）上燃烧，又在一定尺度上熄灭"（赫拉克利特残篇 30），灰烬是火的凝结和固化，是它的遗迹。干柴在燃烧的时候与火相融无间，唯有当其变为灰烬的时候才能分离出灰烬与火焰。灰烬变得确定而清晰，火焰则保留到其最初的隐蔽之中。

贴近与理解须有进路——否则便只能祈求神恩的垂怜。燃烧留下的灰烬正是路标，它是火焰的索引。从结晶的语言中切近那团火焰，使它"在过去的干柴和逝去的生活的灰烬上持续地燃烧"②。

一、"驼背侏儒"与"历史天使"

> "无论我们注视本雅明一生的哪个地方，都会发现那个驼背侏儒"。（汉娜·阿伦特，《启迪》）

从第一节的驼背侏儒到第九节的历史天使分别是两个故事的主角，而夹在他们中间的则是历史的碎片与救赎的可能。驼背侏儒的故事来源于德国童话③，这个象征霉运的人物，总是捉弄着那些看似笨拙的人。他经常出现在本雅明的作品中，或者说本雅明一直就被这个驼背侏儒笼罩着。儿时的童话使他们邂逅，驼背侏儒却在他的心中潜伏下来。母亲总会把发生在孩子身上的小灾小难归结为驼背侏儒的捉弄，她会对孩子说："笨拙先生向你致意"；摔跤是因为他故意绊你的，掉在地上的花瓶是他从你手中打落的。长大后的孩子当然明白并不是因为自己盯着"驼背侏儒"之故而招

---

① 英译名：On the Concept of History。中文本常译为《历史哲学论纲》，大概由于参考另一英文版：These on the Philosophy of history 的缘故。本文德文版参考 *Walter Benjamin Abhandlungen Gesammelte Schriften*（本雅明手稿作品集）第一卷第二册：*Über den Begriff der Geschichte*。

② 《启迪》，第 25 页。

③ 出自著名德国民间诗集《孩子们奇异的号角》(Des Knaben Wundehorn)。参看《启迪》，第25 页。

惹了他——仿佛意欲探究恐惧的孩子管不住自己的双眼,怀着好奇与恐惧从指缝中偷看——而是驼背侏儒盯上了他!

驼背是个侏儒,孩子看他不到,他们只能看到打落在地上破碎的花瓶——就像那凝视着废墟的历史天使。

历史天使的故事出自保罗·克利(Paul Klee)的画作《新天使》(das Angelus Novus)。天使似乎正要离去,但却凝视着一场灾难遗留下的废墟。他眼睛睁大,嘴张开,脸朝向过去,那里堆了一层又一层的废墟,一直延伸到他的脚下。天使本想停留,以唤醒死者。但天堂刮起了一阵烈风,天使的翅膀裹挟其中,他无法合拢双翼,被暴风不可阻挡地吹向了背对着他的未来。废墟则依旧在堆砌着,直到天顶。

在自然科学的胜利中,神学节节败退,他的模样已经朽老,但却可以新的形象示人,"它启示的感受方式还活着,只是变换了隐喻的用语"①。神学已又矮又丑,它的"弥赛亚主义"就变成了"历史唯物主义"的模样。但在这一变换中,曾经神圣崇高的神像已消失不见,徒留了矮小丑陋的"驼背侏儒",偷偷躲藏在常人看不到的角落,操纵着历史。从弥赛亚的"神学"到"历史唯物主义"再到矮丑的"驼背侏儒",这是一条从古典"神圣"到现代"侏儒"的降解之路,它隐含着"神言——人言——戏言"的降解。

然而降解并不意味启示维度的消失,在本雅明看来,它恰恰就像那个驼背侏儒一般,总是在你看不到它的时候操纵着历史。弥赛亚的救赎并没有因为它的矮小而消失,相反,它借此更好地隐藏了自己,那凝视着废墟的历史天使已经在那过去的破碎中看到了端倪,只是进步的飓风要把他吹向未来。过去废墟有可能在进步的烈风中失去救赎的可能,就像阿喀琉斯样的工人阶级只关注于未来和进步,忽视了自己力量来源的跟腱。天使惊异于人间的苦难和废墟,想要停留在现在,进步却催着他快去未来的天堂。

人类的幸福需依靠救赎才能实现,但救赎并不能轻易得到满足。在本雅明看来,人的救赎来源于过去的苦难,过去的经历带着某种神秘的索引,通过灾难和废墟而浴火重生,实现救赎。每个人就像过去的人一样,"携带着过去索引的求得解脱的微弱的弥赛亚力量"②,只要他不曾忘记过去。类似于编年史的史学家们却事无巨细地记录历史,过去的沉重与平庸都成为了他们的对象,他们对历史不分主次,全不落下。他们在其中不分轻重,所以事无巨细,认为所有发生过的事情要到了最后救赎才体现出他们的意

---

① 萌萌:《复活历史灰烬的活火》,载于《启示与理性:"古今之争"背后的"诸神之争"》,上海:上海三联书店,2006 年,第 173 页。

② 《复活历史灰烬的活火》,第 175 页。

义,也即在最后的审判之日,过去一切的历史才被赋予了意义。他们当下关心的只是事无巨细地记载史实,不让任何曾经发生过的事件被遗漏。这样的历史观源于一种对时间匀质的看法,他们认为时间均匀平淡地流向未来,历史就是时间长河中的事件,虽有起伏,但无波澜,时间向着未来流去,历史追随时间,指向未来,所有时间长河中的事件,唯有在未来才能体现出它们的意义,从未来去看过去和现在,发生的历史才具有意义。

但工人阶级的斗争并不以粗俗物质性的东西为目的,甚至,最终的胜利者的战利品也并不就代表着能够获得优美精神上的财富。本雅明提醒历史唯物主义者们,尤其要区分胜利者的最终胜利与阶级斗争的目标,最好的救赎并不在未来之最终审判,而在于对苦难当下的凝视。过去的真实总是在顷刻中闪现而不再复现,只有在这个顷刻——也就是当下,它才可以被辨识出来。历史唯物主义者与历史主义者最大的区别在于,他们相信"真实不会逃离"(Die Wahrheit wird uns nicht davonlaufen)。这是历史唯物主义超越历史主义,即超越历史的维度。历史学家的任务并不是像科学工作者那样,去认识"历史事件本来的模样"——这是以兰克为代表的历史实证主义者的看法,而应当记忆中的某种东西在顷刻闪现时去抓住它。历史只是现象,意义才是本质。[1]历史唯物主义者要做的是,当危急(Die Gefahr)时刻被历史挑选出来的过去的形象出现在面前时,让它停留下来。危急有两面,一个是传统的内容,一个是传统的接受者,他们都可能沦为统治者的工具。唯物主义者必须有坚定的信念,解救传统,将其从"随大流"(Konformismus)的趋势中解救出来,弥赛亚的降临不仅是拯救人,更是对敌基督者的胜利。因为敌基督者的胜利,会将过去的苦难彻底消灭,沉重的历史会被简化为毫无分量的匀质时间中的同质事件。所以本雅明说,必须忘记历史进程!尤其是所谓的从过去到未来的进步观念。对胜利者的认同和移情只会有利于统治者,"存在即合理"将会消除历史中的苦难,并美化胜利者身上的残暴。罗马的胜利固然可以证明罗马的强大,迦太基的灭亡却并不能抹煞迦太基的伟大。但在进步主义者那里,迦太基只能被罗马胜利的光辉所淹没。[2]历史所保留的文化财富,并不仅仅有赖于智慧非凡者,还有赖于同时代被进步论所掩盖的无名者的辛劳。在淹没了被压迫者的传统中,"紧急状态"(Ausnahmezustand)也沦为了惯常。然而事实并非如此,所谓的常态其实都是在"历史进步"的名义下被标示的,法西斯主

---

① 《复活历史灰烬的活火》,第178页。

② 本雅明引用了福楼拜(Flaubert)的话:"Peu de gens devineront combien il a fallu être triste pour ressusciter Carthage"。即"很少有人会料到,复兴迦太基将多么可悲。"

义之所以可以有机可乘,就是因为它的反对者在进步的名义下将纳粹的崛起看作一种历史常态。他们之中的有良知者会惊异于这其中的矛盾:人类进步了为何还会出现这样的逆行倒施?然而这种惊异并不能真正认识到进步观的要害,必须深入到进步观的核心,入室操戈。

“进步”有两重视象:就目的来看,它指向的是最终的得救;就每个当下而言,它又不得不保持空缺,舍弃死难的废墟——这样看来它又是退步。二者重合,便成就了“末世论”的命题:“世界历史是灾难史因而最终是救赎史”。乐观主义进步论的救赎,需要寄生在苦难和废墟上的弥赛亚去实现。

二、 进步

从第十节到第十三节,是本雅明对现实政治的评论,即对社会民主主义的清算和批判。

现实的政治家们用“进步”的幻想,网罗了所谓的“群众基础”,并且依附于一个强大的党派机器来作为实现最终目的的工具。社会民主党坚信技术进步,并将这种进步观移植到了历史。他们将劳动作为现代社会的救世主,并在《哥达纲领》中将其定义为“一切财富和文化的源泉”。但马克思早就一针见血地指出:在劳动产品尚未由工人支配时,它又如何能使工人受益?社会民主主义进步观其实是一种庸俗的马克思主义,它以劳动为基础,却将劳动与自然对立,肯定了劳动是财富的唯一源泉,就意味着对自然展开无尽的剥夺。①它荒谬地夸大了劳动的作用。不仅在政治上,而且在经济中也泛滥着。这是它必将衰落的原因,因为它会导致完全对历史的承担者——被压迫的无产阶级——无视。

历史知识的主体是被压迫阶级,他们以被蹂躏者的身份完成人类最终的任务。社会民主主义认为工人阶级只能担当未来后代的救赎者,但这恰恰使得工人阶级忘记了他们的仇恨与牺牲精神,因为那些痛苦和牺牲来源于过去的先辈,而不是后代。只有在苦难和废墟中才能找到拯救的真理,抛弃了被压迫阶级的复仇,就是割断了他们的肌腱。

社会民主主义的脱离实际,与其说是一个理论,不若说是教条。在实践方面更是如此,首先它偏见地相信进步就是人的进步,而不包含人的能力与知识的发展;其次,与人类无限趋于完美一致,进步也成为了一件无穷尽的事情;再次,进步是不可抗拒的,它是某种循着直线或者螺旋的前进运动。这些都是社会民主主义者进步观的特点。本雅明指出,这些特点暴露

---

　① 《复活历史灰烬的活火》,第184页。

出社会民主主义的弊端和教条，但对他们的批判还不能停滞于此，流于表面，必须深入它的背后，釜底抽薪："对进展现象的批判，根本上必须成为对进步现象的批判的基础"①。

三、当下

在第十四节，本雅明开门见山地表明，历史的结构并不在于匀质空洞的时间，而是建构在当下（Jetztzeit）。历史就是从连续统一的时间中爆破出来，填充着当下的过去，向过去的虎跃（Tigersprung）。这种跳跃就是一种辩证的跳跃。马克思就是这样理解革命的。革命就是让连续统一的历史进程土崩瓦解。法国大革命意味着新共和国的建立，他们要立新法，改正朔。②历法不是钟表，它并不要单纯衡量时间，而是代表着某种历史意识的纪念碑。革命的胜利就是当下，就在这一天，新的世界开启了，一切由此开始。革命是打破历史的连续统一性，引进新的"历法"，定为"节日"。因而，"现在"（Gegenwart）就不再是某种历史过程的过渡，而是时间的停顿和静止。③它为书写历史提供了根基，历史唯物主义者就是在历史连续统一体中的爆破者。历史主义提供的是过往（Vergangenheit）④的"不变的"图景。历史唯物主义者则把那不变的图景描述为独一无二的经验。历史唯物主义与历史主义不同，后者研究的是一般历史，它没有理论的武器，只祈祷填充剂的作用；唯物主义史学建立在一种建设性的原则基础之上，不仅诸思想的运动，甚至它们的留滞也都归属于思维活动，"当思维在一个充满张力和冲突的状态中突然停止，它就给予这个状态一次震荡，思想由此而凝结为一个单子"⑤。历史唯物主义者就是在思维使之凝结为单子形式的时候研究它。结晶就意味着从以往的同质历史中"剥离"出来，体现它的独

---

① 德文原文为：Die Kritik an der Vorstellung dieses Fortgangs muß die Grundlage der Kritik an der Vorstellung des Fortschritts überhaupt bilden. 本雅明对进展（Fortgangs）与进步（Fortschritts）在用词上进行了区分，Fortgang 与 Fortschritt 都有同样的前缀 fort，指"向前"、"离去"，而前者的 gang 指"阶段"、"步伐"，与 gehen（"走"、"去"）相关；后者的 schritt 指"步伐"，"脚步"。英译却并未译出二者的差别，通用"progress"来翻译。故笔者在翻译时将其分别译为"进展"与"进步"。

② 这一方式在中国尤为明显，何休在《春秋公羊传》经第一："元年，春，王正月"中的注中提到："王者受命，必徙居处，改正朔，易服色，殊徽号，变牺牲，异器械，明受之于天，不受之于人"。

③ 这种观点颇似与柏拉图和亚里士多德的某些观点，前者在《蒂迈欧》中表示，时间就是"来"和"去"，"现在"只是区分两者的视野（37E—38B）；而后者在《物理学》中说明，过去和将来是时间的两部分，但"现在"并不是时间的一部分，它是两者的"界限"。（218a1—10）

④ 注意 Vergangenheit（过往）这个词与 Fortgangs（进展）的构词的关系。

⑤ 《复活历史灰烬的活火》，第189页。

一无二性，历史唯物主义者贴近这个"独一无二的单子"，并且在这个结构中辨识出了某种留滞发生的弥赛亚的讯息，也即，他们从中看到了为过去所受压迫而斗争的革命时机，从而使一个具有特殊性的时代在历史的连续统一进程中爆破出来，它既保留（aufbewahrt）又扬弃（aufgehoben）了历史过程。本雅明从思想词语的结晶中，看到了更真实更富精神性的文化财富。①

或许从物理时间上看，人类的存在与整个宇宙的存在相比，就如同一天中的五分之一秒，它甚至就如同"当下"一般，可以归缩成一个无限短暂的点。但物理时间只是平淡无味的果核，站在历史的高度理解到的东西才是富有营养的果实，当下正是爆破掉这平淡匀质时间的思想结晶。"当下作为一个巨大缩写符号中的弥赛亚样式，总结了整个人类的历史，它与在宇宙中构成人类的形象完全重合。"②

历史主义求助于因果联系，他们在历史事实中意图发现因果联系。但找到原因并不代表找到了意义，这还远远不够，历史学家不应当只列数历史上的每个事件，就如同数念珠那样，让它们事无巨细地从自己指间逐个通过，他更应该去把握自己时代与过去的连接——它们共同构成了一个结合体。这样，现在才是一个透入了弥赛亚样式的时间碎片的"当下时间"的概念。历史中的每一个时刻都是这弥赛亚的圣火。

"基督教和后基督教（nach christliche）的历史观原则上都指向未来，它扭转了现在和过去的事件相关联的事（historein）这个词的古典涵义"③，犹太先知们则从时间中找到它所蕴含的东西，在他们看来，时间一定不是匀质的。犹太人严禁探究未来，摩西五经和祷告者教导他们去记忆，在回忆中能够去除未来的神秘感，在他们看来未来并不是匀质的，每一秒都可能是弥赛亚到来的狭窄之门。未来就在当下分分秒秒中随时到来，它并不神秘，如果准备好了，任何人随时可以交付自身。而启蒙者却将希望寄托在未来，对历史的沉重和灾难漠不关心，他们与基督教徒们一样，只对未来的神秘抱有乐观主义的幻想。

就像开篇提到的，本雅明是夹在乐观历史学派与历史相对主义间的矛盾体，他意图从历史主义的相对性中走出来，用历史唯物主义来超越历史主义，但他更大的敌人是进步论的历史乐观主义。从某种程度上说，本雅明自身也是一个乐观主义者，他的犹太人身份多少带给了他救赎的希望，

---

① 《复活历史灰烬的活火》，第 189 页。
② 《复活历史灰烬的活火》，第 190 页。
③ 《世界历史与救赎历史》，第 10 页。

故而他能够在过去的废墟中看到拯救的弥赛亚火种,而这与乐观主义者寄希望于未来的胜利又有所不同。后者将历史平淡化为匀质的时间,并把历史中的苦难归简到平常的程度,只有在末日的最终审判,才能重新赋予它们以意义。本雅明根本否弃这种带有基督教色彩的未来观,令他驻足和凝视的是历史中的苦难与碎片,他相信唯有经历与承担起这些苦难才是救赎之道,阶级斗争的力量来源于苦难中的迸发和对统一连续历史的爆裂,在每一个即将来临的当下,救赎的弥赛亚才有可能到来。

从古典到近代,从历史到哲学,历史哲学基本可被归纳为两类,即批判的历史哲学与思辨的历史哲学。当然,这并不是说历史已经终结了,而是说,在历史哲学的研究方面,作为方法式的批判的历史哲学,和作为历史研究本身的历史规律问题,在黑格尔和康德及其后学的思想中已经展露无遗。而历史哲学在面临危机之时,一种追根溯源的工作再次成为末世的新路……

第四部分：历史哲学的危与机

祸兮,福之所倚;福兮,祸之所伏

——《道德经》第五十八章

第一章　历史学的利与弊

　　"此外,凡是仅仅教诲给我、不增进或者直接振奋我行动的东西,都让我厌恶"。

　　尼采用上述歌德的话作为其《历史学对于生活的利与弊》①的开篇。
　　"此外"(Uebrigens)并不是尼采为引文的完整而保留的,他随后特别提醒我们注意,歌德这句话的"此外"会让我们联想到一句真诚的表达:Ceterum censeo("此外,我认为……")。这个附加语,是罗马政治家伽图在每次演讲后都要强调的一句话:"此外,我认为必须摧毁迦太基"(Ceterum censeo Carthaginem esse delendam)。伽图每每想要以此来提醒听众,要保证罗马的霸权地位,就必须彻底摧毁迦太基这个劲敌。可以说,伽图每次的发言,都是以摧毁迦太基、维护罗马统治为最终目的的。所以,歌德提到的这个"此外",绝不是可有可无的"顺便一提"。尼采提醒我们——正如伽图提醒罗马元老们一样——关于历史学②对生活的价值问题,是同摧毁迦太基一样重要的。歌德所说的话就代表着尼采的心声,凡是对行动没有振奋作用的知识,都会导致人的虚弱和死亡。历史学唯有服务于行动与生活,而不是对其产生妨害时,才是有用的。在尼采看来,这个时代是将历史学当作一种"合时宜"的学问来看待的,这导致历史学的无度严重妨害了生活。历史学"并不是用来美化自私的生活和糟糕的行动"的,但历史主义尤其是历史实证主义却成为当时的时代潮流,它早已泛滥四方了。所有的人都患上这类历史学病,虽然他们为自己高于动物的人性而自鸣得意,但却满怀醋意地羡慕着动物们的幸福——牛群们无忧无虑,随意

---

　　① *Vom Nutzen und Nachtheil der Historie für das Leben*.载于 *Unzeitgemässe Betrachtungen*,Leipzig. Verlag von E. W. Fritzsch. 1874. 中文版参考《历史学对于生活的利与弊》。收录于尼采:《不合时宜的沉思》,李秋零译,上海:华东师范大学出版社,2007 年。以下皆以《历史学的利与弊》简称。
　　② 尼采在书中区分地使用了历史(Geschichte)与历史学(Historie)。

吃着身边的稻草。动物是非历史的存在物，它的幸福来源于它能够遗忘，人的不幸却源于难忘过去，他就像一个背着厚重历史背壳的蜗牛，过去越积越沉，使他举步维艰，看不到前方。因此他羡慕动物，羡慕孩子的无忧无虑，就像自己怀念着业已失去的乐园。他们自己也曾是无忧无虑玩耍的孩子，但随着时间过早地从遗忘状态中被唤醒，他渐渐明白了此在（Dasein）归根到底就是一种不间断的"曾在"（Gewesensein），一切都将成为过去。幸福乃是能够忘记自己界限以外的东西，但是人不可能像动物那样非历史地存在，动物的生活是犬儒式的，最好的方式似乎是学会遗忘其本性所不能征服的东西。但人不是这样的动物，他必然拥有着过去和回忆，"非历史的东西和历史的东西，对于一个个人，一个民族，一个文化的健康来说，是同等必要的"①。非历史的东西就像大气层，生命只有依托它才能生存。②历史学本是为生活服务的，但过度的历史学，会破坏这个非历史的大气层，它若反客为主，生活就会被历史学所侵占。除了动物的非历史性外，还存在另一种超历史的人，他们以另一种方式对历史学说"不"。他们发现自己的救赎并不在于历史，而在每个个别的瞬间，当下就是完成，过去与当前乃是同一种东西，过去所教导给人的，未来同样可以。③

因而，问题的关键就在于如何使得历史研究不成为单纯的知识学，而使其为生活服务。

第一节　三种历史学

回到历史学价值本身来看，历史学本应以生活为目的，但它并不能像数学那样作为一种纯粹的科学去研究，因为历史乃是那些同样生活着的人（特别是伟大的人）所创造的，对历史的研究，或者说历史学，究竟在何种程度上有利于生活，以及在何种程度上是过度并妨害后者的，便是一个关键性的问题。尼采分析了当时三种历史学及其限度：

（1）纪念的历史学。它属于行动者和追求者。这种历史学的益处在于，使曾经杰出卓越的东西能够跨越时代的连续性而存在。当下的人们可以从中得到激励，以振奋其敢于从事表面上看难以实现的事情。如文艺复兴就是在这样的激励下，由少数勇敢者推动的一场伟大运动。

---

① 《历史学的利弊》，第 142 页。
② 《历史学的利弊》，第 143 页。
③ 《历史学的利弊》，第 147 页。

然而虽然纪念式的历史学有益于展开"人"自身的卓越,但它也可能会促成人的懒惰。若纪念式的沉思统治了好古的和批判的历史学,那么过去本身就会受到损害。缺乏勇气的人会抱着过去的文物作为膜拜对象,他们不再想创造伟大的东西,因为眼前已经有了现成之物。并且更糟糕的是,他还会拉拢别人一起崇拜,使得整个时代弥漫着一种因好古崇拜而缺乏创造勇气的风气;批判的行动者则会对过去的东西保持旁观的评论,因为在所有的时代,闲谈的评论家都会比政治家显得更加聪明和"客观"。这三种历史学只在适当的领域和程度内是有益的,超出了它们的限度就会妨害生活。由于纪念的历史学的过度,并与其他两种历史学的混淆,结果没有了真正能自我解救的批评家;没有了虔敬的好古家;也没有了伟大勇气的认识者。无论上面的哪种,过度的历史学都会扼杀生活,用尼采的话说,就是"让死人埋葬活人"①。

(2)好古的历史学。这种历史学属于保存者和虔敬者,他们怀着忠实和爱,对过去保持着认同,从而也使自己的实存获得一种辩护。

但好古的人没有觉察到更多的东西,他的视域使其只看到了少数。他太接近它们,太孤立而不能审度,他看不到事物之间的价值差异和比例,只有事物与好古者间的尺度和比例。历史学如果这样迷恋过去,以至于影响了当前以及未来,历史感就不再能激发生活,反而会把它变成木乃伊。好古的那种振奋精神就会蜕变,最终影响它的生活根基。对古物的爱没了,虔敬没了,他们就开始疯狂低俗地收藏、不分好坏地占有一切贴有"过去"标签的东西。②即使蜕变不发生,只要它强大起来,也会盖过沉思过去的其他方式。他们会只关注保存古物,贬低生成着的东西而不懂创造。一切变老的东西不分良莠都被要求着"不朽"。生活就这样被当作古物保存了下来,里面没有了活力与创造。

(3)批判的历史学。这种历史同样需要服务于生活,它是为了肯定生活而去打碎过去的。每个人或民族都按照自己的生活来欲求关于过去的知识,所以他们会选择不同的历史学为其所用,如前两种历史学。批判的历史学是为了能够生活,而去运用自己的力量打碎和分解过去,把过去拉到面前进行拷问。"任何过去都是值得被判决的——因为人间的事物如今就是这样:在它们里面永远是人的暴力和弱点起支配作用。在这里坐在法庭上的并不是正义;在这里宣读判决的也不是恩惠;而仅仅是生活,那个黑

---

① 《历史学的利弊》,第 158 页。
② 《历史学的利弊》,第 162 页。

暗的、冲动的、贪得无厌地欲求着的力量。"①尼采在这里高扬生活的力量，似乎生活欲求的强力永远是"不公正"的，但这种不公正正是知识的评判，在他看来，知识学所谓的客观"公正"才是最低劣的判决。判断过去的法庭所要遵守的不是"公正"，而只能是生活。

然而，就如同前两种历史学有弊端一样，这种历史学同样具有建设和摧毁两重性。批判是当下对过去做出的，但在同古人进行争辩前，我们必须首先同自己来争辩，因为自己所批判的过去也曾经是"当下"，批判的当下也会沦为未来所批判的对象；并且，我们是自己批判对象的后代和继承人，我们的判决总要涉及自己。因而尼采说：挖根是残忍的，我们是过去的结果，也就是迷乱、情欲和错误与罪行的结果，完全摆脱这个链条是不可能的事情。②

上面三种历史学都是在一定范围内才有助于生活的，问题的关键在于，历史学绝不能像科学那样，仅仅为了单纯知识的累积，它更应服务于生活的提高。过去唯有在不削弱、并增强当下的生活和未来时，才具有积极的价值。

第二节　五种被损害了的变态

当生活统治知识的木桩被推倒了，过量的历史学背着沉重的知识学负担，它的知识就不能对生活起推动的作用，具有丰富历史学知识的人也只是一个四脚书橱，没有了内心。他拥有的不是教养，而是关于教养的知识。③尼采总结了人类受过量历史学损害而导致的五种变态：

（1）宦官

蜂拥而至的知识使得人在它们的冲击下失去了自己，虽然他成了历史学的享受者和旁观者，却丢失了崇高的人格与生命力。因此他毁坏了自己的生活本能，没有了人格，他的胆怯把自己变成了戏子，只能戴着知识的面具，扮演着某些给定角色。历史本应当鼓励人们诚实——哪怕是个傻子，也好过没有生命的书架。但这些人却像宦官一样，守卫着后宫里的那些历史（Geschichten），却不让任何东西从中发生（Geschehen）④，同时防范着自

---

① 《历史学的利弊》，第163—164页。
② 《历史学的利弊》，第164页。
③ 《历史学的利弊》，第168页。
④ 注意"历史"与"发生"之间的词源学关系。

己的真诚——"唯有通过这种真诚，现代人的窘迫、内在的贫乏才暴露在光天化日之下，艺术和宗教才作为真正的援助者，取代那种怯懦地隐藏起来的习俗和伪装，以便共同培植一种符合真正需求的文化"[1]。

　　然而这些"宦官"只懂得深宫锁娇，却分不清女人的种类与好坏。只要是历史，就全都收来"客观"地保存。歌德在《浮士德》中把那种吸引我们的东西比喻为永恒的女性，尼采则宁可称之为男人，因为它不仅是吸引，更代表着男性的活力与生机。但无论男女，对于宦官来说都无所谓：他既不是男人，也不是女人，只是中性，是"永恒的客观"，[2]对男女都无任何真正的欲求。

　　这种无主体性的客观使他们不去关注作品本身，而只会追问作者的历史。他们永远在批评，但这批评不会产生任何影响，仅仅是在"经历"批评。他们把批评多看作影响大，把批评少或无看作失败；他们总是谈新的东西，随后又谈其他更新的；他们的眼光是游移的，他们的批评不停地流淌，自己却毫无控制的能力，反而被它引导。尼采称，这乃是罗马人称为"放纵"[3]的东西。

　　（2）自负

　　现代人以那种"客观性"而自以为强大，这种骄傲使他们自负比其他时代的人都更为"公正"（gerecht），因为这种"客观性"是源出于对正义（Gerechtigkeit）的要求。但在尼采看来，他们的自负甚至远比那些妄想更可怕，他们自以为的客观性是其极为幼稚的表现，历史学家们远远没有做到"真正的"客观。

　　真理要求以正义的无条件意志为出发点，如此方能体现它的伟大之处。正义要求有追求正义感的意志，以及关于人世的判断力。自然人往往缺乏的是判断力而非正义感，所以他们要学习培植判断力的方法。但是哪里能学到呢？尤其是对于那些没有意志没有力量却做裁判的"真理的仆人"？成为知识灵精（Dämon）[4]是他们为自己去寻找纯粹和无后果的知识

---

　　① 《历史学的利弊》，第 178 页。译文有改动。

　　② 《历史学的利弊》，第 182 页。

　　③ impotentia（虚弱，无节制，暴力），今天的 Impotenz 含义不同。参看《历史学的利弊》注释 1，第 183 页。

　　④ 这一概念与后来的"小精灵"不同，因而笔者将其暂译为"灵精"。希腊人将 Dämon 理解为一种属神的力量，并没有具体的形态。苏格拉底就将他的 Dämon 称为诸神的知识与人的物质之间的中介。但是经过基督教的影响，这个概念作为异教被视为某种邪恶的东西。尼采在这里既使用了它属神方面的积极意义，同时也展现了它纯粹知识的非人性的"冷酷"的消极意义。参看《历史学的利弊》，第 184 页注释 2。

的结果。因而,最崇高的真理缺乏了,有的只是无关紧要的真理。对少数领域做深入的研究当然可以,但若所有人都变成了这样的"冷酷灵精",这个时代就会"缺乏所谓真理冲动的最高贵的核心"①。人们的生活就不再具有引人入胜的激昂,到处遍布生硬和可怕的知识,历史学天才也不再能出现——且不论那些伪装的利己主义者和伪装成客观的党派分子,以及完全不假思索地把当前意见当"客观"的幼稚的人。这些人把一切都拉到了平庸,而把所有不奉行通俗意见的历史叙述称为"主观"。

其次,所谓的客观性也是虚假的。尼采指出,说事物在这样一种情绪的人内心显示出的图画重现着这些事物的经验性本质,这根本上是一种迷信。②"客观性与正义彼此毫不相干"③。科学的普遍性确实重要,但须得作为生活的积极属性。那种貌似的客观性实是历史学家虚荣心的作祟。作为一个公正的裁判者,他至少应比被裁判者站得高一些,而不是冷漠地去充当与之根本毫无关系的历史的中立人。唯有从当代最高思想出发,才可以解释过去的思想。因而,真正客观的历史学家是一个积极的塑造者,他是艺术家,不是科学家。历史须由有经验和卓越的人来书写,合时宜的历史学家们的错误乃是一种刻意追求超脱的冷漠。唯有建设未来的人才有权利裁判过去,真正的客观性是一种"艺术家的才能"。尼采摹仿德尔斐的箴言鼓励人们:不要问计于历史,时代的利益并不能让你们成熟。去做"一个反对自己时代的战士"吧。

(3)零工

唯有当历史学成为艺术,才能唤起和保持生活的创造性和人的本能。否则艺术就有在学问之下受到伤害的病痛之险,也就是说历史学反倒会沦为某一学科的零工。当纯粹的正义变成了历史学知识的宗教——一个完全在科学知识上的宗教,那么它的终点也就到来了。因为在进行历史学推算时,各种错误、粗糙、非人性、悖谬和粗暴的东西都会出来,而充满虔敬的情调必然烟消云散——生活就只能在这些情调中存在:"唯有在对完善的东西和正确的东西的绝对信仰中,人才去创造。"④也就是说,唯有历史学被改造成艺术时,它才能保持本能或唤起本能。历史的价值在于那些伟大者的创造,如果历史都是由一些毫无生命的客观者构成,那么它就不再有什么值得学习的地方,也不会有任何崇高出现。只有崇高的人或者向往崇

---

① 《历史学的利弊》,第186页。

② 《历史学的利弊》,第188页。

③ 《历史学的利弊》,第189页。

④ 《历史学的利弊》,第196页。

高的人才可能理解崇高:燕雀安知鸿鹄之志哉?

然而,基督教已经与历史学融合了。[1]信仰已被科学所侵占,科学可能会最后统治生活,但那种生活肯定缺乏价值,因为它不是真正的生活,比由本能的幻想来支撑的生活更不能保障未来。现代人对待历史和一切,就像孩子玩耍在历史博物馆一样,他们穿越各个艺术展厅、旁听音乐会。他们没有自己家园,怀疑一切习俗和概念。专家们很容易就能在某一领域得到成果,他们如同母鸡,生蛋多了,但也小了。他们创造了人民大众的概念,但却不可能给这个概念以高贵和崇高。艺术比历史学更贴近生活,艺术要求的是天才和伟大者,历史学则只是其中一项工作的"专家"。然而这些"零工们"通过在天才头上盖印记而把他们宣布为多余。大众化、通俗化、女性化、幼稚化就是他们的创造,而在根底上他们又看不起人民,自身过着一种冷嘲存在的生活。[2]

(4) 白发子孙

似乎将冷嘲看作自负的结果有些难以理解,但事实确然,自负者并没什么值得夸耀的地方,而且他们潜藏着一种担心,怕因具有历史知识而兴奋的时代同样成为过往的历史。正如歌德所说,人们对即将消逝的事物有了透彻的观察。于是对自己的本性感到了讽刺。"健全的"历史的人尤其如此。[3]历史学就如赫西俄德在《工作与时日》(180)中提到的白发婴儿一样,是要被宙斯灭绝的种族。历史学是沉浸在过去之中的老年人的工作,而强大的民族应像青年一样把目光放在当下和未来,他们用其他的方式生活和教育。

对头脑中萦绕的沉重的历史,以及对文化沉沦的预感是基督教对世界历史的沉思与世界末日预言的结果。就今天的历史学内核来看,它是笼罩在神学下的产物。人们接受了"记住死亡"(memento mori)的箴言,用以对抗"记住生活"(memento vivere)的生气。基督教允诺了最后时刻和戏剧第五幕中可能会激发的最深刻和高贵的力量,但是它对于一切新的培植、大胆的尝试和自由的热望却怀有深深的敌意。基督教(的历史观)自己没有升华,没有希望,因此它意图把生成者当作生活价值的说谎者。萨沃纳洛拉就是基督教对艺术的毁灭,是用"死来灭生"的最好例证。[4]虽然如

---

① 施莱尔马赫称,基督教可以在任何宗教中相通。《历史学的利弊》,第198页。

②③ 《历史学的利弊》,第204页。

④ 参看《历史学的利弊》,第206—207页注释1;萨沃纳洛拉在佛罗伦萨时,宣讲革新教会,因而成为教廷的对头。他在把梅迪奇家族驱逐出去,并宣告耶稣基督为佛罗伦萨的国王后,试图按照福音来安排一切人的私人与公共生活。就像日后的日内瓦一样,要求严格的道德,禁绝所有娱乐活动。煽动起来的儿童经常自封道德典范,以"虚荣制品"之名焚毁了众多艺术品。

今神学已经"又矮又丑,实在不能见人"①,但它即便不能亲自上阵,也可以通过历史学来实现。历史学成为了神学的伪装,人们给予科学的信仰来自教堂,这种给予隶属于神学而非科学。

尼采指出,当今最危险的"神学—历史学"是黑格尔的历史哲学:

> "这样一种信仰某一天以大胆的颠倒把这个苗裔神话成一切过去发生了的事情的真正意义和目的,如果它的意识到的贫乏与世界历史的完成相提并论,那么,这就必定显得是可怕和具有破坏性的。这样一种沉思方式使德国人习惯于谈论'历史过程',而且把自己的时代当作这个世界过程的必然结果来辩护;只要历史是'自己实现自己的概念',是'各民族精神的辩证法'和'世界法庭',这样一种沉思方式就用历史取代其他精神力量、艺术和宗教,把历史当作唯一的至尊。"②

尼采讥讽黑格尔的历史学是"上帝在地上的行走",而这样的上帝还是历史造就的。③上帝已经向历史低下了头,最后乃是逻辑的或理念的胜利。神学和宗教全都消亡了,它们须得跪在历史的台阶上方能得到生命。神话与道德曾是一体的,如今历史的理性却成为了道德的伤害。历史的"从前"摧毁了道德的"应当"(本应该)。历史成为不道德的概要,而道德乃是反抗现实。正义、慷慨和勇敢之所以是人类的德行④,是因为他们起而反抗事实的盲目权力,反抗现实的专制。所幸历史还仍旧保留着反抗它自己的记忆——"反对现实事物的盲目权利的伟大斗士的记忆",这一倒刺使得历史摧伤了自己,它的矛盾把自己推上了耻辱柱。

(5) 犬儒

正是这些对未来失去了勇气和力量的白发子孙,才造就了犬儒主义。这些未老先衰者不能保存自己的青春,把自己献给了历史的必然性和世界过程。尼采称,将人类解释为历史终点的黑格尔是一个骄傲的疯子,他的辩证法不过是割掉了自己的本性,世界过程远没有黑格尔所描述的那样走到了终结,数量知识的累积与行动能力的低下正是这类人的写照。与运用辩证法的小丑相比,超人才是真正的人。他们是巨人,是构成荒凉的生成之河上的桥梁,他们并不是在延续某一个历史过程,而是永远同时地活着。

---

① 见第三部分第三章本雅明:《历史的概念》(*Über den Begriff der Geschichte*),第265页。
② 《历史学的利弊》,第210页。译文有改动。
③ 这里已经能看到《查拉图斯特拉如是说》中宣告"上帝之死"的端倪。
④ 尼采有意回避了古希腊四枢德中的智慧和节制,以及虔敬。

历史的任务是伟大者的中介，为他们提供机会与力量。

但历史学用历史感来伤害青年。它已经做到了，它把人的视野从远方收回到脚底，每个人开始关心自己狭小的生活，他们变得越来越自私，这样的人会精明（Klugheit），但不会智慧（Weisheit）。他们忘掉了多余的羞耻，只为寻找自身和党派上的蝇头小利，这就是犬儒主义要求"把人格完全奉献给历史过程"的意义①，这些人是自私自利的成年②和苟延残喘的狡猾的老年。

尼采讽刺说，如果世界被这些成年和老年"拯救"，那一定是对世界更好的拯救。因为到那时，真正青年的王国将来临，这些众人是伟大青年们的工具和复制品，是将被克服掉的障碍。③青年如今只是在牢狱，而未枯死。他们如今正患着历史的病，而治疗历史的毒药是非历史和超历史。非历史是指能够遗忘，并把自己封闭在一个有限视域里的艺术和力量；超历史则是指把目光转移，转向把永恒和意义相同的品格赋予到存在的东西，转向艺术和宗教的力量。④

尼采也承认，自己批评历史学的方式是没有节制的，这也是现代的性格在他身上留下的伤疤，这种性格根本上是软弱的。但尼采毫不掩饰自己的药方是"毒药"，他使用的是矫枉过正的方式。他承认在青年面前有着许多高大的障碍：取代原初经验的概念和科学；思维对于生活的优势；大脑高于本能的长处……患上历史学病症的人必然要经历痛苦，他们同时也还要忍受治愈之苦。但良药苦口，倘若任由认识毁灭生活，那么到最后认识也只会把自身毁灭。⑤青年们用不着知识来伪装教养，他们所需要的只是勇敢、直率和真诚，以及令人振奋的活力。

为了消弭良药的苦痛，尼采以古希腊人为榜样。当时的希腊同样泛滥着众多外来和过去的东西，他们同样有因"知识学"而沦亡的危险。但他们听从了德尔斐神庙的箴言："认识你自己"，学会了回到自身，去思考他们自己真正的需求。因而他们可以把混沌渐渐组织起来，让历史学为生活服务，最终成为了一切后来文化民族的榜样与先行者。所以，现代人也应当在自身的基础上组织起这些混沌，通过生活的指导，那三种历史学（纪念

① 《历史学的利弊》，第228页。
② 尼采称，这样的成年乃是哈特曼所描述的"考虑的是审慎地遥望未来的、在尘世家乡里实践上起居舒适的布置"的人，而随之而来的就是狡猾的老年。《历史学的利弊》，第226页。
③ 《历史学的利弊》，第224页。
④ 《历史学的利弊》，第235—236页。
⑤ 《历史学的利弊》，第236页。

的、好古的、批判的）就可扬长避短，发挥各自的长处。也许在放弃这些知识时，他们会觉得自己看上去是空乏的，但是经过一段时间之后就会惊喜地发现，他们都已经装满了伟大的成就，成为了真正的人，而再不是类人的单元。

第三节　小结

《历史学对于生活的利与弊》是《不合时宜的沉思》中的一篇。像其他三篇一样，尼采发现了这个时代的病症，并且以"不合时宜"的方式为这种病症寻找药方。在历史学方面，科学和知识的过度已经渗透进来，并使得历史学演变为一种脱离开生活的纯粹学科。本应为人之生活服务的历史学已经使得人类失去了当下生活的能力，三种可能对生活有益的历史学却使得人类出现了五种堕落的变态形式。因此尼采才给出了自己的解决药方。尼采承认自己的药方是"毒药"，使用的是矫枉过正的方式，这也是现代性留下的伤疤。梳理尼采文本的思路，能够呈现他对这个时代弊病的诊断，并在分析与肯定尼采的解决方式的同时发现他遗留下的问题。或许，正是存在这样的问题，才使得尼采在后期重新思考了《不合时宜的沉思》，用一种更为坚定的方式提出了超人学说。

尼采倡导一种青年的活力，他不希望这种生命力被历史的重负所倾轧。因而，他既要人们从历史中汲取营养，同时又要防止历史过重地压断人类的神经。可以看到，尼采给出的药方在一定程度上是有效的，他直指知识和科学的泛滥而给这个时代带来的"合时宜"的病症，但另一方面，他对历史学的畏惧却使得他的勇敢与活力显得有些外强中干。青年的尼采意图医治时代的病症，因而在《历史学的利弊》中，他关注更多的是历史学的弊，而在《人性的、太人性的》一书中，尼采转而批评传统哲学缺乏历史的意识。这两部作品恰恰反映了尼采对历史学的两种态度，因而也可以说，他从未放弃而只是深化了他的时代患有病症的看法。

第二章　修昔底德的启示

　　1888 年,在完成了《重估一切价值》的第一卷后,尼采发表了一本小书:《偶像的黄昏》。副标题为:"怎样用锤子从事哲学"。

　　在这本篇幅短小的书里,尼采用大部分笔墨讨伐了许多历史上重要的哲学家(苏格拉底、帕斯卡、柏拉图、卢梭、康德、黑格尔,叔本华⋯⋯)同时也批评了当时单纯幼稚的德国精神,以及许多法国、英国以及意大利等国的文化代表者。

　　与这些用铁锤①敲砸过的哲学家们相比,尼采在"我感谢古人什么?"一章中,却极力赞扬了修昔底德。这章的标题似乎也正遥相呼应着他年轻时期的那篇文章:《历史学对于生活的利与弊》。在那里,尼采批评了德国历史学丧失自身"生命力"的软弱;而在这里,他要感谢古人们使他"觉醒"并"成熟"了。②尼采说,是修昔底德**治愈**了柏拉图主义的疾病③——这个比喻同样让我们想起了他把"历史学"比喻成时下的病症。在他看来,柏拉图所谓的最高理念的"善",其实就是理想主义,若用他更喜欢的词:是"高级欺诈"(höherer Schwindel)。④修昔底德——甚至是马基雅维利笔下的君王——则让他不再欺骗自己,去看清真实世界,在**现实**(Realität)中考察理

---

　　①　在《善恶的彼岸》的第三章:"宗教的本质"一文中,尼采第一次使用了"锤子"这个比喻。在那里(第 62 节),他谈到基督教历经了十八个世纪,把人变成了"一个'崇高的'怪胎"(eine sublime Missgeburt)。"但谁要是⋯⋯手持任何一柄神性之锤,他难道不会带着愤怒、同情,惊骇地喊道:'啊,尔等愚蠢的家伙,⋯⋯都做了什么! 尔等是怎样胡乱地敲打和糟蹋我那美丽的石材! 你们自己都做了什么!'"转引自《偶像的黄昏》Pütz 版题目注。(中译本参看尼采:《偶像的黄昏》,卫茂平译,上海:华东师范大学出版社,2007 年,第 22 页。)

　　②　尼采:《偶像的黄昏》,李超杰译,北京:商务印书馆,2009 年,第 124、125 页。以下如无说明皆出自李超杰译本。

　　③　《偶像的黄昏》,第 127 页。

　　④　或许由此也可以解释,为什么尼采不像施特劳斯所说的那样,去选择高贵的谎言:"他(尼采)可以坚持对于生活所作的理论分析具有严格的秘传(esoteric)性质——亦即恢复柏拉图那种高贵的骗局的观念"。列奥·施特劳斯:《自然权利与历史》,彭刚译,北京:三联书店,2006 年,第 27 页。

性。在现实面前，柏拉图是个胆小鬼；而修昔底德可以控制自己，所以他也能控制外物。

通过尼采，修昔底德与苏格拉底——传统的历史学家和传统的哲学家——二者就显得泾渭分明起来。似乎历史与哲学这一争论并不像施特劳斯所提到的那样，可以通过把历史学归为现代性的政治哲学的一个转向手段而轻易解决。或许正是在手段之为手段的背后，我们会看到历史从一个早于哲学的古希腊时期能够一直延续至今，而它与哲学间的张力也因此得以呈现出一个更为整全的面相。

第一节　政治哲学与政治历史

在《自然权利与历史》一文中，施特劳斯对历史学的批评和定位，完全是建立在现代性的框架之内展开的，或许他有意无意地想要把历史学作为现代性的帮手，用擒贼先擒王的方式处理历史问题。然而古典历史的高峰，那些诸如希罗多德、修昔底德等人是无法也不能无视的。在《城邦与人》①中，他就试着处理了这一不被他称为"历史学家"的修昔底德。②

《城邦与人》分三章，前两章分别是以"论亚里士多德的《政治学》"和"论柏拉图的《理想国》"为题。论《政治学》的篇幅不及论《理想国》的一半，而第三部分——以"论修昔底德的《伯罗奔半岛人与雅典人的战争》③"为题——更远远超过前两部分，施特劳斯在修昔底德部分所花的笔墨，接近全文的一半。④这或许因为前两部分，作为哲学家的亚里士多德和柏拉图，他们所讨论的是城邦政制的问题，或者说是政治哲学的问题；而一般被认为是历史学家的修昔底德，写的却是有关人类永恒事务的真理，它关涉人

---

①　*The City and Man*，The University Press of Virginia，1964。中译本可参考黄俊松翻译的《城邦与人》（上海：华东师范大学出版社，2022 年），及网络流行的何祥迪，陈克艰等人的译稿。

②　"……与希罗多德相反，他（修昔底德）从来未提过'历史'；仅这一事实就能使人再三思考（是否应）称他为历史学家"。*The City and Man*，p.143。及列奥·施特劳斯、约瑟夫·克罗波西主编：《政治哲学史》，李天然等译，石家庄：河北人民出版社，1998 年，第 1 页。现在通行之英文本和法文本，都有 history 一词出现，而通过 loeb 丛书的希英对照版可以发现，修昔底德确实没有使用过希腊文 historia 这个词。如第一卷第 20 节与第 22 节，通行译本都有 history。而希腊原文都没有相关对应的词语。

③　中译名为《伯罗奔尼撒战争史》。参看修昔底德：《伯罗奔尼撒战争史》，何元国译注，北京：中国社会科学出版社，2017 年。

④　论亚里士多德的部分用了 36 页；论述柏拉图的用了 88 页。而论及修昔底德的篇章用了 102 页，几乎是前两部分的总和。

的本性。这也许就是施特劳斯全文题目的来源:一半城邦,一半人。

论及修昔底德的篇章分十小节,第一节的题目与最后一节的题目几乎完全一样,只是调整了两个名字的位置:在第一节首先出现的"政治哲学"(Political Philosophy),在最后一节放到了"政治历史"(Political History)的后面。①而加在两节中间的,则是"伯罗奔尼撒战争"。

从前两章的亚里士多德和柏拉图,转到修昔底德,用施特劳斯的话说,"似乎进入一个完全不同的世界。"②政治哲学乃是有关善好问题的思考。它研究的是一个尽可能最好的政体。或许在事实上,这种最好的政体无论在过去或将来可能都无法实现,但这并不妨碍哲学家们对其所作形而上学的思考。而转到修昔底德的作品时,读者顿时会被他描写的现实政治生活、以及城邦内外那些历历在目的流血战争所震撼。历史研究从生活实际来看待政治,它并不像哲学那样居于一个制高点后再俯瞰政治与生活。修昔底德就是在书写自己生活的时代,那些事件是他亲身所经历过的,他向读者描述了现实本身的高贵与残酷、勇敢与狡诈、虔诚与不义。施特劳斯称,修昔底德让读者感受到了战争带来的极度亢奋。而在柏拉图的作品中,最为喧闹的事情也不过是酒醉的阿尔喀比亚德闯进在阿伽通家里举办的会饮。历史的视角比哲学更切近现实,所以她总是给人历历在目的亲近感;哲学却高远飘逸,有一种宁静理性的沉稳。

进而施特劳斯又指出,无论历史和哲学的差异有多大,二者却未必不能相容(incompatible)。在这里,施特劳斯一反他在把近代历史学作为古典政治的对立态度,将历史与哲学不再当作两门相互对立的学科。但我们不要因此妄想施特劳斯会认同哲学与历史平等对话的可能,他通过三个方面的描述,用习俗,或说神学,取代并扭转了历史的地位。而这一转变,首先从他接纳修昔底德的贡献开始。

第二节　助手

一、 苏格拉底的助手

在《理想国》和《政治学》里构建的最好城邦是平和的(at rest):但在《理想国》的结束,苏格拉底表现了想要一睹"运动"(in motion)——如战

---

① 第一节题目为"政治哲学与政治历史",最后一节题目为"政治历史与政治哲学"。
② *The City and Man*,p.139.

争——的城邦的愿望。战争中的最好的城邦必然同样归属于最好城邦之列,但苏格拉底感到他无法完成对运动城邦的描述。①关于最好城邦的对话所需要的基点是哲人无法赋予的,因为最好城邦的描述不能落实在具体的时间和地点②,而战争只能是某一特定城邦同其他城邦之间发生的。因而,苏格拉底似乎需要像修昔底德那样一个描述战争事件的助手,这个助手是政治哲学的补充或完成。在《克里底亚》讲述的亚特兰蒂斯的战争中,施特劳斯同样赋予了修昔底德这样的"助手"位置。③虽然他提出了柏拉图与修昔底德一致的地方:伯罗奔尼撒战争是由雅典发起的,我们通过修昔底德和柏拉图的描述知道,这个雅典政制是有缺点的,这是修昔底德和柏拉图都亲眼目睹而得知的;亚特兰提克(Atlantic)战争也是由雅典发起抗击的,我们从埃及先知的转述中就得知这个雅典的政制是非常好的。但两者的差别在于:柏拉图不允许通过其笔下的克里底亚来描述雅典的荣耀;因为他不愿看到一个雅典人赞扬雅典。但修昔底德,作为一个历史学家(the historian),却担当了这个工作:他允许笔下的伯利克利去颂扬雅典。并且还巧妙地防止了人们把伯里克利的赞扬误当作是他自己的观点。

从这两方面看来,历史学与哲学的关系远非平等,历史似乎只是哲学的助手或帮凶,专做一些"见不得光"的事情。修昔底德没有明确地提到过政治哲学所关心的善和最佳政体的问题,他所介绍的都是他自己认为**所见到**过的最好的雅典的政治制度,自己所认为的最优秀的人物。他从没像哲学家那样高大宏远,去直接讨论最好的或最优秀的生活本身。他探究真理的唯一方式,就是用自己的笔墨来记述伯罗奔尼撒战争的历史。

但据施特劳斯的说法,修昔底德甚至都不应当称得上是"历史学家"。施特劳斯称:"……与希罗多德相反,他(修昔底德)从来未曾谈及过'历史'(history);仅这一事实就能使人再三思考(是否应)称他为历史学家"④。而其中更深层的原因,我们就又必须回到施特劳斯对近代历史学的批评问题上了。

二、 非历史学家的哲学历史学家

当古典政治哲学的传统遭到根本性的动摇时,霍布斯从亚里士多德转向了修昔底德。他把修昔底德看作是与哲学家有别的历史学家(historian)。

---

① 《蒂迈欧》,19b,20b。
② 《理想国》,499c8—d1。
③ *The City and Man*,pp.140—141.
④ *The City and Man*,p.143,及《政治哲学史》,第1页。

在霍布斯看来，哲学家"公开传播说教"（the open conveyance of precepts），而历史"只是叙述。"其实历史也传播说教，但它更为隐晦。修昔底德就是通过自己的作品来告诉人们：君主制比其他任何形式的政治制度都要优越，尤其是民主制。

一个好的历史作品能在"叙述中秘密地教育读者，它比说教来得更为有效"①。霍布斯认为修昔底德就是这样的教育者，因为他是"这类人里最有政治头脑的历史传记者（politic historiographer）"②，他的读者"能从叙述里抽取出他自己的教诲"。故而，在霍布斯看来，历史学家同哲学家的差异就是：他只是秘密地传达普遍的知识，哲学家则更为显白。他进而认为，修昔底德在作品中的插语并没有传播说教，它们只是"对语境的叙述"（of the contexture of the narrative），这就意味着在修昔底德的作品里，没有哪个角色所说的话是修昔底德自己的意思。施特劳斯指出，霍布斯的论断倒是也从反面证实了另一个结论：当修昔底德笔下的角色表达了一个观点，这便说明至少修昔底德知道此观点。插语不但没有损害修昔底德的沉默，反而加强了它。而当其中的一个说话者表达的观点没有人能够反驳时，就更可能是代表了修昔底德自己的见解。③这又是历史与哲学非常相像的地方。

从学科的区分来说，修昔底德一般被归为历史学家的行列。施特劳斯称，对于生长在历史主义时代的人来说，这样的理解再正常不过。甚至19、20世纪的"科学历史学"都与修昔底德的思想存在着特别密切的关系；因而修昔底德早就被后人冠以"科学的历史学家"（scientific history）的称号了。但他旋即指出，修昔底德和现代的历史学家之间却又有很大的不同：

第一，修昔底德的研究范围仅限于外交和军事，至多属于政治历史领域，他没有谈及过文化、宗教或文明史（intellectuall history）。第二，他的作品乃是所有时代的财富，而科学历史学家的工作并没有这种普遍的"权威"性。第三，修昔底德不单叙述和解释及引用官方材料，同时还在角色中插入了自己的话语。

这样看来，似乎修昔底德与科学的历史学并非一路。不过，施特劳斯也说，若不在现代科学的意义上看，修昔底德也勉强算是历史学家。

---

①② *The City and Man*，p.144.

③　这一描述不禁让我们联想到狄奥多托斯在公民大会上的发言。（《伯罗奔尼撒战争史》第三卷 42—48）

在前现代意义(pre-modern sense),也即古典的、特别是亚里士多德的观点上看,历史记述已发生的事,诗则描述可能发生的那些事:故诗要比历史更接近哲学。因为诗谈论的是普遍的东西,而历史只说个别的东西。①这样看来,诗是位于历史与哲学之间的。历史与哲学是两个极端。历史是非哲学的(unphilosophic)或前哲学的(pre-philosophic),它处理个别之事;哲学则处理普遍的种类。正是因为诗夹在两者之间,故而它旨在让我们从个别中看到普遍。因此施特劳斯大胆地提出,从亚里士多德的意思看,它反而是含蓄地了认为哲学与历史不是对立的关系,哲学与诗反倒是有那么一点对立了。

正是由于修昔底德通过叙述个别事件来呈现普遍性,他的工作才说得上是所有时代的财富,他本人也是相信过去与将来的相似才执笔写作的。②因此,人们就会把修昔底德既说成是历史学家,同时还是历史学家—诗人(historian-poet)。

修昔底德确实说过他以诗人的特点来关注事物,但诗人夸张并放大地表现事物③,他则按照事物本来的面貌去准确描述。施特劳斯指出,为了理解修昔底德,就必须先放弃亚里士多德主义者的看法,这一看法把哲学加诸其上,也就是说,让人在哲学与历史之间作二选一的抉择。修昔底德的著作出现时,亚里士多德的《诗学》还没问世,或者说,哲学的出现反而也受到了修昔底德思想的影响。修昔底德的作品是所有时代的财富,这意味它本质上是先于现代的历史学和哲学的区分的。它是前一现代的,修昔底德的著作意味着后人为求真而读它时,不仅考虑的是过去的事迹,同时也还是他们自己的真实情况。修昔底德的作品就是这样通过表现特殊来呈现普遍的。这是它与历史主义和科学的历史学最大的分别。

修昔底德从某一特定事件来探究真理,并敢于声称自己的作品是"所有时代的财富"④,所以他不是一个单纯记录事实的历史学家;而他的作品很少直接谈及普遍的东西,甚至也没怎么讨论他所谓的作者的普遍意义,因此也很难把他看作是一个哲学家。施特劳斯最后给了他一个奇怪的名字:"哲学历史学家"(philosophic historian)⑤。

---

① 亚里士多德:《诗学》,1451a36—1451b11。

② 《伯罗奔尼撒战争史》第一卷22.4。

③ 《伯罗奔尼撒战争史》第一卷10.1以及21.1。

④ 《伯罗奔尼撒战争史》第一卷22。

⑤ 这一称谓,重新让我们想起了尼采,他在《偶像的黄昏》的末尾提到,自己乃是"哲学家狄奥尼索斯"的最后门徒(ich, der letzte Jünger des Philosophen Dionysos)。然而不同的是,政治历史学家最后成了政治哲学的助手,而哲学家狄奥尼索斯却是酒神和生命力的代表。

三、 政治与历史的异同：机运的丧失

　　施特劳斯认为，修昔底德不但属于雅典城邦，同时也还具有超越城邦的特点，即他是个不属于任何城邦的历史学家。甚至，他能像哲学家一样，清楚地通过普遍来观察特殊，以思考永恒的人性来观察人世的变化，他把人性看作是处于动静变幻的历史整体的一部分；他是一位哲学历史学家。因此，他的思想与柏拉图和亚里士多德没有本质不同。与哲学家不同的是，修昔底德从个体入手，故而看起来他必定与哲学很远，但这并不意味着他们不能殊途同归，修昔底德和哲学家之间存在着差异，但没有对立。在哲学沉思得到确证的普遍性时，它在特殊的政治环境中也同样正确。细致考察他们的根本思想，就会发现它们的根本一致性，修昔底德与柏拉图和亚里士多德等哲学家一样，在对好与坏、高贵与低贱的看法上都是一致的。

　　然而施特劳斯又提醒我们注意二者之间的差异：即柏拉图只提出并回答最好政体的问题，而修昔底德只回答**他所生活的那个时代、当时的**雅典最好政体的问题。他由此断定——仅仅通过研究的方式来断定，修昔底德必定差哲学家还很远，他的思想**次于**柏拉图。他指责修昔底德没有任何客观理由能够说明，自己是被迫次于柏拉图的①。言外之意，似乎无论历史与哲学的争论怎样，历史学家与哲学家都不会处在同一层面。可以在理论上与哲学家对话的，永远是历史学家笔中的哲学思想，历史只是最低的事实，没有了哲学的历史就像没有了灵魂的身体。在哲学家们看来，只有在起点和终点都始终关注最好政体的问题，才可能是攀升得最高的思想者。②

　　施特劳斯承认，最好政体的实现，必须凭靠机运。只有在合适的时间，合适的地点，合适的城邦和最优秀哲学家同时是王者时，最佳政体才可能实现。但所有因素的完备并不是人力可以实现的，而只有凭靠机运。施特劳斯指出，如果说柏拉图与修昔底德有所区别的话，那么一般地说，似乎柏

---

　　①　意即修昔底德找不到自己"被迫"低于柏拉图的外部原因，所以其实他本质上就是低于柏拉图的。

　　②　在笔者看来，情况恰恰相反。且不说这种直接探究最好政体的意义是否有效，因为它始终亟待机遇的降临。单从最终达到的思想深度看，修昔底德与哲学家们并无太大区别，而他的起点乃是切身的现实，并非理念的构想——这一构想能否应用，在哲学家看来是不重要的，但在历史学家看来却极为关键。一个只懂得凭空创造所谓的"完美理念"的空中楼阁，始终不能让人栖居。此外，修昔底德现实中发现最好的雅典政治，虽然不及柏拉图的"最佳政体"的理念，但前者至少可以让人们在现实中生活得更好，而柏拉图甚至都没能描述出最佳政体的模样，《理想国》中找到的最好政体，却是对哲学家最不义的政体。读者可参看林国华的文章：《历史：没有灵魂的书写》，其中涉及很多关于历史在哲学深度层面的思考。

拉图同修昔底德相比,太不重视天命(fatality)了。

但施特劳斯很快就抹消了这种看法,他说,柏拉图也相信,在建立合适的政体上,机运(chance)远比人类的智慧重要①,"人类乃是诸神的一种玩物"②,人只能在相当狭小的范围内选择不同的政体。也就是说,柏拉图并没有对天命保持一种不够虔敬或审慎的态度。但在这一方面,历史学家们其实做得更好。此外,在机运问题上,施特劳斯还回避了亚里士多德,只提了柏拉图的态度。但在《尼各马可伦理学》中,亚里士多德虽然保留了神恩与机运对幸福的影响(1099b9 开始),但在其后的论述里,他很快就通过时间的长远与德行自身意义等因素,把这种影响降到了最小的限度(1100a20、30;1100b1、9、29;1101a2、5;1101b4)。他甚至还默认了阿伽通的看法:"技艺爱恋着机运,机运爱恋着技艺"(1140a20)。意图通过技艺来扭转机运的不可测性。可以发现,这一意图,在马基雅维利那里得到了实现。③

第三节 邦交关系

一、 修昔底德的教育方式

在《伯罗奔尼撒战争史》中,修昔底德称赞了这场战争的伟大,他评论了交战双方的力量与财富,并说明了战争带给各方的结果。然而他并未继续论证其最开始提到的观点:即这场战争的伟大与重要。他所选择的方式是直接描述这场战争,使读到他的作品的人能够直接面对这次战争所带给人们的震撼效果,他严肃而又生动的叙述直接激发了读者对这场战争的感受。

这种感受由于他所记述的政治演讲而进一步得到增强。它的真实性使我们迫切地感到战争似乎就发生在当前,而作者其实也正就是这个战争的经历者和记述者。

---

① 《法义》,709a1—3。中译本参看林志猛:《柏拉图〈法义〉研究、翻译和笺注》(第二卷),上海:华东师范大学出版社,2019 年,第 73 页。

② 《法义》,644d7—644e4 及 803c4—5。中译本参看《柏拉图〈法义〉研究、翻译和笺注》(第二卷),第 18 页,第 145 页。

③ 马基雅维利:《君主论》,潘汉典译,北京:商务印书馆,2010 年,第 121 页:"迅猛胜于小心谨慎,因为命运是一个女子,你想要压倒她,就必须打败她,冲击她。"及第 117 页:"他们(君主们)不应该骂命运而应该咒骂自己庸碌无能。……只有依靠你自己和自己的能力来保卫,才是可靠的、有把握的和持久的。"

　　修昔底德笔下人物的生动话语，与作者自身的沉默形成了鲜明的对比。在某些部分，修昔底德确实也作出了一些明确的断语和评论，然而这些"判断常常是不完整的，并且它们往往又引出更进一步的问题要我们来回答"①，但绝大部分不是要我们按照他所希望的那样来看待交战城邦、它们的领导人以及书中所叙述的诸多言行。修昔底德经常在某些问题上表现沉默，其实这并非无所意指。他就像一个不轻言评论的老练的政治教育家，从不打算通过耳提面命的方式来说教他的政治课，而是选择一种非常实践的方式，让学生们自己从这些战争中做出思考和判断，然后让他们经受战争的考验。正如霍布斯在翻译修昔底德的这部作品时提到的那样："叙述秘密地教育读者，它比说教来得更为有效"②。

　　这部作品的叙述次序和重点选择，也是修昔底德说教的目的所在：为了唤起我们对政治和道德问题的关心。

　　修昔底德指出，伯罗奔尼撒战争期间诸城邦中发生的那些罪行，此前早就发生过，而且，只要人的本性没有发生改变，将来就总还会发生：只要人类继续存在，他的本性一有机会就可能去践踏在战争中被征服者苦求的"正义"、挣脱那些脆弱法律的约束。似乎避免这些人性罪恶的最好方式，是对那些忘记战争或者未曾经历过战争所带来的苦难的人不断地提醒。在伯罗奔尼撒战争中，雅典人的惨败并不能代表正义的胜利：它的落败并未使得弥罗斯人以及深受雅典帝国迫害的其他城邦得到拯救，胜利的斯巴达人与雅典一样，他们同样在侵略、压迫和掠夺弱者，对布拉底人的屠杀和为换回战俘签订的尼西亚斯合约，都是斯巴达不义的表现。米洛斯对话中所体现的那种强权法则在斯巴达，甚至整个希腊诸城邦中都"永远存在"。所有这些城邦的行动一般都不是出于正义，而是出于利益或其他别有用心的动机。

　　撇开雅典灾难的缘由不谈，越是细读修昔底德的作品，我们就越少感到雅典人所遭受的灾难是罪有应得的。相反，对这部著作最初的反应不是满足于正义得到伸张，它更多带给我们的是一种悲哀之感：在战争中没有人是胜利者。

二、城邦之外的战争

　　修昔底德在《伯罗奔尼撒战争史》的第一卷中谈到，这次战争的起因有

---

① 《政治哲学史》，第4页。
② 《政治哲学史》，第3页。译文有改动。

三个:斯巴达人对雅典实力感到恐惧;条约毁坏;以及西隆(Cylon)时期所染上的污点。施特劳斯指出,修昔底德没有谈到另一个同样重要的因素,即把希腊从雅典的僭政中解放。这一理由是建立在希腊诸城邦——无论大小、强弱、贫富——之间存在一个共同的善的基础上的,由于这个公共的利益,从而遏制彼此扩张的野心。

柏拉图和亚里士多德所设计的自足的城邦并没有深入城邦之间的关系问题。城邦从内部来讲是自足的,它排除了城邦之外的影响因素。或者说,邦国间的关系问题并不在最佳政体的讨论范围中。亚里士多德所设想的尽善尽美的城邦没有任何"外交关系"(foreign relation)。修昔底德的著作把这一维度呈现出来,他得到的经验是:最高贵的斯巴达人在倡言中预设的城邦之间的秩序完全不可能实现,因为不同城邦必然有着不等的力量,其结果必然会导致最有力量的城邦不能不成为霸权或帝国城邦。①

但这种思想同样与古典政治哲学设想的有所差异,因为政治哲学所设想的最佳城邦乃是一个自足的城邦,倘若整个希腊都是由这些自足的城邦构成,即便各个城邦之间有贫富的差距,但因为各自的自足性,它们将会"老死不相往来",城邦间的战争也就更不会发生。然而施特劳斯也承认,这种机遇甚至比实现言辞中构建的正义城邦的机遇更低,任何一个自足的城邦都不可能不被一个扩张的城邦所威胁,换言之,古典政治哲学即便承认了城邦对正义和美德的最高抱负的上限,并且在很小的概率上能够实现自足,但当它身处在遍及四野的战争危机中时,这种上限实现的可能性也必然会被大大降低。正义的城邦的秩序会因战争而变得紊乱。

在《理想国》中,人的灵魂被放大,用来比喻整个城邦。人的健康需要身体各个器官的协调,而每个城邦也是一个需要适当秩序即正义的"整体"。但城邦作为一个整体,与其他城邦甚至是更远的亚细亚帝国并不构成这类"秩序"关系,至少这种彼此的关联被大大地淡化了。最简单的健康的城邦是自足的,它足可以满足自身的基本生存,只有"发烧的城邦"才会不断扩张,而这个城邦乃是由对政治充满热情的格劳孔——不是苏格拉底——最先提出的②。因而,一个健康的城邦,以及一群健康的城邦之间,会因各自的"节制"而不发生冲突。唯有发烧的城邦的出现,才使得健康城邦之间的关系变得紧张起来。当时的雅典就如同这样一个发烧的城邦,伯里克利把这样的雅典看作"僭主之治,取得她也许是不正义的,放弃她肯定

① *The City and Man*, p.239.
② 格劳孔对苏格拉底最先构建的那个"健康的城邦"提出质疑,称这是一个"猪的城邦",需要一些更多的"调味品"。《理想国》,372C—373B。

是危险的"①。霍布斯第一个把《伯罗奔尼撒战争史》的希腊文译为英文，他对该书推崇有加，因而。他对自然状态的假设（而非对城邦内秩序的思考）或许就来自修昔底德所记载的城邦间冲突的启发。也就是说，霍布斯与伯里克利一样，他看到了城邦外的诸种危机和紧迫，这种危机和紧迫感，正如一个置身原始丛林里的人感到的无助一样，他所能够生存下来的唯一保证就是"强力"。德行与正义是城邦内的恰当秩序，而政治哲人言之甚少的城邦之外——无论是神是兽——要么是诸神之争，要么是丛林法则。②

三、介入历史的哲学家：城邦之外的善

与在斯巴达公开演讲，以及同弥罗斯人对话的雅典所表现出的不义相比，对密提勒涅的判决体现了雅典民主制良好的一面：本已经派出屠城命令决定的雅典人，在第二天改变了主意，他们意识到这是一个残酷、极端的决定，杀戮将会毁灭整个城邦，而不只是惩罚曾经反叛的人。于是雅典人召开公民大会，以取消前一天的命令，所幸第二只令船及时出发并在行刑前及时到达，密提勒涅才因此免遭灭顶之灾。③

促成并使雅典公民坚定了这一宽容决定的演说者，是一个不见经传的名叫狄奥多托斯（Diodotus）的人，这个名字在其他史料中从来没有出现过，就连修昔底德也只提到了这一次。然而这个人所表现的人道和正义，他在公民大会上出色的演讲技巧和文辞的优美，都是修昔底德作品中少有的。与前一位鼓励人们趁着怒火去积极报复的发言者克勒翁不同，狄奥多托斯有着某种出离当下情境的远见和冷静，他既是雅典公民中的一员，同时又表现了超越城邦利益的远见。

狄奥多托斯的发言充满了智慧和论辩才能④，他首先平息了因克勒翁所鼓动起来的人们的激情，之后以城邦的利益，而非"法庭的正义"来说服民众。他利用所有听众都赞同的人普遍自私的天性，将克勒翁所称的复仇的"正义"评判为低于雅典"利益"的选择，而在这对本邦更为有益的选择中，"正义"又悄悄地被他"暗渡陈仓"了：最终受到惩罚的仍旧是由帕基斯

---

① 《伯罗奔尼撒战争史》，第二卷63.2，及第三卷37.2。中译本参看《伯罗奔尼撒战争史》，第126、174页。

② 在雷蒙·阿隆看来，城邦之内，公民之间的关系尚可以正义之秩序来共处；而城邦之间，则是赤裸裸的实力较量。在他论及国际政治的作品《国与国之间的和平与战争》（*Paix et guerre entre les nations*）问世之时，施特劳斯专门写了一封信表示祝贺，褒赞其为：就他所知，此书是现有关于这个问题（国际问题）研究的最好的一本书（*Mémoires*，Paris：Julliard，1983. p.457）。

③ 《伯罗奔尼撒战争史》，第156—181页。

④ 《伯罗奔尼撒战争史》，第三卷42—48。

带到雅典的反叛者，密提勒涅的无辜民众得以幸存。这一出入自如的方式，使得大卫·鲍罗廷认为，狄奥多托斯这个人物似乎正反映了修昔底德这样历史学家的品质。①狄奥多托斯就像是修昔底德的代言②，他把最赤裸裸的利益指给雅典人看，他从密提勒涅对雅典的利益关系说起，而不空谈什么正义或不正义的大话。他的发言首先是让雅典人知道，自己的动机是出于个人以及城邦的私利。这是因为前面的发言者克勒翁已经把这种自私性赤裸裸地揭示出来了。此时民众的情绪已被调动起来，他所能做的就是从这里即最低的个人利益开始，缓慢并隐晦地引导民众（同时还有未来的读者），渐渐地走回到更高层面的"正义"问题。

修昔底德很少用显白的说教来谈论哲学问题，他惟一一次谈到哲学，是伯里克利的葬礼演说。在那里，他借伯里克利赞扬了雅典人坚定的哲学思考，但"其意思显然是指不逃避政治生活。他还着重强调积极的或政治的生活比有限的生活更为高尚"③。

冷静明晰地看待政治中的崇高与丑恶，而不像一个政治家那样充满愤怒和冲动，这乃是一个具有哲人特点的历史观察者的智慧。但问题是，为什么他要让自己出场呢？或许是作为一个介入的观察者？在阿隆看来，修昔底德并不只为了简单记述这次战争，他还要试图改变和影响这个战争中的不义。用他的话说，就是做一个"入戏的观众"（le spectateur engagé）④，与希罗多德的《历史》对过去与传说的记录不同，修昔底德写下的是发生在自己当前的事件，是他亲自经历，并且确凿为真的事实。这也就意味着他既是历史的记述者，同时也是历史的参与者。他相信，这样的战争，只要人的本性不变，就会不断地发生和重复。因而，对这场战争的记述，以及他通过里面的角色所秘密地传达的道理，就对后人具有了十分重要的意义，因而他自信自己所写下的东西，可以作为所有人类的财富。

第四节　首要之事

施特劳斯也指出，在修昔底德的著作中，大量出现的演讲与辩论都是有关外邦政策的，都关涉于处理某一城邦对另一个城邦，以及城邦与城邦

---

① 《政治哲学史》，第24页。
②③ 《政治哲学史》，第28页。
④ 此系根据对阿隆访谈而整理出版的《le spectateur engagé》的题目，中译本参看《雷蒙·艾宏：入戏的观众》，赖建诚译，台北：联经出版事业股份有限公司，1987年。

间的事务的问题。但无论所讨论的问题怎样,它们都十分重要,并且都是首先从本邦和公民的利益出发的。

施特劳斯指责修昔底德没有上升到古典政治哲学的高度,因为与古典政治哲学家们相比,他首先的考虑是"为了我们"——在施特劳斯看来,这一出发点是"首先",但不是最关键根本或"自然"(by nature)。哲学是以"首先"为起点,朝向"本质"的攀升。这一攀升要求先理解何者对我们是首要的,也即是说,"政治理解或政治科学不能开始于把城邦视为洞穴,它必须开始于把城邦视为一个世界、一个世界中的最高点"①。它必须首先预设人是完全沉浸在政治生活之中的。但政治哲学家们不会像修昔底德走得那么远,认为"当前的战争是最伟大的战争",他们会承认战争的伟大,但不会赋予其无与伦比的地位。施特劳斯指出,哲学家首先研究的是"普遍的意义",之后才研究具体的战争,因而,"首先"引导我们的应该是《政治学》,"最后"才轮得上《伯罗奔尼撒战争史》。

而阿隆借克劳塞维茨之口,告诉我们,不是和平,战争才是这个世界存在的根源。和平乃是战争的延续,是战争双方博弈后的表现②;施特劳斯却说,城邦的秩序就是和平。人大多时候是生活在和平中,城邦不会时常暴露在战争的威胁之中,暴力的教育并不常见。那么在这些养尊处优的和平的城邦中,会滋养出什么来呢?施特劳斯出人意料地回答说:"当人们不受到暴力的刺激时,就会赞扬节制,甚至还会践行它。并且人们还会去服从神法"。其中原因他没有说明,或许是因为和平的人懒散并且容易放纵,因而与为备战而需要培养的勇敢德行不同,节制和虔敬是和平时期的最大美德。在《理想国》中,拥有勇敢的德行的是城邦的护卫者,而节制是所有人的美德,尤其是一般的民众。或许如此,在施特劳斯看来,节制与虔敬才成为和平时期、同时也是更为古老时期的美德。因为节制,并且遵从神法,乃是城邦最基本的要求。

所以施特劳斯要我们忘记修昔底德谈论得最多的战争,以及超出城邦之外的诸邦国之间的冲突和化解方式。他要我们记住修昔底德并不显眼地提到的神谕、地震和日食,以及尼西阿斯的行为和苦难、斯巴达的悔恨等等一系列有关神性的记述,这些东西都是科学历史学所丢弃的。然而即便是古典政治哲学,也是偷偷摸摸地暗示它们,否则会显示出,哲学家们把对

---

① *The City and Man*,p.240.

② "和平并不是与战争同样的一种状态,而是'战争的延续'。战争状态属于人与人的本质状态,和平只是在避免全面大规模的战争时的替代手段。"参看雷蒙·阿隆:《历史讲演录》,西尔维·梅叙尔编注,张琳敏译,上海:译文出版社,2011年,第324、452页。

神的思考与对哲学的思考放到了同一层面。——众所周知，古典政治哲学是把神圣的城邦当作自然城邦的对立面看待的。①

施特劳斯总结道，思考什么东西是"首要的"，这种方式并不是哲学的，尤其是在城邦层面去思考它的"首要"。如果这种思考是必须的，那么它得到的结论也不是战争所启示给我们的维护自身的安全和利益，而是城邦所屈从和信仰的神灵。施特劳斯把所有在重要方面与哲学的冲突都归结为本质上是神学与哲学的冲突——尽管哲学不常问"神是什么"（quie sit deus）。

第五节　历史学家与哲学家

在《自然权利与历史》中，施特劳斯把现代"权利"还原到了古典的"正当"②，在《城邦与人》里，他又把"历史学"还原成了"政治历史"。这样，古典社会就被描述成自然与政治的争执。然而，"还原历史"与"追溯神学"实乃一明一暗的同一条路：历史下降的背后隐蔽的是神学的上升。

从前面的分析可以看出，施特劳斯首先把修昔底德描述为一个不是历史学家的政治历史学家，从而把古代历史与近代科学历史学的血脉割断。进而，他通过历史与哲学不同但非对立的关系，将历史作为哲学，特别是政治哲学的助手。然而这一"助手"所作的工作，在哲学家看来，是不值得他们去关注的——哲学乃是思考最为重要的最佳政体和最好生活——但又不得不去面对的。施特劳斯考察了历史学家所作的记述，他尤其选定修昔底德——而不是被称为"历史之父"的希罗多德——来作为其政治历史学的代言人。修昔底德的作品是对伯罗奔半岛人与雅典人战争的记录，并且也只是对这场战争的记录，施特劳斯因而不无道理地说，历史，特别是在古典时期，乃是对战争等政治事件的记录。③确然，历史不是传记，并不是把一些鸡毛蒜皮的小事写出来留给后人——这也是为何近代历史没落的原因，在近代历史中，几乎见不到那些值得纪念的"一切时代的人类财富"，历史学家再难看到像古人那样伟大的人和光辉的事业了。古典学家所记述的历史是对人和城邦有深远影响的事件，而战争则是带给人类最大痛苦的

---

① *The City and Man*，p.241.

② 两个词在英文中都是"right"。

③ 确实，古代史学家所记述的，大都是发生过的重大事件，尤其是影响人类的战争。卢梭在《论科学与艺术》中也曾提到："如果既没有僭主，又没有战争，也没有谋反家，那历史会成什么样子？"（Que deviendrait l'histoire，s'il n'y avait ni tyrans，ni guerres，ni conspirateurs?）

灾难之一。如果说命运是天神不可预测的惩罚的话，那么战争是最能够、也是最值得人类反省和思考的苦难。对苦难的记录是历史学家而非哲学家的工作，后者是在历史学家已然完成的工作上"思考"。然而历史学家的工作从来就不是单纯的记录，无论从对战争事件的选择，或是通过其中重要或伟大角色的话语和行动的呈现，它们都是历史学家经过慎重选择和思考的结果。但在施特劳斯看来，战争，这人类近乎最大的苦难，竟然是最"不常见"的。[①]他把人类更多的生活安放在和平而不是战争的城邦秩序内，从而进一步把历史的作用摆到了人世的角落，而政治哲学问题——即有关城邦内生活的良好秩序问题——才是人真正应当关心的问题。和平使得城邦的人开始思考习俗和宗教，他这样写道："不受暴力课程的推动，人们就会赞扬甚至实践节制，并遵从神法。对神的关注显然首先要关注城邦，其依据既非来自古典哲学家，也非来自修昔底德，而是因为在事实上它'对我们'是首要的"[②]。施特劳斯承认，在这一点上，历史学家比哲学家更加清楚。然而他所做的事情，却是把历史学家的工作引导到宗教和神学上去，在他看来，历史学家和哲学家没有直接谈论神学的问题。现代的历史学已经不再谈论神学，古典政治哲学家们也只是暗示地提及它们。他再一次强调，思考什么是"对我们首要"的问题，不是哲学的工作。它是一种前哲学的思考，但施特劳斯把这一思考归结为神话而不是历史。自从他把历史学家的工作归为战争记述之后，在谈论古老传统时就罕言历史了，似乎在他看来，希罗多德、荷马甚至赫西俄德等人的职业都是神学家。

通过把历史归为神学，并且将哲学作为晚于神学的努力，施特劳斯巧妙地把神学放到了与哲学平等甚至更为"首先"的位置。对神学和宗教问题的探索，使得不仅在习俗与自然之间，甚至在希腊智慧与希伯来先知之间也架起了可能对话的桥梁。这到底是出自哲学研究的"自然"和真诚，还是哲学对习俗与神圣的尊重？抑或出自犹太人的血液与狡计？施特劳斯向来是一位善于讲述高贵谎言的人。但无论"高贵"还是"谎言"，它们都与神学更为接近，而非哲学。哲学与神学的张力，是否也一样是犹太先知的

---

① 有印度和瑞典的统计资料显示，从公元前 3200 年至公元 1964 年，在这 5164 年的历程中，人类和平的日子只有 329 年。甚至还有资料显示，从人类发展至今，真正没有战争的和平日子，只能以天为单位计算。无论资料怎样，时间上战争远远超过和平的事实乃是尽人皆知的常识。难以想象，经历了二战从德国流亡到法国、英国和美国的施特劳斯，会对战争作出这样无足轻重的描述。

② *The City and Man*, p.240.

高贵谎言呢?①

　　确然,如施特劳斯所说,对神的崇敬乃是先于哲学的更为古老的事情,因为人首先是生活在归属于神的城邦之中的。然而历史同样有着古老的传统,在远早于哲学出现的时候,它就是诗人口中传颂的内容。对历史与神学关系的思考才刚刚开始,它将涉及对更为古老生活方式的探究。从这一点我们也会看到,为什么亚里士多德会在《修辞学》中,将诗与历史归为一类;并且同样可以看到,在记忆女神美默素妮(Mnemosune)的女儿中,司掌历史的克俪奥(Klio)②与诗歌等九位女神并称为缪斯。

----

　　① 关于施特劳斯与犹太人问题,有很多值得研究的地方。鉴于篇幅问题,此处只能暂时立此存照,读者可参看施特劳斯的相关文章,以及张志扬教授几篇解读文章:《中国现代性思潮中的"存在"漂移?》(载于萌萌主编:《启示与理性:"古今之争"背后的"诸神之争"》),以及《中国人问题与犹太人问题(代前言)》与《阅读:施特劳斯演讲〈为什么我们仍然是犹太人?〉》(载于萌萌学术工作室主编:《启示与理性:中国人问题与犹太人问题》,三联出版社。2011 年 10 月)。
　　② Klio 这个词与 kleos(荣誉、战功)十分接近。而在荷马史诗中,英雄们的荣誉是依托诗人的传唱才得以彰显和流传的。所以在《伊利亚特》里可以看到,因与阿伽门农产生争执而退出希腊联军的阿喀琉斯,会与情人在营帐中传唱其他英雄的荣誉,借以感慨自己被阿伽门农不义所带来的羞辱;同时,也可以在《奥德赛》(卷八,第 533 行)里发现,当奥德修斯听到了诗人传唱他在特洛伊所留下的"英名"时,会忍不住流下泪水,并最终向阿尔基诺奥斯王承认自己的真实身份。

第三章　作为建构的历史哲学

曾有人把雷蒙·阿隆称为这个时代的修昔底德①，比照他如后者一般，以"介入的观察者"来撰写当时的历史。"介入的观察者"这一形象即反映了哲学的"静观"，同时也揭示了历史的"参与"。阿隆的历史哲学就是从这两方面，呈现出作为历史主体的人与历史整体的张力关系，从而尽可能地回避了近现代思想以来的由个体主义而生发出来的相对主义和虚无主义，同时也抵御了宏观大历史叙述对人之自由的扼杀。在《学术生涯自述》②中，他曾提及自己的学术生涯可分为两个时期：一是二战前，以关于德国社会学思想及正副两篇博士论文为代表；另一个时期是战后，以一系列的社会学批判和他所力图澄清的历史认识问题为代表。

这一区分同样适用于他的历史哲学：

1. 战前，阿隆的历史哲学得益于德国的社会学和历史理论。围绕《历史哲学导论》的两篇主要作品：《德国当代社会学》与《批判的历史哲学》（又名：《论德国的历史理论》）正代表了他历史哲学的特征。这三本书集中体现着新康德主义与现象学两方面对阿隆的影响。新康德主义使他摆脱了自己在法国时自然而然地接受了的形而上学的倾向，将哲学的反思建立在人的认识与活动之上；后者，也即胡塞尔的现象学，加深了狄尔泰以及德国历史传统对他的影响，使其把理解（verstehen）置入一种现象学中：意义内在于生活经验（Erlebenisse），在历史学家重构这些意义的同时，并没有沉溺于试图恢复过去的幻想中。这种重构与对物理对象的建构不同，它并非是完全理性化的人类活动。

表面上看，《历史哲学导论》一书把阿隆引向了历史相对主义。这种倾向成为阿隆在博士论文答辩时遭受的主要批评。但他认为，历史认识的相对主义和类似韦伯所提出的价值相对主义这二者并不相同，它们应共同地

---

① 尼古拉·巴维雷：《历史的见证：雷蒙·阿隆传》，王文融译，北京：北京大学出版社，1997年。

② Raymond Aron, *Histoire et Politique*, Commentaire Julliard, 1985. p.517. 中译本参看：高宣扬主编：《法兰西思想评论》（第二卷），上海：同济大学出版社，2007年，第445页。

归属同一个理智世界(univers intellectuels)。在其中,历史学家可以超越自身的界限,理解一个完全不同于自己的文化或社会,同时并不缺乏对学者来说可以做到的客观性。对过去的重建总会包含着历史学家自身的痕迹,但这并不影响其客观性。这种痕迹非常正常且不可避免,历史学家的研究起始于这种痕迹,并在拉近过去与现在的距离时会不断淡化它。

2. 阿隆的历史哲学,尤其是后一时期的历史哲学,散见在了工业社会与宗教批判以及国家关系等诸多领域。读者似乎很难像在早期那样,只需紧扣《历史哲学导论》等某一作品就可深入其历史哲学。然而能否从这些领域中轻易发现一个核心,与阿隆思想是否有一个核心并不等同。从另一方面来说,散见在诸多领域中的历史哲学的闪光,恰恰是历史多样性的体现。阿隆没有时间最后完成这一计划,它本是其对自己两大时期的思想总结,这一思想是面向于将来——不仅仅是过去——的一种尝试性的解释,它是对人的历史条件的一种哲学式的论述(un essai philosophique)。虽然这个工作未能完成,但通过阿隆战后为这一计划所作的铺垫:通过这些闪光的众多领域,我们同样可以看到那些属于历史哲学的本质的东西,它们也反映着阿隆历史思想的特点,是他意图克服历史学所蔓延出来的相对主义和虚无主义的尝试。

第一节　历史理性批判

一般来说,在人的具体行动即意向微观事件(le micro-événement intentionnel)方面,可以从韦伯(Max Weber)的目标理性(Zweckrational),即行动者的意向性角度对其进行解释。然而,这样的解释在整体的历史叙述或历史重建,以及社会学等宏观层面难以完全有效,因为它将因包含过多的变量(主体的意向)元素而难以找出相对稳固的意向趋势。阿隆认为,在宏观上可以用社会事实来代替历史的具体事件:"一场战争只能通过行动者或社会的概念系统去定义,但是,一旦人们对战争整体做出统计,就会把人的意向性元素降到最低"[1],进而,所有人类的意向性活动,包括谋杀、暴力死亡,以及超速驾驶等情况都可被统摄进整体之中。

历史由人的行动构成,人的行动具有意向性和目的性,从这个角度看,是人的意向行动造就了历史;但是,虽然人有意向,历史却并非由单一的人

---

[1]　Raymong Arom: *Leçons sur l'histore*, Editions de Fallois. 1989, p.246.

和单一的意向构成,人所造就的历史不是**每个人自己想要实现的历史**,**人创造着自己不知道的历史**,他在事后才能去认识历史,甚至有些历史事后也很难被认清。这是历史的悖论,也是从整体上构建历史社会学的可能前提,因为确定的历史不需要建构。阿隆希望能在本体论和方法论两方面去澄清这一悖论。在本体上,历史由个人的行动构成,但整个历史未必等同于某一行动者的意向,他甚至认为,从行动者的意向来解释社会事实的方式不是科学,而是一种理解和阐释①。在方法论上,历史不必回到个体,其同样可以从整体角度进行阐释。因而,阿隆才要去考察个人行动与社会整体间的关系。

一般来说,人们会把具体的个人行动和微观事件归为一极;将宏观的诸如国民生产总值,瓦尔拉斯、帕累托和希克斯均衡方程等范围更大的概念归为另一极。在两者之间就是历史世界的建构。

"历史世界的建构"(l'édification du monde historique)这个说法源于狄尔泰(Dilthey)在《精神科学中历史世界的建构》(*Der Aufbau der geschichtlichen Welt in den Geistwissenschaften*)中的表述。②之所以称为"建构",是因为在本体论上,历史中存有的只是个人以及由他们共同构建起来的关系。"历史"不是一个具有实体性质的存在,但历史又不是不存在的。历史由人的意向行动构成,人们在造就历史时,不知且无意地造就了一段可以用科学方式加以解释的历史,这段历史可以抽去任何具体个人的意识,或者说,至少不是从每个行动者意图的结果中衍生的。从实在性上看,存在的只有人的具体行动,而作为总体的历史或整体,都是这些个体行动的集合,是后人在此基础上的构建,它并不像个人行动那样具备客观实在性(des réalités objectives)。

阿隆指出,是狄尔泰重新提出了一种本质上异于自然科学的社会科学,从而使历史学得以可能。重新,是因为历史解释学并非狄尔泰首创,其传统可一直上溯到维柯。阿隆将狄尔泰的工作视为"历史理性批判"。"批判"是康德意义上的,旨在为历史学划界,确立历史学的适用范围。康德试图在感性形式与知性范畴以及理性逻辑中,寻找人类在构建、思维以至认识自然现实的工具,在这个角度上,历史理性批判就是对历史认识的分析,通过先验范畴、逻辑等来建构历史认识;"理性"指寻找一种特定的方法,将其用于对人类世界或历史世界的认识,并由此思考,这种认识同研究自然

---

① *Leçons sur l'histore*, p.273.

② 狄尔泰:《狄尔泰文集第3卷:精神科学中历史世界的建构》,安延明译,中国人民大学出版社,2010年,第73—165页。

对象所使用的方式是否不同,有何不同;"历史"则是指理性的历史性(l'historicité de la raison),它意图探究在人类发展的过程中,在何种程度上人类精神是以相同的方式在运作。马克思曾将资本主义的规律限定在资本主义体制内而非一切社会体制之中,①同样,"历史"是要呈现人类思想不同阶段的历史性问题。

故而,认识论或方法论方面对历史世界的建构需要考虑两层:(1)由于行动者在本体论上是客观的现实,整体从根本上要回溯到个人的行为实践中。因而在历史认识里首先要确立主体意向微观事件的地位,这是历史世界建构的出发点;(2)历史世界的建立并非由具体的某一意向活动所决定,个人处在某个他无法决定的环境中,这一环境并非一般意义上的客观自然,而是其所处身的社会,它是一种准自然。个人行动组成了这种实践整体,表现为处境与行动间的辩证关系。它需要我们对这种整体的构建、社会化现象加以阐释。实际上,个人与社会的关系是探索历史哲学的永恒性问题的一种方式。②

第二节　历史解释与历史建构

在阿隆看来,历史事实虽是由文献史料和前人的经历所构成,但它从来不可能被完整地重现。③对历史事实的阐释只能从某一个角度展开,同样的阐释因角度的不同会有多种。历史事件的发生没有某个原因,也没有一些原因,对历史原因的诉求来源于对历史的问题意识,即"原因"根本上由所提出的问题决定,不同的描述就是对历史问题的不同回答。历史学同社会学和某些理论一样,也是一种简化模型,是对过去的重构。尽管有些历史学者④会满怀信心地认为:"历史是对过去的完整复活"。但从认识论上说,这种看法是完全一厢情愿且错误的。人不可能复活过去,更不可能把过去的事重新经历一遍。阿隆指出,人甚至不可能复活任何一段过去的事件。因为对过去的经历只是重温(revivre),而不是去生活(vivre),它本质上是思想的摹仿。人只是通过重构来认识自己的过去,重构绝非复原。

---

① 《历史讲演录》,第37页。
② *Leçons sur l'histore*,p.266.
③ *Leçons sur l'histore*,pp.242—244.
④ 阿隆指的是米什莱(Michelet),后者把历史定义为"整体生活的复活"(résurrection de la vie intégrale)。

回忆是如此，对前人过去事件的重现更是如此，都是一种与事实相似的建构。

如果说历史学是一种建构，那么这就意味着它必须要从某一基点开始。我们不可能将过去所有的事件都无一缺漏地记述下来，而必须要围绕某些核心。换言之，历史是以某些核心概念、观点或主题为基础的，不同的概念体系和问题取向，就会产生不同的叙述结构和建构内容。而这同时也就意味着，相对于过去的历史整体，这些叙述和建构都具有可选择性，历史叙述在本质上就是对历史的部分重建。甚至，作为对某一时间段的部分历史重建也是永无尽止的。例如对 1805 年的"俄法之战"这个同样历时时间段的事件，《战争与和平》的叙述构造就与《拿破仑战争史》不同。

因而，不同叙述方式之间也不是非此即彼的矛盾和对立，必须区分**部分叙述的多样性**(la pluralité des récits partiels)与多元论的**相对主义**(rel-ativisme)。①同一事件的不同叙述之间并非是多元对立，实际上是一种多样补充。的确，任何叙述都是部分或局部的，但这些部分和局部又都是对同一段历史的真实记述(那些有意篡改历史的虚构自然不在此列)，它们同样都秉承着严肃认真的客观精神，彼此的差异只是研究思路和视角的不同，它们呈现了本体的多样。

在本体论上，只存在历史中的个人与个人间的关系，历史整体不具有个体样式的本体性。因而，有学者会把历史彻底还原到个体层面。哈耶克(Hayek)和波普尔(Popper)便是代表，两人共同的敌人就是以历史整体为本体的决定论。

哈耶克用经济学个体主义来拒斥历史整体论，他意图将个人意向行动作为一切社会整体构建的基础，在本体论和方法论上他都是个体主义者。因而，如同在经济层面主张经济自由论一样，在历史上他也主张自由的个体主义。对个体的重视意味着哈耶克接受了社会科学与自然科学的传统区分，但这种区分在波普尔那里并不存在。虽然后者同样从个体入手，但在本体论基础上他引入了自然科学的研究方式，即通过逻辑来解释个体行动的规律性，借以反对宏观层面的历史决定论。在这一点上他走出了与哈耶克目的相同但方式有异的另一条路。波普尔用逻辑来解释历史，这样虽避免了哈耶克个体主义的相对性，但在阿隆看来，又是他没有区分自然科学与社会科学的结果。历史中的自由选择不在逻辑而在具体处境，它应回

---

① 参看拙作《介乎普遍与相对之间的历史哲学》，载于《哲学动态》2015 年第 1 期，第 63—70 页。

归到个人对当前时事的分析和决断。否则历史问题就仍将落回到决定论的巢穴。社会科学与自然科学的不同在于非确定性，它不应脱离具体情境而成为某种普遍的科学理论。逻辑的回答适用于客观自然科学，但不适于以个体为主的社会科学。即便说社会科学存在某种规律，这些规律也会不像自然科学那样恒定不变。

阿隆要做的是打通这两种偏见：一种认为历史完全是由个人意向决定的个体主义；另一种是把社会科学等同于自然科学的科学主义。在他看来，与社会学的概念相比，个人的意向行动显然更有本体论的优先性，但是微观的解释并不能应用到宏观层面，因为宏观上的整体结果常常与个体的意向相悖。反之，从诸多个体行动所组成的整体性进行分析、总结某些整体的共通性，反倒会更有助于理解微观事件与行动整体之间的关联，并且能够打通哈耶克与波普尔对历史解释的两种极端。事实上，宏观与微观的两种解释方式不是彼此的矛盾对立，而是历史诠释多样性的两种体现。

通过对哈耶克与波普尔的批判性分析，阿隆整理出建构历史的几个要点：

1. 不存在无穷枚举意义上的全体性，而且也不可能认识全体发展之规律。对历史整体的构建取决于考察具体的历史事件，在材料充分的条件下，应寻找影响整体的重要元素而非决定因素（决定性的因素并不存在）；

2. 个人意向与个人行动是社会整体的建构根基，它们具有**本体论**上的现实性。但这并不意味着**方法论**上的建构也只能从个体出发。个体意向性的微观构建并不排斥宏观层面的整体构建。并且，个体的意向也常常会受整体的影响，得出与个体原初本意不同的结果；

3. 在社会科学和历史学中，意向微观事件与宏观整体系统并不是非此即彼的取舍。社会科学的诠释应当兼容二者：既包含行动者的意向，又有对系统机制的呈现——该机制构建了行动者不同于自己意向的世界整体。前一种方式有助于人们理解那些不同于自己的他者，正是由于对他者的好奇才推动了历史认识；后一种方式是对个人之间、社会角色之间的联系的整体诠释，通过呈现社会元素间的关联的方式来解释社会整体的变化；

4. 对系统整体的好奇与对个体意向性的好奇并不是对立的，在社会学家和历史学家那里可以兼容。社会学家既对体制结构感兴趣，也对结构中个人的存在方式感兴趣；同样，历史学家也不仅意图再现人的意向性，同样也会以历史叙述或历史叙事学为考察对象，研究宏观历史的走向。

第三节　社会学与历史学的同一

一般看来，历史学似乎关注的是历史中的特殊事件，关注于个体的意向行动，而社会学更多地研究宏观结构的问题，主要以概念体系（也称概念整体）和行动体系（也称行动整体）为研究对象。

就概念体系和行动体系而言，它们都是客观化的两种类型。概念体系是从个人意识的客观化中产生的，但其自身又呈现出结构化与体系化的特点，具有实体性，因而它实际上又并不依赖具体的个人意识而存在，只能从观念整体自身来对其进行分析。例如语言这类整体系统，它是现实存在的，同时也是科学的研究对象。但语言的存在形式与一般的历史个体不同，不能设想在人类还未出现以前，语言结构就已经存在了。但是，假设有这么一天人类灭绝了，我们也不能说语言也一同消失了。当然，在现实性层面确乎如此，但这与没有人类存在前的那种不存在又有所不同，似乎在某些地方，这些已经被创造出来的语言总还是在的。很多社会科学的研究对象都同语言相似，虽然它们与个体的存在方式不同，但并不妨碍其作为本体成为一门学科的研究对象。

行动体系包括集体和组织两种类型，它具有客观性。与概念体系略有不同的是，行动体系建立在个体的行动上。通过个体与个体间的行动和影响，呈现为集体或组织的结构图型。例如，大学由学生与教授组成，这些作为学生和教授的个体是大学组织存在的必备条件。但是，大学的构成和功能又不是完全由具体某个学生或教授所决定，单个学生的毕业或教授的调动也不影响大学的本质。反倒是大学还在不断地影响或决定每一个主体，正是大学才使得学校里的个体获得自己的角色，没有大学，也就没有大学生和大学教授了。大学的存在不能离开个人，但每个人具体的存在状况又都不能完全决定大学。从整体上看，大学这个体系是依靠组织的维持和职业的分工结构而建构起来的。

通常历史学家们会认为社会学的概念过于抽象，与历史的研究旨趣不同，历史学家建构历史所用到的概念要更为细致和具体，在运用上更便于叙述某一处境中的事实和历史。但阿隆指出，个体的意向行动与个体意向导致的事与愿违的结果之间是有关系的。而且这也是历史学与社会学相通的地方。在方法论个体主义与历史决定论的关系问题上，社会学的研究比个体主义的意向研究和逻辑上的分析哲学都要到位：个体主义的意向研究桎梏在个体的意向和行动上,它可以很好地解释微观层面个体的行动结果,但在宏观层面却难以分析诸多个体意向汇合在一起所产生的整体结果;逻辑解释虽然着眼宏观,意图用自然科学的方式来研究社会科学,但它类似于决定论,其前提是用自然规律来比照社会历史中的规律,它没有发现,两种规律的区别恰恰是:前者具有永恒性,且只能被发现,后者却是人类自身行动的产物,它既能被发现,也能被改变。

所以,若说个体主义"不及"的话,分析哲学则"过"矣。在社会科学以及历史学的研究上,"不及"与"过"都要避免,社会学的方式则更为适度。但需要注意,阿隆并非因此否定个体意向的研究意义,社会学的整体结构既要凭靠概念对行动个体的规定,也要持守个体的自由。人的本质不在于他是一个被规定物,而在于自由。当人被定义为理性动物的时候,有些人同样可以不按理性行动;当人被定义为两腿直立行走的动物时,儿童时期的他还是四脚着地。或许有人会反驳说,没有理性的人以及儿童并不算真正意义上的人,那么什么是所谓的"真正意义上的人"呢?看起来,"真正意义的人"不过仍旧是个概念。毕竟,一个人可以不是"真正的人",但他始终是自己,这个自己与外物最大的不同是我们总结不出他的"本质"。而历史就是由一个个的"自己"构成的。

从本体论上看,个体微观事件和意向微观事件是最根本的参照,说到底,人类的整体活动及历史都是由个体的意向性造成的,这是社会科学与自然科学最大的不同。科学遵循非个人的客观规律,而历史的构成主体则是活生生的人。历史是人的历史,不是自然的历史,对历史的研究也只能以人为对象。虽然历史结果并不总是符合个人的意向,但同自然规律得出的确定结论不同,人并非不能改变这些结果。参照社会学和历史学的结论,往往可以从以往的失败中吸取经验,"经验总是带着残酷的温柔"[1],它的残酷在于人会犯错,它的温柔则在于人可以通过犯错的方式来学习如何避免重蹈覆辙。

从认识论上说,历史事件也具有自身的结构,真正的历史科学是通过历史事件的整体结构来解释其发展和运作的,但阿隆也并未绝对化这种宏观解释,他并不认为历史学**必须**要以社会学的方式。虽然历史学家的本职首先是不带主观地叙述历史,但仍会看到很多历史作品以某一具体事件或关键人物为主题。历史叙述同样是对人类生活的重建,作为重建历史的方式之一,我们没有理由在它们中间做非此即彼的选择。这两种形式是历史

---

① 《历史讲演录》,第 391 页。

研究的不同方面。在阿隆看来，"社会学从超时间的结构和整体研究出发，所以应该解释变化的是什么而不是持续的是什么；历史学从变化的叙述出发，那就需要解释变化中持续不变的那个东西是什么"①。正是在这两个方向上，历史学家与社会学家表现了历史整体的多样性而非历史松散的多元对立。不同的好奇心决定了它们不同的问题取向和研究任务。在这一过程中，社会学家受到了历史学家的影响，历史学家也受到了社会学家的影响，"这两种倾向的区分是抽象的，它们并不必然造成实践中的区别"②。

第四节　阿隆的历史哲学

　　如上文所揭示的那样，社会学与历史学的概念化在本质上并没有很大差异。社会学在研究具体政治家的个人行动和意向时，使用的概念未必比历史学的概念更为抽象。经验微观层面的社会学与叙述的历史学没有本质不同，它们都是运用某些基本概念和模式对现实的建构。若一定要找出社会学与历史学的差异的话，也只能说社会学家关注的是更为抽象的问题，而历史学家在概念使用上较为细致，他们更关注于具体个人。

　　社会学与历史学的关系类似于宏观与微观，二者之别在量而非质。建构问题一般都可归结到微观事件与宏观整体的关系上，它是建构历史世界的关键。在具体层面，从个体在日常的生活联系出发，从"方法论个体主义"开始；在理论层面，社会生活是"个人"存在的展开，同时也是具有身体与意识的个体展开。但社会系统的存在（如国家、公司、学校等）与个人的存在方式有所不同，虽然不可能脱离开所有的个人来谈国家和其他组织，但事实上它们又确实不依赖于具体的个人。没有个人，谈不上国家和社会，但个人与整体并非不具有连续性。从个体行动进入整体关系就是一个客观化的过程。在这一过程中，客观行为成了某些严格学科的研究对象；而在另一些情况中，它们也成为科学意义上的社会历史学的研究对象。在日常生活中的个体都是按照自己的思想和筹划生活的。每个人都在他人面前扮演着不同的角色：一个人在妻子面前是丈夫，在儿子面前是父亲，在父亲面前是孩子……没有人会总是以某一固定角色来面对所有人和所有事。换言之，在社会生活的关系中，每个个体都要以对方能够理解的方式

① *Leçons sur l'histoire*，p.393.
② 《历史讲演录》，第394页。引文略有改动。

展开自己,在此基础上才能建立交流和联系。一个人举止得当,其实是指他清楚在不同的环境中,面对不同样的人,能够把自己放到最得当的位置,做最得当的事。这样的前提是有丰富的见解与知识,通过以往的经验知识,使他能在新的陌生环境中确认自己的当下角色以及所应当采取的适宜行为。这即是一个人的处世之道,也是社会学体系的真正研究对象。因而,社会学是否可能,依托的是日常生活中那些具体的关系,而非孤立静止的个体。正是这些人的行动、人与人之间的关系,构成了社会学、历史学等社会科学得以可能的基础。

此外,社会学家所建构的抽象模型,特别是在国际关系中的那些战略分析模型,对历史学的研究也有借鉴意义。阿隆的《帝制共和国》(*République impériale*)就是这样一种历史学的重建。一方面,他建构了当时核战略关系的大国模型。可以说,他对历史的阐释符合了历史的事实;另一方面,社会学的模型一旦建立,也会对当下的行动者产生影响。政治家们也会了解这一模型,获知此模型的理论与预测,从而同样要思考如何避免预测到的可能发生的不好结果。因而,模型的诞生就意味着它不单是历史的一个结果,还是影响未来的一个因素。如果一个模型可以影响政治家的判断,那么政治家的行动也必然会因之发生改变。事实上,许多理论家都在或大或小地影响着政治家的决策:总统们常常会在专门的咨询机构或大学研究中心里出没,他们正是要通过专家们的建议来对政治进行分析和权衡,以便在行动上做出最佳的决断。而这些专家和研究者的理论,实际上都是某种类似模型的理论。

模型和理论正是历史学与社会学最有趣的地方。通过对历史分析而后建构的模型,不只是对时局的理解和思考,同时也将反作用于历史本身。即是说,模型本身是世界的理论结果,同时也成了改变世界的影响因素。最终,世界会因这些模型而变得与没有模型时不同。这种情况在自然世界里是不可能发生的。在自然界中,一个规律的发现就意味着遵从或利用,而不能违背或改变它;但在社会科学中,模型与理论的提出恰恰意味着人要从中获得教益,通过分析其中的关键因素,避免可能发生的灾难。社会科学建立的模型不仅是历史学家运用的解释工具,它同时还是人类思考方式的构成元素,从这一意义上说:"模型永远在改变现实"①,历史认识永远在改变历史发展。

---

① *Leçons sur l'histore*, p.427.

第五部分:总结

存在之为存在多样地显现出来

——亚里士多德

第一章 从"历史哲学"的
翻译反观历史与哲学问题

"历史哲学"一词,最早见诸于伏尔泰的《历史哲学》(*la Philosophie de l'histoire*)一文。①他 1740 年开始写作,并于 1765 年以《历史哲学》为名发表,随后又将其作为导论归入《风俗论》中。这是出现"历史哲学"最早的文本,随后与之对译的英文(the Philosophy of history)和德文(die Philosophie der Geschichte)也都是取同样的构词结构②。从语法上考虑,la Philosophie de l'histoire 贴切的翻译应该是"历史的哲学",但现代中文"的"字用法和含义实在过于宽泛,从前古文的"底""之"结构都收归到了一个"的"字之中,因而在使用"某某的某某"时,常常搞不清前一个某某与后一个某某之间是领属还是修饰的关系。因而,这个词的主要歧义也就体现在以下两种情况中:

(1) 对"历史"的形容词化翻译。中文的形容词,譬如"红色的""美丽的"等词也都是放在名词前面的,因为法文中同样存在一些名词不具有形容词的修饰功能,故当用一个名词去修饰另一个名词的时候,常常在其间加入"de",以表示这个名词以形容词的形式修饰主词。按这样的理解,la Philosophie de l'histoire 似乎就可以翻译为"历史的"哲学,这里的含义偏重于将"历史的"作形容词理解,去修饰"哲学"。然而,法文中本就存在"历史"(histoire)一词的形容词化形式"historique"③,中文同样翻译为"历史的""历史上的",故在现代中文翻译 la Philosophie de l'histoire 和 la Philosophie historique 时就不能呈现二者的区别,统译为"历史的哲学"。但

---

① 参见前文。

② 与英文和法文的词法结构相比,德文要复杂些,因为它保留了第二格(属格),所以可以在"历史"与"哲学"之间的关系上做出辨别。本节也正是借由德文的翻译及德国学者的思想,来作为考察"历史"与"哲学"关系的入口。

③ 英文"历史的"也有对应的形容词形式:historical,不过与法文的结构不同,英文的形容词一般放在名词前,而法文除了某些较为短小的形容词或特殊含义外,常常放在被修饰词的后面。

在法文中，两者的涵义显然不同。

（2）对"历史"做领属化翻译。中文有"我的书包""农夫的鸽子"这样的表达。这两个例子都是表示前者对后者的领属关系，即"书包"是归属于"我"的，"鸽子"是归属于"农夫"的。"我"和"农夫"都不是"书包"和"鸽子"的修饰词，而是表述对后者的领属关系，是后者的主人。用这样的结构来分析 la Philosophie de l'histoire，其含义便应为："历史"对"哲学"具有领属的地位。如果非要翻译的话，我们只能试着用古汉语的"底"或"之"字，来表示这一领属关系①，将其翻译为"历史（底）哲学"或"历史（之）哲学"。但这样的称呼实在拗口，故本文在第二种情况上，即"历史"对"哲学"的领属关系涵义上，省去"底""之"，统称为"历史哲学"。

在学理上，la Philosophie de l'histoire 表示的也正是第二种意思，即历史哲学指的是"历史"对"哲学"之领属，所以中译者不用"历史的哲学"以免引起歧义。从法语不使用"historique"这个形容词来修饰"la Philosophie"就可以看出，histoire 并非 philosophie 的修饰词，而德语中更能准确地体现 la Philosophie de l'histoire 中的 histoire 是领属含义而非形容词修饰结构。提到"历史哲学"，一般人大都首先会想到黑格尔的 *Philosophie der Weltgeschichte*②，这里 der Weltgeschichte 就是名词第二格，表示 Weltgeschichte 对 Philosophie 的领属。当然，在黑格尔那里，最后（世界）历史和哲学本身都是同一的，精神（Geist）在历史中达到了最高形态——哲学。但这并不妨害我们对"历史"与"哲学"两词之间的关系作出必要的区分。③

既然 la Philosophie de l'histoire 表示的是"历史（底）哲学"，也就是说"历史"是作为"哲学"的领属关系，那么就意味着在"历史"与"哲学"的关系上，似乎"哲学"是从属于"历史"的，它只是历史的一个产物。即首先有了

---

① 现代汉语没有了古语的"底"字用法，尤其在简化汉字后，"的"、"底"不分而全用"的"来代替，造成了很多歧义。关于"底""的"归并所产生的影响，可参看相关文章：张志扬：《"唯一的"、"最好的"，还是"独立互补的"？——"西学东渐"再检讨》，载于《现代哲学》2007 年 2 期；及张志扬：《偶在论谱系》，上海：复旦大学出版社，2010 年，第 278 页；以及海德格尔在《关于人道主义的书信》中对法语"de l'……"做的第二格的分析（海德格尔：《路标》，孙周兴译，北京：商务印书馆，2000 年，第367、370 页）。

② 即"世界历史哲学"。中译本为《历史哲学》。

③ 中文"哲学"一词的翻译来源于日语。但从取"哲"字看，也并非不无道理。《说文解字》将"哲"解为"知"，从口（或象形为心）折声（古文也用三个"吉"来写，今天"哲"字也还常写作"喆"）。在含义上，"哲"即指"知（智慧）"，也与"明"相通（【书·舜典】浚哲文明；【说命】知之曰明哲；【洪范】明作哲）。无论"知"或"明"，都代表着具有某种的智慧或知识。而"历史"指一段变动的过程，"历"字正代表了它变动、经历的特点（德语在 Historie 之外又创造了 Geschichte，正就取自于 geschehen【发生】的意思）。这也是"哲学"与"历史"不同的一个体现。

历史,之后才有哲学。这样的先后未必是时间上的,也可能是逻辑层面,但无论怎样哲学都不会先于历史。这样的关系不仅令我们想起了另一个与此结构相似的词组,即"政治哲学"。然而,与历史哲学不同,"政治哲学"一词的英文是"the political Philosophy",法文是"la Philosophie politique"。这样看来,似乎它更应翻译为"政治的哲学",因为这里的语法结构是以"政治"的形容词形式来修饰"哲学",或者进明确地说,哲学乃是政治的根基,"政治(的)哲学"只是作为哲学诸样态之一,至少可以在"哲学"这个大集合中,区分出"属于政治的"哲学和"不属于政治的"哲学两部分。这样,关于"历史哲学"与"政治哲学"之间的关系,似乎就不像中文所写出的那样具有看上去同样的语法关系。而是恰恰相反,它们表现了两种完全不同的对哲学的理解:一个是历史方面,一个是政治方面,在这两种表达中,哲学的地位完全不同。

与"政治(的)哲学"相比,"历史(底)哲学"是个晚近的词汇。我们可以说在希腊的古典时期,有"政治哲学",苏格拉底、柏拉图和亚里士多德就是古典政治哲学的代表。然而我们却从来没有在古人那里看到"历史(底)哲学"这样的概念,充其量只会有"哲学(底)历史",即"哲学史"这样的描述。①在亚里士多德看来,历史甚至不能被称作一门"学科"。因为任何一门学科,总是要以某个确定的对象为基础,它们探求的是普遍性的东西。而历史研究的对象总是特殊的。

列奥·施特劳斯在《自然权利与历史》中提到,哲学来源于对自然的关注。自然最初与习俗没有区分,只有当哲人发现了习俗与自然的不同——这一不同首先出现在诸习俗的整体内,即各个**习俗之间**的区分,而非**习俗与自然**的区分——时,哲学才成为习俗的对立面,对其提出质疑,进而关注自然(本性)问题。可以说,前哲学的社会是一个所有人生活在习俗中的社会,它的好就来源于它的传统,对传统和风俗的尊重就是政治生活的全部。"自然"的发现使得它与习俗区别开来,这样的区分也是哲学与政治的区分。在哲学的习俗主义者那里——尤以伊壁鸠鲁派为代表——他们将自然视作高于政治的存在,正义被理解为习俗约定的产物,哲学成为比政治更高的生活方式,并且这种生活方式对传统产生了严重威胁。儿子打老子的事情在习俗中是绝对禁止的,但在自然上却毫无限制。哲学对政治的妨害正是苏格拉底政治哲学转向的原因,他意图在哲学与政治的冲突中找到二者的共契。虽然哲学以自然为根本目标,它不关注甚至会藐视城邦政

---

① 如《形而上学》第一卷,亚里士多德介绍了之前的一些哲学家及其思想。

治,具有知识的智术师们将哲学拉到人间使得城邦的政治被哲学所妨害,但是,苏格拉底与智术师不同的地方在于,他认为哲学必须尊重城邦的意见,它必须淡化那种强烈的自然正当。哲人是城邦的产物,他的双脚依然是踏在城邦这块土地上的。古典政治哲学就是在政治与哲学的冲突与协和里诞生的。

苏格拉底的政治哲学是哲学对政治的尊重,他尊重城邦的习俗和法律,所以可以坦然赴死。但我们也可以看出,在政治哲学的维度中,哲学家始终把自然作为最高的目标,政治哲人首先是一个哲学家,其次才是一个政治人。抛开政治哲人不说,自然哲人同样可以继续他的事业,只要他对城邦保持足够的尊重(或说无视?)。而政治哲人则旨在城邦中尽量实现人的完善,他相信城邦是人完善自身的一个必要领域。

近代历史学的出现与哲学相仿。哲学在古典时期是一个毋庸置疑的学问,亚里士多德将其作为一切学问之首,是谓第一哲学。历史学则根本不能被称为一门学科。然而历史意识的出现,使得历史成为现代人的一个视野。历史的进展经历了整体论和初期进步的乐观主义。在起初,它并不是作为自然正当的反对者出现的,它不认同的是启蒙运动中的抽象普遍人性的假设,正是这种教条的人性,使它像一张普罗克拉斯蒂的床一样,造成了法国大革命后的恐怖。然而对历史中主体——民族或国家——的强调必定会带来"诸神之争"的后果,尤其是当神学和乐观主义的想象破灭之后,自然正当再无普遍的合理基础,它已经被纳入到历史的框架之内,成为历史发展阶段的产物,这就意味着自然正当成了历史的事件,它会随着历史的发展而出现,也可以随着历史的出现而消失。同样,哲学也相应地被归并入历史。黑格尔认为哲学在历史中才能实现自身,哲学也因此就必须是哲学史。"黄昏中起飞的密涅瓦的猫头鹰"的比喻其实是讽刺哲学的马后炮,而彰显的是历史的大能。[1]但随着黑格尔体系的崩溃,哲学——形而上学意义上的普遍哲学——已经成了巴别塔,它也随着黑格尔体系的崩溃而崩溃了。历史主义于是成为哲学的取代者,他们认为一切都是历史的,没有什么所谓超越历史的普遍的自然正当。然而施特劳斯敏锐地发现了历史主义自身的矛盾所在,乐观的历史主义仍然坚信着普遍性和对未来的信心,对历史作出历史主义的断言:"一切都是历史的",这本身就是超出历史主义的视野的论断,只有站在超越历史主义,也就是哲学的高度,才能肯定这一结论。进步论的历史主义在自身中便包含着矛盾,然而激进的历史

---

① 黑格尔:《法哲学原理》,范扬、张企泰译,北京:商务印书馆,2021 年,序言第 16 页。

主义(或说虚无主义)者则走得更远,这以尼采为代表,他不承认任何所谓的价值原则或历史发展方向,一切价值都要在更高的层面上被重估。历史哲学的出现某种程度上是历史主义者仍然坚信哲学的体现,就像政治哲人承认政治的维度一样,历史哲学家也承认了哲学的维度。所以从这里我们似乎看到了政治哲人与历史哲学家的相似之处:

　　一条是古典政治哲人走过的:政治(习俗)——自然(哲学)——政治(的)哲学;另一条是近代历史哲学家走过的:自然(启蒙主义者)——历史(历史学派)——历史(底)哲学。如果把"历史(底)哲学"改换成另一种我们不太习惯但并不妨害其本义的写法的话,就是:"哲学(的)历史"(Philosophic History)。①

---

　　①　在《历史哲学》中,黑格尔恰恰就是将"哲学的历史"这一称谓作为第三种真正研究历史的方式,即他通过分析"原始的历史"(正)、"反省的历史"(反),而得出的"合题":哲学的历史。阿隆在《学术生涯自述》中,也承认了自己保留着一种淡化的黑格尔主义倾向(《学术生涯自述》,第448页)。他在谈到"哲学的历史"时指出,这是他打算用整年时间来讲述的主题——历史哲学(参看《历史讲演录》。114页)。在《回忆录》中他也提到:"有历史性的哲学(Philosophie historique),从某种意义来讲,也是一种历史哲学(une philosophie de l'histoire),只要它不是定义为人类整体的全景,而是作为与哲学的存在概念相关的对现在或过去的诠释(interprétation)"(《回忆录》,第151页)。

　　此外,施特劳斯也是以"philosophic historian""哲学(的)历史学家"来称呼修昔底德的。(《城邦与人》,第三章第10节)英文关于 philosophy 的形容词有两个,philosophic 指"哲学的",而philosophical 则知"精明的""有哲学智慧的";两词的关系与 politic("明智的""有政治头脑的")与political("政治的")、historic("历史上著名的""具有历史意义的")与 historical("史学的""历史的")的对应关系正好相反。因而哲学(的)历史用英文应写作"philosophic history"而非"philosophical history"。

第二章　尚待展开的问题

直到今天，"历史"一词所包孕的诸多涵义都未能彻底理清。它既可以指代过去曾经发生的事件，也可以指我们对这些事件的认识。具有强烈民族意识的德国人因此创造了 Geschichte，用它来指发生的事件，而古老且常用的 Historie 则用来指人们对历史的认识。

"历史之父"希罗多德在使用 Historia 时，更多是在第二种意义上的。它意指"探究"和"考察"。毕竟，历史事件乃是用记忆或文字才得以保存下来的，如果失去这些保存手段，"历史"也就无从谈起。而希罗多德《历史》一书就"特别是为了把他们（希腊人和异邦人）发生纷争的**原因**给记载下来"[①]。

除了上面两个基本涵义外，"历史"同样也可以指作为具有"整体"涵义的历史对象。也就是诸多事件所组成的一个"历史整体"，如"第二次世界大战史"。类似的战争史并不单指某一事件，它同时也是由一系列具体的战役构成的。这种构成的整体性赋予了"历史"某种统一性。基督教神意的融入更丰富了"历史"的涵义。故而在今天，研究"历史"的问题倒成了一件"剪不断，理还乱"、越解越惑的事情了。

当哲学渐渐开始影响历史，并在某种程度上与其融合时，历史研究的方向便发生了一个重要转折。历史学不再是单纯研究"事件"或"事实"的实然，它更要探究事件背后的"意义"。哲学的视角使历史具备了一种"超越"现实的意图，纯粹的哲学欲求"真理"，而历史哲学则是一条类似从现实探究永恒的道路。

所以，历史问题的研究，不能脱离开"历史"而纯粹在理论上运用逻各斯。考察"历史"的历史乃是历史研究不可绕行的"前设"，如果放弃了这个前设，那么历史就不再是历史了。在这个前提下，列奥·施特劳斯对历史主义的质疑才是有道理的（在哲学看来，有些永恒性的问题是不需考察历

---

① 希罗多德：《历史》，王以铸译，商务印书馆，第1页。括号内容与重点系笔者添加。

史就可以直接研究的）。但整体来说，西方的历史哲学没有也不应有这么大的"勇气"。它，无论有意还是无意，都仍是在以论代史。

最后，我想用在另一本书中曾经提到过的话，再次重申中国历史哲学问题的自我定位：

> 历史研究绝非几人几世就可完成，如果从事有轻重缓急之分来看，史学有两个重要方面亟待深入：其一是重新找到是史学自身的方式。这一点施特劳斯的回归解释学，即以古人的思想去理解古人，是一支很好的拐杖；其二，为中国史学找到自己的研究方式。这不仅是要摆脱现代科学的体系研究，同时还要回到中国自身，从经史互文，经史不分等中国特有的方式来研究历史。
>
> 政治与哲学的张力问题属于西方。如果我们因此把这一张力当作普世，尤其把它也作为中国的问题，那么一百多年来这支在西方面前溃逃的军队就仍没有停下脚步①，中国的问题乃是中国人的问题，它既有自身思想内部的问题，同时还有在 1840 年后西方用一种非思想的方式侵入的特殊性。说得更明白点，政治与哲学的张力是施特劳斯和西方人自己的问题，它们对现代性病症的检测和开出药方未必是我们的对症良药。中国自身的问题还没有找到，更莫要谈与西方的对话是否业已展开。这一切都需要我们首先找回自己，找到中国自身的文化。
>
> 就像那只溃逃的军队，必须要先停下来。
> 历史或许就是中国思想与西方思想对话的一个契机？
> 本书没有能力解答这个问题，因为它始终是从西方的视角来呈现的历史哲学。而中国自身的问题，亟待来者。

---

① 此例取自萌萌主编《启示与理性："古今之争"背后的"诸神之争"》的编者前言。

参考文献

一、 中文书目

《圣经—研用本》（和合本）。

《马克思恩格斯选集》，人民出版社，2012年。

《马克思恩格斯文集》（第十卷），人民出版社，2009年。

《马克思恩格斯全集》（第三卷），人民出版社，2002年。

马克思：《资本论》（第一卷），人民出版社，2008年。

马克思、恩格斯：《共产党宣言》，中共中央马克思恩格斯列宁斯大林著作编译局编译，人民出版社，2016年。

荷马：《荷马史诗·伊利亚特》，罗念生译，人民文学出版社，2008年。

荷马：《荷马史诗·奥德赛》，罗念生译，人民文学出版社，2008年。

荷马等：《古希腊抒情诗选》，水建馥译，人民文学出版社，1988年。

赫拉克利特：《赫拉克利特著作残篇》，T.M.罗宾森英译、评注，楚荷中译，广西师范大学出版社，2007年。

赫西俄德：《工作与时日 神谱》，张竹明、蒋平译，商务印书馆，2006年。

希罗多德：《历史》，王以铸译，商务印书馆，2010年。

修昔底德：《伯罗奔尼撒战争史》，谢德风译，商务印书馆，2010年。

修昔底德：《伯罗奔尼撒战争史》，何元国译注，中国社会科学出版社，2017年。

柏拉图：《柏拉图的〈会饮〉》，刘小枫等译，华夏出版社，2003年。

柏拉图：《柏拉图对话七篇》，戴子钦译，辽宁教育出版社，1998年。

柏拉图：《法律篇》，何勤华、张智仁译，人民出版社，2001年。

柏拉图：《理想国》，郭斌和、张竹明译，商务印书馆，2002年。

柏拉图：《理想国》，顾寿观译，吴天岳校，岳麓书社，2021年。

柏拉图：《泰阿泰德》，严群译，商务印书馆，1963年。

柏拉图：《蒂迈欧》，谢文郁译，世纪出版集团，2005年。

柏拉图:《米诺斯》,林志猛译疏,华夏出版社,2010 年。

柏拉图:《厄庇诺米斯》,程志敏、崔嵬编译,华夏出版社,2013 年。

柏拉图:《柏拉图四书》,刘小枫编译,生活·读书·新知三联书店,2015 年。

柏拉图等:《古希腊散文选》,水建馥译,人民文学出版社,2000 年。

第欧根尼·拉尔修:《名哲言行录》,徐开来、溥林译,广西师范大学出版社,2010 年。

亚里士多德:《尼各马可伦理学》,廖申白译,商务印书馆,2006 年。

亚里士多德:《诗学》,陈中梅译,商务印书馆,2009 年。

亚里士多德:《形而上学》,吴寿彭译,商务印书馆,1996 年。

亚里士多德:《政治学》,吴寿彭译,商务印书馆,1997 年。

亚里士多德:《物理学》,张竹明译,商务印书馆,2006 年。

维吉尔:《埃涅阿斯纪》,杨周翰译,译林出版社,1999 年。

硫善:《缪灵珠美学译文集》,章安祺编订,中国人民大学出版社,1998 年。

普罗塔克:《希腊罗马名人传》,黄宏煦主编,陆永庭、吴彭鹏等译,商务印书馆,2010 年。

奥古斯丁:《忏悔录》,周士良译,商务印书馆,1987 年。

奥古斯丁:《上帝之城:驳异教徒》,吴飞译,生活·读书·新知三联书店,2022 年。

马基雅维利:《君主论》,潘汉典译,商务印书馆,2010 年。

莫尔:《乌托邦》,戴镏龄译,商务印书馆,2017 年。

博丹:《论主权》,李卫海、钱俊文译,北京大学出版社,2008 年。

博丹:《易于认识历史的方法》,朱琦译,华东师范大学出版社,2020 年。

笛卡尔:《笛卡尔主要哲学著作选》,李瑍译,徐卫翔校,华东师范大学出版社,2021 年。

笛卡尔:《第一哲学沉思集》,庞景仁译,商务印书馆,1986 年。

笛卡尔:《谈谈方法》,王太庆译,商务印书馆,2000 年。

维柯:《论意大利最古老的智慧》,张小勇译,生活·读书·新知三联书店,2006 年。

维柯:《新科学》,朱光潜译,人民文学出版社,2008 年。

霍布斯:《利维坦》,黎思复、黎廷弼译,商务印书馆,2010 年。

休谟:《人类理智研究》,吕大吉译,商务印书馆,1999 年。

伏尔泰:《风俗论》,梁守锵译,商务印书馆,2009 年。

卢梭:《爱弥儿》,李平沤译,商务印书馆,1981 年。

卢梭:《忏悔录》,范希衡等译,人民文学出版社,2011年。

卢梭:《卢梭论戏剧(外一种)》,王子野译,三联书店,2007年。

卢梭:《论人类不平等的起源和基础》,李常山译,商务印书馆,1997年。

卢梭:《社会契约论》,何兆武译,商务印书馆,2010年。

卢梭:《致达朗贝尔的信》,李平沤译,商务印书馆,2011年。

托克维尔:《托克维尔文集》,冯棠、董果良译,商务印书馆,2013年。

孔多塞:《人类精神进步史表纲要》,何兆武、何冰译,三联书店,1998年。

康德:《纯粹理性批判》,邓晓芒译,人民出版社,2004年。

康德:《历史理性批判文集》,何兆武译,商务印书馆,2010年。

康德:《康德历史哲学论文集》,李明辉译注,联经出版事业股份有限公司,2013年。

黑格尔:《法哲学原理》,范扬、张企泰译,商务印书馆,2021年。

黑格尔:《历史哲学》,王造时译,世纪出版集团,2006年。

黑格尔:《小逻辑》,贺麟译,商务印书馆,1996年。

尼采:《不合时宜的沉思》,李秋零译,华东师范大学出版社,2007年。

尼采:《偶像的黄昏》,李超杰译,商务印书馆,2009年。

尼采:《偶像的黄昏》,卫茂平译,华东师范大学出版社,2007年。

尼采:《人性的,太人性的》,杨恒达译,中国人民大学出版社,2005年。

尼采:《苏鲁支语录》,徐梵澄译,商务印书馆,1992年。

尼采:《善恶的彼岸》,朱泱译,团结出版社,2001年。

马克斯·韦伯:《韦伯作品集》,钱永祥等译,广西师范大学出版社,2004年。

马克斯·韦伯:《韦伯作品集XII:新教伦理与资本主义精神》,康乐、简惠美译,广西师范大学出版社,2007年。

瓦尔特·本雅明:《本雅明文选》,陈永国、马海良编,中国社会科学出版社,1999年。

威廉·狄尔泰:《精神科学引论》,艾彦译,译林出版社,2012年。

威廉·狄尔泰:《精神科学引论》,童奇志、王海鸥译,中国城市出版社,2002年。

威廉·狄尔泰:《精神科学中的历史世界的建构》,安延明译,中国人民大学出版社,2010年。

亨里希·李凯尔特:《李凯尔特的历史哲学》,涂纪亮译,北京大学出版社,2007年。

西美尔:《西美尔文集:历史哲学问题——认识论随笔》,陈志夏译,译文出版社,2006年。

海德格尔:《路标》,孙周兴译,商务印书馆,2000年。

海德格尔:《形式显示的现象学:海德格尔早期弗莱堡文选》,孙周兴编译,同济大学出版社,2004年。

海德格尔:《演讲与论文集》,孙周兴译,三联出版社,2005年。

海德格尔:《存在与时间》,陈嘉映、王庆节译,三联书店,2006年。

海德格尔:《海德格尔选集》,孙周兴译,三联书店,1996年。

梅洛·庞蒂:《辩证法的历险》,杨大春译,译文出版社,2009年。

让-保罗·萨特:《辨证理性批判》,林骧华等译,安徽文艺出版社,1998年。

维特根斯坦:《哲学研究》,李步楼译,陈维航校,商务印书馆,2000年。

伊曼纽埃尔·勒鲁瓦·拉迪里:《历史学家的思想和方法》,杨豫、舒小昀、李霄翔译,人民出版社,2002年。

克洛德·列维-施特劳斯:《种族与历史种族与文化》,于秀英译,中国人民大学出版社,2006年。

克洛德·列维-施特劳斯:《野性的思维》,李幼蒸译,中国人民大学出版社,2006年。

保罗·利科:《法国史学对史学理论的贡献》,王建华译,上海社会科学出版社,1992年。

保罗·利科:《历史与真理》,姜志辉译,译文出版社,2004年。

汉娜·阿伦特编:《启迪:本雅明文选》,张旭东、王斑译,三联书店,2012年。

卡尔·洛维特:《世界历史与救赎历史》,李秋零译,三联书店,2002年。

卡尔·洛维特:《从黑格尔到尼采》,李秋零译,三联书店,2006年。

弗里德里希·梅尼克:《历史主义的兴起》,陆月宏译,译林出版社,2009年。

维尔纳·马克思:《海德格尔与传统》,朱松峰、张瑞臣译,人民出版社,2012年。

朱塞佩-格罗索:《罗马法史》,黄风译,中国政法大学出版社,2009年。

贝纳德托·克罗齐:《历史学的理论和历史》,田时纲译,中国社会科学出版社,2005年。

卡洛·安东尼:《历史主义》,黄艳红译,格致出版社、人民出版社,

2010 年。

　　W. H. 沃尔什:《历史哲学导论》,何兆武、张文杰译,北京大学出版社,2008 年。

　　奥克肖特:《论历史及其他论文》,张汝伦译,译文出版社,2009 年。

　　柯林伍德:《历史的观念(增补版)》,何兆武等译,北京大学出版社,2010 年。

　　格鲁内尔:《历史哲学》,隗仁莲译,安希梦校,广西师范大学出版社,2003 年。

　　蒯因:《从逻辑的观点看》,江天骥、宋文淦、张家龙、陈启伟译,上海译文出版社,1987 年。

　　列奥·施特劳斯:《霍布斯的政治哲学》,申彤译,译林出版社,2001 年。

　　列奥·施特劳斯:《论僭政》,何地译,观溟校,华夏出版社,2006 年。

　　列奥·施特劳斯:《什么是政治哲学》,李世祥等译,华夏出版社,2011 年。

　　列奥·施特劳斯:《自然权利与历史》,彭刚译,三联书店,2006 年。

　　列奥·施特劳斯:《回归古典政治哲学》,朱雁冰译,北京:华夏出版社,2006 年。

　　列奥·施特劳斯:《城邦与人》,黄俊松译,上海:华东师范大学出版社,2022 年。

　　列奥·施特劳斯、约瑟夫·克罗波西主编:《政治哲学史》,李天然等译,河北人民出版社,1998 年。

　　沃格林:《政治观念史稿·第五卷　宗教与现代性的兴起》(修订版),霍伟岸译,贺晴川校,华东师范大学出版社,2019 年。

　　戴维斯:《古代悲剧与现代科学的起源》,郭振华、曹聪译,华东师范大学出版社,2008 年。

　　马克·里拉:《维柯》,张小勇译,新星出版社,2008 年。

　　A. C. 丹图:《萨特》,安延明译,工人出版社,1987 年。

　　阿瑟·丹图:《叙述与认识》,周建漳译,译文出版社,2007 年。

　　波普尔:《历史主义的贫困》,何林、赵平译,社会科学文献出版社,1987 年。

　　波普尔:《历史决定论的贫困》,杜汝楫、邱仁宗译,人民出版社,2009 年。

　　伯纳德特:《神圣的罪业》,张新樟译,朱振宇校,华夏出版社,2005 年。

格奥尔格·G.伊格尔斯:《德国的历史观》,彭刚、顾杭译,译林出版社,2006年。

莫里斯·曼德尔鲍姆:《历史知识问题》,涂纪亮译,北京大学出版社,2012年。

普拉特纳:《卢梭的自然状态——〈论不平等的起源〉释义》,尚新建、余灵灵译,华夏出版社,2008年。

雅各布·布克哈特:《意大利文艺复兴时期的文化》,何新译,商务印书馆,1997年。

弗里德里希·奥古斯特·哈耶克:《通往奴役之路》,王明毅、冯兴元等译,中国社会科学出版社,1997年。

弗里德里希·奥古斯特·哈耶克:《科学的反革命》,冯克利译,译林出版社,2003年。

威廉·德雷:《历史哲学》,王炜、尚新建译,三联书店,1988年。

雷蒙·阿隆:《社会学主要思潮》,葛智强、胡秉诚、王沪宁译,上海译文出版社,2006年。

雷蒙·阿隆:《论自由》,姜志辉译,上海世纪出版集团,2007年。

雷蒙·阿隆:《历史讲演录》,西尔维·梅叙尔编注,张琳敏译,译文出版社,2011年。

周作人:《周作人译文全集》,止庵编订,世纪出版集团、上海人民出版社,2012年。

张志扬:《偶在论谱系》,复旦大学出版社,2010年。

张志扬:《语言空间》,福建教育出版社,2000年。

张志扬:《知其白守其黑:西方历史的白与黑》,香港三联书店,2024年。

汪堂家、孙向晨、丁耘:《十七世纪形而上学》,人民出版社,2005年。

周建漳:《历史及其理解和解释》,社会科学文献出版社,2005年。

刘小枫:《汉语神学与历史哲学》,汉语基督教文化研究所,2000年。

吴雅凌:《劳作与时日笺释》,华夏出版社,2015年。

张汝伦:《〈存在与时间〉释义》,人民出版社,2012年。

张文杰:《当代西方著名哲学家评传第七卷:历史哲学》,山东人民出版社,1996年。

张文杰:《现代西方历史哲学译文集》,译文出版社,1984年。

庄国雄:《历史哲学》,复旦大学出版社,2004年。

郝春鹏:《理解与建构——雷蒙·阿隆的历史哲学》,天津人民出版社,2021年。

郝春鹏:《乌托邦十讲》,广西师范大学出版社,2022 年。

何兆武主编:《历史理论与史学理论——近现代西方史学著作选》,刘鑫等译,商务印书馆,1999 年。

张巍主编:《西方古典学辑刊:第三辑 苏格拉底的申辩》,复旦大学出版社,2021 年。

贺照田主编:《西方现代性的曲折与展开》,吉林人民出版社,2011 年。

李学勤主编:《春秋公羊传注疏》,北京大学出版社,1999 年。

刘小枫、陈少明主编:《柏拉图的哲学戏剧》,三联书店,2003 年。

刘小枫、陈少明主编:《卢梭的苏格拉底主义》,华夏出版社,2005 年。

刘小枫、陈少明主编:《古典传统与自由教育》,华夏出版社,2005 年。

娄林主编:《经典与解释 44:博丹论主权》,北京:华夏出版社,2016 年。

萌萌主编:《启示与理性:"古今之争"背后的"诸神之争"》,三联书店、华东师范大学出版社,2006 年。

萌萌学术工作室主编:《启示与理性:"中国人问题"与"犹太人问题"》,三联书店,2011 年。

林志猛:《柏拉图〈法义〉研究、翻译和笺注》,华东师范大学出版社,2019 年。

张志扬:《"唯一的"、"最好的",还是"独立互补的"? ——"西学东渐"再检讨》,《现代哲学》2007 年第 2 期。

林国华:《希罗多德的教诲——〈原史〉笔记》,《现代哲学》2008 年第 2 期。

刘小枫:《略谈希罗多德的叙事笔法》,《国外文学》2006 年第 2 期。

谭英华:《十六至十七世纪西方历史思想的更新》,《历史研究》1987 年第 4 期。

唐斌:《海德格尔与诠释学的转向》,《南通大学学报(社会科学版)》2009 年第 5 期。

田见、赵彦昌:《"六经皆史"源流考论》,《社会科学战线》2004 年第 3 期。

徐波:《法国文艺复兴时期的历史方法研究》,《西南师范大学学报(人文社会科学版)》2004 年第 6 期。

张祥龙:《智慧、无明与时间》,《江苏社会科学》2010 年第 1 期。

张祥龙:《中国古代思想中的天时观》,《社会科学战线》1999 年第 2 期。

周保巍:《国家理由还是国家理性》,《读书》2010 年第 4 期。

二、外文书目

Apollodoros, *Apollodoros* (2 vols), Translated by Sir J. G. Frazer, Loeb Classical Library, Harvard University Press, 1921.

Aristophanes, *Aristophanes III*, *and Aristophanes I*, Translated by B. B. Rogers, Loeb Classical Library, Harvard University Press, 1924.

Aristotle. *Politics*, Translated by H. Rackham, M. A., Loeb Classical Library, Harvard University Press, 1959.

Baudelaire, Charles, *Les Fleurs du mal*, Gallimard, 1999.

Benjamin, Walter, *"Walter Benjamin Abhandlungen Gesammelte Schriften"* Band 1. 2, suhrkamp taschenbuch wissenschaft 931. Nomos Verlagsgesellschaft, Baden-Baden, Erste Auflage 1991.

Bodin, Jean, *Les six livres de la république*, Fayard. Mars 1986.

Hallowell, John, *The Decline of Liberalism as an Ideology with Particular Reference to German Politico-Legal Thought*, Berkeley, 1943.

Hegel, *The Philosophy of History*, translated by J. Sibree, Prometheus Books, 1991.

Herodotus, *History*, Translated by A. D. Godley, Loeb Classical Library, Harvard University Press, 1975.

Hesiod, *Works and Days*, Translated by Hugh G. Evelyn-White, M. A., Loeb Classical Library, Harvard University Press, 2007.

Homer, *Iliad*, Translated by A. T. Murray, PH. D., Loeb Classical Library, Harvard University Press, 1923.

Homer, *Odyssey*, Translated by A. T. Murray, PH. D., Loeb Classical Library, Harvard University Press, 1945.

Lévi-Strauss, Claud, *La pensée sauvage*, Librairie Plon, 1962.

Nietzsche, Friedrich, *The Use and Abuse of History*, Translated by Adrian Collins With an Introduction by Julius Kraft, The Liberal Arts Press, 1957 (Second Edition).

Plato, *Law*, Translated by R. G. Bury, Litr. D., Loeb Classical Library, Harvard University Press, 1961.

Plato, *Republic*, Translated by Paul Shorey, Ph. D., LL. D.,

Litt. D, Loeb Classical Library, Harvard University Press, 1937.

Popper, Karl, *The poverty of historicism*, Routledge & Kegan Paul, 1961.

Rousseau, Jean-Jacques, *Oeuvres complètes*, Editions Gallimard, 1995.

Strauss, Leo, *The City and Man*, The University Press of Virginia, 1964.

Weber, Max, *Le Savant et Le Politique*, librairie Plon, 1959.

Xenophon, *Oeconomicus*; *Memorabilia*, Translated by E. C. Marchant, Loeb Classical Library, Harvard University Press, 1979.

致　谢

本书的原型脱胎于我博士论文的附录。当时在导师汪堂家教授的指导下,主要研究雷蒙·阿隆的历史哲学问题(目前该书已在天津人民出版社出版:《理解与建构——雷蒙·阿隆的历史哲学》),为更好地理解历史哲学的思想脉络,我便简单梳理了其源流。复旦毕业之后,自己有幸在上海师范大学陈恒老师的指导下做世界史方向的博士后,这进一步为本文的撰写积累了不少资料与思路,最终遂得以完成本书。

如前言提及的,本书并不是黑格尔意义上的哲学史的作品,即并非从时间维度来思考历史哲学问题,在立意上倒不如说更像有意区别于黑格尔的文德尔班的《哲学史教程》。然而与后者相较,本文集中的问题只有一个,即历史哲学。或说在作者看来,哲学的根本问题也只有一个,即对作为人类整体历史的哲学反思。

库朗热曾这样定义历史:

> "历史不仅仅研究物质现象和政制。其真正研究意图在于人类的精神。它必须尝试着了解这个精神在人生的不同年龄阶段、相信什么、思考什么、感受什么。"

历史是人类的学科,同时也是自我反思即哲学的学科。如果我们还记得"认识你自己"这句德尔斐门楣的箴言,那么就会明白,反思不是简单地反省自己的过往,更是反省与这个"自己"相关甚至说是直接构成"自己"的这个整体,在这种意义上,哲学就是反思人类过往的整体(即历史)的学科,历史哲学就是以反思的方式去整全地认识人自身。

感谢殷亚平主编对本书的大力支持,使本书得以顺利完成与出版。谢谢张志扬恩师,以一封独特的书信为拙文代序。离开海甸岛十五载,每每读到老师活力洋溢的文字和极具洞见的思想,都有巨浪拍岸、动若撼山之感。

　　回望历史的时候,有时我也常常如西庇阿那样有种错位感,会想到:未来的人将怎样看待今天的我呢? 他们会如何评价我,我这个人,我们这个民族,我们这个时代? 古人云:三尺之上有神明,如果说历史是一面明镜的话,那么未来也是一只如神明在上的眼睛,凝视高悬⋯⋯

郝春鹏

2023 年于沪上徐汇

图书在版编目(CIP)数据

白色神话:近代西方历史哲学的谱系/郝春鹏著
.—上海:上海三联书店,2024.9
ISBN 978 - 7 - 5426 - 8360 - 1

Ⅰ.①白…　Ⅱ.①郝…　Ⅲ.①历史哲学-研究-西方
国家-近代　Ⅳ.①K01

中国国家版本馆 CIP 数据核字(2024)第 019560 号

白色神话:近代西方历史哲学的谱系

著　　者 / 郝春鹏

责任编辑 / 殷亚平
装帧设计 / 徐　徐
监　　制 / 姚　军
责任校对 / 王凌霄

出版发行 / 上海三联书店
　　　　　(200041)中国上海市静安区威海路 755 号 30 楼
邮　　箱 / sdxsanlian@sina.com
联系电话 / 编辑部:021 - 22895517
　　　　　发行部:021 - 22895559
印　　刷 / 商务印书馆上海印刷有限公司

版　　次 / 2024 年 9 月第 1 版
印　　次 / 2024 年 9 月第 1 次印刷
开　　本 / 710 mm × 1000 mm　1/16
字　　数 / 250 千字
印　　张 / 14.75
书　　号 / ISBN 978 - 7 - 5426 - 8360 - 1/K · 762
定　　价 / 78.00 元

敬启读者,如发现本书有印装质量问题,请与印刷厂联系 021 - 56324200